전 6자회담 수석대표가 말하는 통일외교 전략

# 북한은 현실이다

전 6자회담 수석대표가 말하는 통일외교 전략

# 북한은 현실이다

이수혁 지음

21세기북스

　국가의 정책을, 특히 외교정책이나 통일정책을 제대로 구상하고 입안하려면 두 가지의 특별한 자질을 갖추고 있어야 한다. 첫째, 현실 상황을 정확히 진단할 수 있는 고도의 전문 지식과 감정에 치우치지 않는 냉철한 판단력이 있어야 한다. 둘째, 역사의 흐름을 읽을 수 있는 지혜와 함께 나라와 민족의 소망을 담은 꿈을 끝까지 추구해나가려는 추진력을 지니고 있어야 한다.

　이미 학창 시절부터 그런 자질을 보여주었던 이수혁 대사는 우리 정부의 통일외교정책을 입안하고 집행하는 고위직을 두루 거치면서 이를 더욱 키우고 다듬는 데 진력했다. 그리하여 국제 정세와 남북 관계가 크게 전환되던 지난 20년 탈냉전 시기에 괄목할 만한 업적을 남기고 퇴임했다. 그 후에도 대학에서의 강의와 독일 통일, 북한 핵 문제 등에 관한 저작 활동으로 새로운 관점을 제시하는 데 계속 앞장서고 있다.

　한국의 미래와 통일의 전망은 남북 관계, 한미 관계, 한중 관계, 미

중 관계, 북중 관계, 북미 관계 등 복합적으로 얽혀 있는 함수 관계를 어떻게 풀어갈 것이며, 우리가 과연 주도적 역할을 담당할 수 있는 해법을 제시하느냐에 달려 있다는 것이 이 대사의 판단이다. 그 해법을 모색하는 과정에서 제기할 수 있는 여러 논제를 《북한은 현실이다》란 한 권의 책으로 묶어 출판하게 된 것은 우리의 통일외교 논의에 시의적절한 공헌이라 하겠다.

통일로 향한 역사의 방향성과 당위성에 대한 믿음을 견지하면서도, 다른 한편으로는 여러 현실적 가능성을 짚어보며 그에 대한 대응책을 제시한 것은 돋보이는 노력이라고 평가할 수 있다. '북한은 붕괴하지 않는다', '북한은 핵을 포기하지 않는다', '중국은 북한을 버리지 않는다'는 가능성을 명확히 제시하고 그에 대한 나름의 대책까지 첨가한 것은 통일외교 논의가 빠져들 수 있는 혼란과 혼선을 예방하고 정리하는 데 큰 도움이 될 것이다.

이 대사는 국민 여론의 힘이 큰 영향력을 발휘하는 민주화 시대일수록 외교 본연의 성격과 책무를 충실히 지키며 수행하는 것이 결코 쉽지 않다는 것을 본인의 경험과 연구를 통하여 실감하고 있다. 그런 그가 심각한 당면 과제를 재미있게 풀어놓은 옴니버스 에세이집 《북한은 현실이다》를 출간하게 되었음에 감사와 축하를 보낸다.

이홍구(전 국무총리)

한 나라의 외교안보정책은 그 나라의 지도자(또는 지도집단), 국가체계, 그 국가가 속해 있는 국제체제라는 세 가지 측면을 아울러서 들여다보아야 정확한 설명을 할 수 있는 분야다. 이 세 요소는 국제 관계를 이해하는 데 필수불가결하여 이 중 어떤 한 가지만을 분석 틀로 선택하고 나머지 두 요소를 무시하면 분석이 왜곡될 수 있다. 세 요소 사이에 존재하는 연관성과 상호 의존성을 이해해야 한 나라의 외교안보 현실을 파악할 수 있다.

첫째, 북한은 붕괴하지 않는다. 둘째, 북한은 핵을 포기하지 않는다. 셋째, 중국은 북한을 버리지 않는다. 나는 이 세 가지 가설로 한반도의 운명을 이론적으로 설명하고자 한다. 그러므로 이 가설들은 예측이 아니다. 사회현상에 대한 예측이 빗나가는 것은 다반사다. 예측은 우발적인 이유들 때문에 맞을 수도 있고 틀릴 수도 있다. 우연한 사건에 의해서 결과가 달라지는 것은 양해가 되지만, 논리 정연한 이론적 설명으로 예측한 결과가 빗나가면 신뢰가 무너지고 권위가 실추된다. 그러므로 이 가설이 예측이 아니라는 점을 분명히 해두고 싶다.

이 가설들은 결코 나의 희망사항이 아니다. 나는 독자 중 한 사람이라도 앞의 세 가지 가설의 서술어 '~하지 않는다'를 '~하지 말아라'로 바꿔 읽지 않기를 진심으로 바란다. 설혹 그런 식으로 생각했던 독자들도 이 책을 끝까지 읽고 나면 이 가설들이 반어법이며 역설이었음을 알게 될 것이다.

내가 이 세 가지 가설에 따라 논리를 전개하면서 바라는 것은 이 가설이 실현되지 않아야 한다는 것으로, 남북문제에 대한 국론이 통일될 때까지 치열한 논쟁이 벌어지고, 그 과정에서 여러 정책 대안들이 모색되고, 궁극적으로 마침내 실현 가능한 정책이 국민적 합의의 바탕 위에 출현하는 것이다.

나는 이 가설들을 통해 독자들을 자극하고 일상적인 판단에 도전하기로 했다. 사람들을 일부러 혼동시키는 것은 지적 반역이다. 나는 우리 사회에 부족한 토론 문화가 새롭게 만들어지기를 학수고대하고 있다. 통일 문제까지 아우르는 남북문제는 우리 사회의 진보와 보수, 좌파와 우파를 극명하게 대립시키는 주제다. 나는 이 주제를 가지고 정반합의 변증법적 논쟁이 치열하게 점화되기를 갈구한다. 그리하여 북한이 핵을 포기하는 결과를 가져오는 외교정책과 대북정책의 묘수를 발견하고, 민주주의 통일한국이 실현되는 날을 앞당기게 되기를 바란다.

나는 열렬한 현실주의자다. 또한 현실주의자가 설명하는 국가 권력의 속성을 의심하지 않는다. 모든 국가는 끊임없이 자국의 이익을 추구하고 경쟁국가들은 안보 딜레마에 빠지는 것이 무정부적인 국제 사회의 냉엄한 현실이다. 미래는 자유주의자의 철학으로 설계하되 현실은 현실주의자의 안경으로 보는 지도자가 국가를 안전하게 만드는 현명한 리더십을 발휘한다.

나는 역사의 방향성을 믿는다. 역사는 발전한다고 믿는다. 임계점에 다다르면 모래탑은 무너지기 마련이고, 작은 흐름들은 큰 흐름의 시작이 된다. 오늘날 북한의 정치·경제·사회에 조금씩 변화가 있을지 모르겠으나 근본적인 체제 전환이 없다면 역사에서 패자가 될 것이다.

나는 평생을 외교관으로서 갈등을 협상으로 해소하는 과정을 익혀 왔다. 때로는 갈등을 가급적 회피하는 정책이 최선의 정책이기도 했다. 그러나 남북문제에 관해서만큼은 우리 국민들이 좀 더 지적으로 갈등하고 고뇌하면서 한 단계 더 깊은 방향성과 논리를 가지기 바란다. 그러기 위해 이 책에서는 중언부언하고 갈팡질팡하며 좌충우돌하는 모순의 주장들을 기록했다. 독자 모두가 나의 주장을 비판하며 대안을 생각하고, 자기와 다른 의견에 대해 숙고하는 시간을 갖기를 바라기 때문이다. 따라서 분단의 역사적 아픔과 통일의 민족사적 당위성을 고민하는 사람들은 나의 시도를 크게 나무라지 않기를 희망한다.

졸고를 만드는 과정에서 책의 형식에 대해 많은 생각을 했다. 외교 안보통일 문제에 대한 국민들의 관심을 높이고, 정책 결정에 영향을 미치는 사람들에게 생각을 가다듬게 하는 기회를 미력이나마 제공하자는 취지로 에세이 형식을 선택했다. 따라서 어느 장에서는 앞 장에서 설명한 내용을 중복하여 서술하기도 했고, 인용된 표현이나 내용의 출처를 생략하기도 했다. 더욱이 강대국의 세계 전략 또는 지역 전략을 중심으로 하는 국제정치 이론과 강대국 외교사를 설명하면서 국지적 성격이 강한 한반도 문제와, 영역과 분야가 좁은 우리의 외교에 적용하는 데 있어 교직(交織)이 성긴 부분이 있음을 고백한다. 독자들이 저자의 지식의 미천함을 너그럽게 이해해주기를 바란다.

졸저를 위해 많은 분들의 도움을 받았다. 이들의 의견과 지적은 이 책의 방향성에 큰 영향을 주었다. 이 기회를 빌어 이들에게 감사드린다.

2011년 9월

이수혁

# CONTENTS

# chapter 1

# 북한은
# 붕괴하지 않는다

# 1

# 북한 지구력의 한계는?

## 망할 듯 말 듯 20년

개인 행동의 동기와 국가 행동의 동기가 일치할 수도 있지만, 반드시 그렇다고는 말할 수 없다. 통치와 지배의 국가 역사를 볼 때 통치자의 행위가 국가의 이익에 항시 부합되었다고 누가 말할 수 있겠는가. 오히려 통치자의 행위가 국가의 이익에 실제로 부합한 역사가 희소하다고 하겠다. 권력을 향유한 많은 통치자들은, 그들의 말과는 달리, 국가의 이익보다는 자신의 탐욕에 따라 행동했다. 그들은 자신의 의지를 마치 국가 전체의 의지인 듯 실행에 옮겼다.

북한이 어떻게 해서 김일성과 그 후손들의 손에 빠져들었을까? 왜 하필이면 3대 세습이라는 전근대적인 권력 상속이 가능한 체제와 사상에 사로잡히게 됐을까? 한반도 분단사에서 이에 대한 답을 찾는 것은 매우 어렵다. 역사는 계획된 사건들과 우연한 사건들의 결과물이다. 미국과 소련이 존재하지 않았다면, 한반도가 일본의 식민지가 아니었다면, 미국과 소련이 제2차 세계대전에서 승리하지 않았다면, 그리고 그들이 전후 세계를 조직하는 방식에 관해 충돌하지 않았다면, 분단은 발생하지 않았을 것이다.

장기적인 경향에서 보면 경쟁과 갈등이 꼭 일어나야만 했던 것은 아닌 경우가 많다. 예기치 않은 불필요했던 사건이 일어나거나, 반대로 불가피해 보이던 사건이 묻히기도 한다. 아주 오랫동안 생존했던 공룡이 6500만 년 전 커다란 소행성이나 혜성 등 그 무언가가 지구와 충돌했을 때 모두 멸종되었다고 하는 것은 예기치 않은 사건 발생의 예에 속할 것이다. 사회를 이루고 살아가는 개인들은 훨씬 더 자주 역사의 우연성을 체험한다. 개개인을 독특하게 만드는 유전자와 환경과 문화의 특수한 교차를 누가 사전에 구체화하거나 사후에 밝혀낼 수 있겠는가? 의지와 환경이 기묘하게 결합하여 어떤 소수의 사람들이 권력을 얻어 무슨 거대한 사건을 만들어낼지 누가 예견할 수 있겠는가?

북한의 조선로동당 기관지인 〈로동신문〉은 2010년 2월 1일 김정일 국방위원장이 "아직 우리 인민들이 강냉이밥을 먹고 있는 것이 제일 가슴 아프다"라고 말했다고 보도했다. 또한 이 신문은 김 위원장이 "이제 내가 할 일은 세상에서 제일 훌륭한 우리 인민들에게 흰쌀밥을 먹이고 밀가루로 만든 빵이랑 칼제비국(칼국수)을 마음껏 먹게 하는 것"이라며 "우리 모두 수령님 앞에 다진 맹세를 지켜 우리 인민을 강냉이밥을 모르는 인민으로 세상에 내세우자"고 말했다고 전했다.

〈로동신문〉은 그해 1월 초에도 북한 주민들의 민생고를 걱정하는 김 위원장의 발언을 소개했었다. 이 신문은 김 위원장이 "지금 우리나라는 정치사상적 면에서는 말할 것도 없고 군사 면에서도 강국 지위에 올라섰지만 인민 생활에는 걸린 것(부족한 점)이 적지 않다"며 "수령님(김일성)은 인민들이 흰 쌀밥에 고깃국을 먹으며 비단옷을 입고 기와집에서 살게 해야 한다고 하셨는데 우리는 이 유훈을 관철하지 못하고 있다"고 말했다고 보도했다. 김정일이 북한 경제에 대해 이처럼 솔직한 고백을 한 것은 이례적이다.

이러한 경제적인 어려움에 대한 인식의 기저에는 미국이 북한을 더욱 빈곤하게 만들고 수많은 다른 해악을 끼치고 있다는 생각이 자리 잡고 있다. 그러나 실상은 내부에서 배태된 원인들이 그 체제를 파괴시키고 있다.

그렇다면 북한은 언제부터 이렇게 쇠퇴하고 추락하는 길로 들어섰는가? 다양한 힘을 보유하는 것이 현대 국제정치에서 각 국가들이 살아남는 길임에도 북한은 언제 어떻게 하여 군사력이라는 일차원적 힘을 추구하게 되었는가를 생각해보는 것은 의미가 있을 것이다.

어떤 사람들은 북한의 붕괴 가능성을 단정할 수 없다고 주장하지만, 많은 현상들은 북한의 붕괴 과정은 실질적으로 1990년대에 시작되었다는 점을 보여준다. 그러나 생존은 그 후 20년 동안이나 지속되고 있다.

# 2

# '인치(人治)'의 풍경
## 권위주의 국가를 현실주의로 보기

국제사회 내의 국가는 자국민 전체를 대표하여 행위하는 존재로 받아들여진다. 일정한 조건하에서 국가는 정책의 결정을 통해 전체로서의 국민들에게 '최선'의 것을 행하려고 한다.

국제정치에서 국가를 단일 행위체로 인식한다면 문제는 한결 수월해진다. 하지만 국가는 추상적 존재일 뿐이다. 독립된 생명체가 아닌 국가가 어떤 행위를 한다고 생각하는 것은 상식에 맞지 않는다. 이 점은 국제 관계에 관련된 모든 이론에서 중요한 의미를 가진다. 국가 내에 권력집단이 수립되어 그 집단의 결정이 국가 전체의 결정으로 받아들여진다는 의미에서 국가는 단일 행위체로 인식된다. 어떤 현실 국가의 경우에서나 국가의 이름으로 정책이 수립되고, 다른 국가들에게는 이 정책이 마치 그 국가의 일반의지인 듯 제시된다. 극단적인 경우 국가의 단일성이란 실제 통치권자의 노골적인 권력에 붙은 또 다른 이름에 불과한 것이 되고 만다.

북한처럼 권력 이동이 폐쇄적이고 정적인 국가에서는 구성원들의 욕구나 합리성보다는 지도자의 성격이 사회 성격을 규정한다.

과학자들은 자연 세계가 '규모를 가로지르는 자기 유사성(self-similarity across scale)'의 예들로 가득 차 있다는 것을 밝혀냈다. 미시적이든 거시적이든 혹은 그 사이의 어디에서 보든 일관된 유형들이 존재한다. 스탈린이 그 좋은 예다. 그는 국제체계 내에서든, 동맹 내에서든, 국가 내에서든, 정당 내에서든, 측근 사이에서든, 심지어 그의 가족 내에서도 똑같은 방식으로 행동했다. 이러한 관점에서 북한의 외교 및 군사정책과 북한 지도자의 국내 정치적 행동 및 개인적 행동을 구별하는 것은 큰 의미가 없다. 과거 소련 지도자는 모든 전선과 모든 관계와 모든 일상에서 냉전을 치렀다. 우리가 알고 있는 국제정치에서의 냉전은 여러 측면에서의 냉전 중 하나였을 뿐이다.

### ▐▶ 반정부 세력의 침묵

국가정책에 반대하는 사람들은 두 가지 사항을 고려해서 결국은 국가정책에 따르게 된다. 첫 번째 고려사항은 반정부자들이 정책의 변화를 가져올 만한 세력을 일으킬 수 없다는 점이다. 결국은 성공할 수 없으므로 중도에 포기하고 마는 경우다. 전제주의 국가일수록 이 경우가 많다. 두 번째는 이들이 우선 국가의 결정을 받아들인 후 정해진 체제 내에서 변화를 추구하는 것이 장기적으로 자신들에게 유리하다는 확신을 갖는 경우다. 이 확신은 무엇이 자신들에게 이익이 될 것인지에 대한 판단뿐만 아니라 국가에 대한 관습적 충성에 기초한다.

권위주의 국가에서는 지도자가 권력을 잡으면 어떤 일들은 아주 쉽게 결정된다. 따라서 권위주의자의 인격은 권력을 공유해야 하는 민주주의적 지도자들의 인격보다 훨씬 더 중요하다. 20세기 전반기는 사회적 소외, 기술적 혁신, 혹은 경제적 절망감 등으로 권위주의자들이 등장했고, 그들의 권력 장악으로 초래된 비극의 시대였다. 히틀러가 없었다면 나치 독일이나 제2차 세계대전도 없었을 것이다. 스탈린을 빼놓고는 소련이나 냉전을 상상하기 어렵다. 한반도 북쪽의 20세기 후반과 21세기 초반은 김일성 혈통의 왕조 공산주의 체제가 지배하는 가장 희극적이고 비극적인 오페라 무대라 하겠다.

국가의 정책을 논의할 때 전문가들은 두 방향에서 관찰하고 분석한다. 사람의 행동은 기질적(dispositional)인 것과 상황적(situational)인 것으로 구분된다. 기질적 행동은 상황과 관계없이 개인적 특성을 반영하여 일관되고 예측 가능하게 반응하는 것이다. 상황적 행동은 이와는 반대로 상황에 따라 달라지는 행동을 말한다. 그가 무엇을 하는지를 결정하는 것은 그를 둘러싼 상황 때문이며, 이때 개인의 기질은 상대적으로 덜 중요하다. 그러나 많은 경우에 사람들은 잘못된 행동을 면책하기 위해 자신의 잘못은 상황 탓으로 돌리고, 다른 사람들의 행동은 기질 탓으로 돌린다.

어떤 정책이나 사회 경향성의 책임 소재 같은 논쟁적인 주제를 다룰 때 독선적인 편견에 몰입하여 사려 깊은 판단을 망쳐버리기가 쉽다. 경험이 있는 자라면 사람은 어떤 일을 결정할 때 대부분 상황과 자기의 성질이 함께 작용한다는 것을 깨달을 것이다. 그러나 때에 따라서는 상황에 대한 배려보다는 자기 성질과 기분으로 결정을 내릴 때도 많다. 아주 냉철한 사람은 성질을 자제하고 상황을 치밀하게 분석하여 결정할 것이다.

북한의 정치 상황을 분석할 때도 같은 오류를 범하기 쉽다. 북한의 정치 상황을 분석하는 데는 두 가지 방향이 있는데, 먼저 김정일을 위시한 북한의 지도자들이 처한 상황에 역점을 두고 분석하고 접근하는 방향과 상황은 무시하고 김정일의 개인적 기질을 강조하며 개인의 영향력과 장악력에 중점을 두고 접근하는 방향이 있다. 만일 지도자의 기질에서 북한의 핵 보유의 원인을 찾는다면 북한과의 핵 협상은 실패할 것이다. 이 협상이 성공하기 위해서는 김정일은 김정일이 아니어야 하기 때문이다. 이러한 관점에 충실하다면 김정일이 죽어 북한에 새로운 세계가 도래할 때까지 기다려야만 한다. 그때까지 북한과의 관계는 최소 수준으로만 유지하며 도발을 막는 데만 집중을 하는 소극적 접근정책을 택해야 할 것이다. 그런데도 우리는 북한의 행태를 김정일의 기질적인 것으로만 보아야 할까?

권력 이동이 지극히 제한되어 있고 리더십이 사회 질서의 성격에 그대로 반영된다고 해서 북한이 이해하거나 전망하기 쉬운 체제는 아니다. 북한 사회를 어떻게 보느냐는 데 다른 견해들이 있다는 것이 이를 말해준다. 어떤 이들은 북한 사회를 아주 위험한 사회 또는 붕괴 직전의 사회로 보고, 또 다른 이들은 불안한 사회이긴 하지만 붕괴하지는 않을 것이라고 진단한다. 북한의 내적 평화의 성격을 어떻게 규명할 것인가?

한 사회를 근본적으로 이해하지 않으면, 폭동이 없는 사회가 실로 효율적인 치안정책의 부산물인지, 혁명이 임박한 폭풍 전야의 정적인지, 아니면 주민들이 그런대로 만족하고 있는 상태인지 판단할 수 없다. 과거에도 프랑스혁명 전야의 유럽은 많은 사람들의 눈에 성공적이고 충족된 사회로 비치고 있었다.

김정일 정권의 붕괴 조짐을 보면서도 신뢰할 수 있고 국민적 지지를 받는 대북정책을 수립하기는 쉽지 않다. 그 어느 누구도 핵무기를 가진 북한에 대해 군사적으로 대응하라고 주장하지는 않는다. 아마도 한국에서는 북한에 과거 동유럽의 혁명과 같은 사태가 일어나기를 꿈꾸고 있는 사람들이 많을 것이다. 1989년 동유럽에서 일어났던 일련의 혁명은 전대미문의 사건이었다. 서방에서도 자기들과 대치하고 있는 독재정권의 붕괴 조짐을 눈앞에 두고 확고한 외교 방침을 세울 수 없었다.

정통성은 권력의 한 형태다. 우리는 권력에 정통성이 없는 정부가 국민의 혁명에 의해 붕괴되는 현상을 2011년 초 튀니지와 이집트에서 보았다. 튀니지에서 국민의 퇴진 압박 속에 23년간 통치해온 벤 알리 대통령이 사우디아라비아로 탈출하고, 시위로 사망자가 78명에 달하는 등 국가적 혼란 사태가 벌어졌다. 프랑스 일간지 〈르몽드(Le Monde)〉는 2011년 1월 17일 벤 알리 대통령 일가가 사우디아라비아로 망명하면서 금괴 1.5톤(670억 원 상당)을 자국 은행에서 빼내갔다고 보도했다.

국가는 그저 단순히 힘만 추구하지 않는다. 국가는 '정통성'이라고 하는 개념에 의해서 나타나는 다양한 목표를 추구한다. 이 개념은 힘 그 자체를 위한 힘의 추구를 강하게 억제시킨다. 정통성에의 배려를 무시하는 나라들은 위험을 각오하고 그렇게 하고 있는 것이다. 제

2차 세계대전 후에 영국이 인도 등 여러 지역의 지배를 포기했던 것은 전쟁에서는 승리했지만 국력이 피폐했다는 이유에서였다. 그러나 동시에 영국인의 대다수가 식민지주의를 대독일 전쟁 종결의 기초가 된 대서양헌장(1941년)이나 세계인권선언에 반대된다고 생각하게 되었던 것도 사실이다. 만약 힘의 최대화가 제1의 목표라면, 영국은 세계대전 후의 식민지에 매달리려 할 수도 있었고, 혹은 경제력이 회복되고 나서 식민지를 다시금 쟁취하려 할 수도 있었다. 그러나 영국이 식민지를 빼앗는 것은 도저히 상상할 수 없는 일이라고 생각하게 되었던 것은 식민지주의가 비정통적인 지배 형태라는 현대 이성의 평가를 받아들였기 때문이다.

분명한 것은 강력한 권력자의 의지와 그의 강력한 힘만을 보면서 그 체제를 두려워한 나머지 내부의 폭발적 혁명의 기운을 간과해서는 안 된다는 점이다. 냉전 시대에 이데올로기상의 투쟁을 하는 데 있어 중요한 무기 중 하나는 자유유럽방송(Radio Free Europe/Radio Liberty)이나 미국의 소리(Voice of America) 같은 방송 조직이었다. 현실주의자들은 냉전이 군사력과 핵무기의 문제라고만 믿었으나, 소련과 동유럽이 망한 것은 서방의 방송 조직이 이 국가 국민들에게 자유에 대한 갈망을 끊임없이 고취시켰기 때문이었다.

북한은 상당한 모순을 축적하고 있다. 본능만 있고 습성이 잘못 들었다. 목적도 알지 못한 채 열심히 본능과 습성으로 행동한다. 사냥개는 주인에게 협력하는 것인 줄 모르는 채 사냥감을 살피고, 흰나비는 자신이 왜 양배추 잎에 알을 낳는 것인지 모른다. 어떠한 훈련도 받지 않은 어린 늑대도 먹잇감을 발견하면 조각상처럼 미동도 않다가 특유의 발걸음으로 먹잇감을 향해 천천히 기어간다. 야생 토끼의 새끼처럼 길들이기 힘든 동물은 없다. 북한 지도부는 야생성만 가득하여 본능과 습관으로 통치를 하고 있다.

한 탈북 인사는 다음과 같은 주장을 편다. "이라크나 아프간의 주요 저항 세력은 이슬람 원리주의자들로 이교도들의 십자군 원정에 맞서 목숨까지도 바쳐야 한다는 강한 신념을 갖고 있는데, 북한은 종교도 없고 종교전쟁을 벌일 배경이 전혀 없다. 주체사상의 본질은 실제로는 '김일성-김정일교'인데 살아 있는 사람을 신처럼 추앙해 섬기는 교리는 추앙받는 자의 죽음과 동시에 끝난다. 살아 있는 인간을 섬기는 광기는 그 대상이 죽거나 신격화를 보장해주던 시스템이 와해되면 곧바로 사라진다. 북한 역시 김정일이 죽고 해방이 된다면 그 순간부터 과연 이 나라가 김일성광장에서 김정일에게 광적으로 만세를 불렀던 나라가 맞는가 싶을 정도로 180도로 달라질 것이다. 김정일이 죽고 이제 잘살 날이 왔는데 누구를 위해서 자살폭탄 테러를 한단 말인가?"

북한 체제의 붕괴는 체제를 힘에만 의지해서 유지하지 않는 지도자가 등장할 때 비로소 가능할지 모른다. 1970년대부터 북한에 일어나고 있는 모순을 보면, 북한이 전복시키고자 했던 남한의 모순보다 북한의 이데올로기 속에 있는 내부적 모순이 더 컸다는 사실이 드러난다. 경제가 쇠퇴할 수밖에 없는 방법에 의해서만, 마르크스-레닌주의의 필수적인 요소인 권위주의적 지도력을 유지할 수 있다는 사실이 북한에게 명백해졌다. 북한은 경제 회복을 위한 개혁이 북한 내의 권위주의에 손상을 입힐까봐 두려워했다. 이것은 모순 이상이며,

운명적인 결함이었다. 북한이 강한 나라가 되기 위해서는 평화를 위한 힘을 강화하고, 남한과 대결하는 대신 북한 체제의 변화와 발전 가능성을 만들어가야 한다.

사람이 아무런 희망 없이 궁지에 몰리면, 타당하다고 생각되는 것과 정반대의 무모한 행동을 하는 경우가 있다. 화해하면 되는데 강경하게 나가는 것이다. 이러한 행동을 '강박관념'이라고 부른다. 지도자의 자만과 관련하여 프랑스의 철학자 코제브(Alexandre Kojève)는 "군주는 살해되는 일은 있어도 교육되는 일은 없다"고 설파했다.

북한은 60년 넘게 독재체제로 존재하면서 점점 쇠락해갔다. 북한은 1970년대에 이르러 경제적, 이데올로기적, 문화적, 그리고 도덕적 호소력을 대부분 잃었고, 군사력만이 통치에 사용될 수 있는 유일한 효과적 수단이 되었다.

2010년 9월 30일 우여곡절 끝에 당 대표자 회의를 통해 27세의 김정은이 김정일의 후계자로 그 모습을 드러냈다. 김정은의 도취감은 최고조에 달했을 것이다. 노동당 규약 서문에는 마르크스–레닌주의가 삭제되고 김일성 조선이 천명되었으며, 김일성 조선의 사회주의의 대의가 강조되었다. 김일성 사망 후에도 김일성 체제는 지속되고 있는 것이다. 국가가 쇠락과 붕괴의 길을 가고 있는데도 탈(脫)김일성화는커녕 오히려 김일성의 영웅화를 강화하고 있다. 2010년 9월 노동당 규약을 수정하여 김일성 조선을 명시함으로써 김일성 체제는 북한이라는 나라가 존속하는 한 항구적인 체제로 돌입했다.

김정일은 김정은의 후계 수업 과정에서 인민들의 생활수준을 높이는 동시에 김일성 조선의 이데올로기로 인민들이 뭉치고 '북풍'이

'남풍'을 압도하는 때를 고대하고 있을 것이다. 김정은은 중국은 무한한 가능성을 가지고 있으나 미국과 일본은 쇠퇴하고 있다고 보고, 사회주의의 힘이 머지않은 장래에 세계를 지배하게 될 것이라고 단정하며 자신감을 잃지 않겠다고 다짐했을 것이다. 늙은 군인들로 둘러싸인 김정은은 '우리는 전쟁을 두려워해서는 안 된다'며 동지들을 다그쳤을 것이다. 이러한 인치(人治)의 구조적 유산을 해체하려는 노력은 국가 해체나 다름없다. 이 구조적 유산이 사라져야 북한이 사라지고 분단도 사라진다는 것을 미래의 역사가 확인시킬 것이다. 김일성 왕조의 붕괴만이 북한 체제의 종식을 가져올 것이다. 김일성의 세습 후계자들은 다른 방법으로는 지배할 수 없다.

북한은 핵 문제로 국제 제재를 받고 있고, 탈북자 증가와 인권 문제로 국제적 비난을 받고 있으나, 이를 우리가 생각하는 것만큼 치욕으로 여기지는 않는 것 같다. 북핵 문제는 국제적 합의인 핵 비확산 원칙의 위반으로 간주되어 국제사회에 큰 충격을 주었지만, 다른 한편으로는 안보에 대한 북한의 우려를 호소하는 계기도 되었다. 만약 몇 기의 북한 핵탄두가 한국에 사용되어 막대한 피해를 입힌다면, 한국이 북한에 비해 경제적·문화적·도덕적으로 우월하다는 것이 무슨 의미가 있을까?

그래서 한국의 현실주의적 정책은 남북한 간에 군사력에 입각한 힘의 균형을 유지하려고 하면서도 다른 한편으로는 북한과의 화해를 도모하려고 한다. 적과의 화해라고 하는 발상은 현실주의자의 입장에서 보면 당연한 귀결이다. 왜냐하면 가령 북한과의 경쟁이 어느 의미에서 항구적이고 보편적인 것이라고 한다면, 북한의 지도자나 이데올로기에 변화가 생긴다고 해도 북한이 존재하는 한 한반도 안정을 둘러싼 딜레마가 근본적으로 개선되지는 않을 것이기 때문이다.

키신저와 같은 현실주의자 입장에서 보면 인권침해 문제에 대한 비판을 통해서 북한 정권의 기본적인 정통성을 공격하는 시도는 잘못이며, 또한 혁명적인 수단을 통해서 안전보장 문제에 대한 구제책을 찾아내려고 하는 시도 역시 잘못된 생각인 동시에 위험한 방식일 수 있다. 키신저는 이와 같은 방법으로 한 국가의 생존 문제에 접근하는 것은 현실적이지 않다는 논리를 가지고 있다.

## ▐▌ 동유럽 체제는 왜 쉽게 무너졌는가?

폴란드는 농업의 집단화가 이루어지지 않았고, 교회는 어느 정도 독립성을 보장받았다. 즉, 시민사회가 완전히 파괴되지 않았다. 숨어 있던 민족주의 세력이 공산주의 정권 이전의 기억을 온전히 보전하는 데 일익을 담당했고, 1989년 후반의 혼란기 이후에는 그 기억이 급속하게 되살아나도록 하는 데 기인했다. 일단 소련이 동유럽의 동맹국에 대해 일체 개입 의사가 없다고 천명했을 때 공산당 기관은 극도의 혼란에 빠졌으나, 당 보수파의 주요 인물들은 스스로의 보호를 위해 저항하거나 구체제 보호를 위한 조치를 취하려 하지 않았다.

이는 전혀 예측하지 못했던 상황이었다. 1989년 여름, 동독으로부터의 대량 망명이 갓 시작되었을 때, 서구에서는 다음과 같은 견해가 대세를 이루었다. 사회주의가 정착된 동독이나 동유럽 여러 나라 사람들은 자유를 손에 넣게 되면 공산주의도 아니고 자본주의의 민주국가도 아닌 인도주의적인 좌익 정권을 선택할 것이라는 것이었다. 하지만 이러한 견해는 틀렸다. 주민의 뜻과는 상관없이 소비에트형 제도를 억지로 강요당한 동유럽에서는 전체주의의 붕괴가 급속하게 일어났다.

## 김정일만 죽으면 모든 것이 해결될까?

우리가 지금 관심을 갖는 것은 아마 북한이라는 국가의 소멸이나 북한의 체제 변화보다는 김정일 개인의 지도자로서의 운명인 것 같다. 그 이유는 무엇일까? 정치권력을 조정하고 행사하고 유지하려는 모든 행동들은 지도자의 몫이고, 지도자는 외교안보정책을 수행·추진하는 데 결정적인 역할을 하기 때문이다.

북한 붕괴설을 더 확대해서 이야기하면, 북한이 붕괴한 뒤 우리가 흡수통일을 해야 한다는 주장으로까지 발전한다. 그렇지만 사람들이 오늘날 북한에 대해 일반적으로 생각하는 것은 김정일의 건강과 관련된 것이 대부분인 것 같다. 김정일의 건강이 어떻게 되느냐를 가지고 북한의 붕괴를 정의하려 한다. 흔히 우리가 화제로 삼고 있는 북한 붕괴에 대한 정의는 김정일의 세습제 실패, 체제 변화, 국가 소멸, 이 세 가지다. 위의 정의 중 첫 번째 것은 김정일 개인 신상의 연장선상에서 보는 것이다. 다시 말해 세 가지 정의를 균등하게 놓고 접근하는 것이 아니라, 김정일 개인의 운명이 결정되어야 나머지 두 문제도 해결된다는 의견이다.

'정치에서 개인의 역할이 무엇인가' 하는 것은 정치학자, 사회학자, 국제정치학자, 역사학자 들의 끊임없는 연구 주제였다. 사실이든 과장이든 북한에서는 김정일이 모든 정책을 좌지우지하는 최종 결정자이기 때문에 김정일의 운명이 결정적이라고 생각한다. 일반적으로 우리가 북한의 위기라고 할 때는 경제적 위기보다는 김정일 개인 신상의 위기를 말하는 경우가 많다. 그리고 체제의 위기라고 할 때도 사회주의체제 자체보다 김정일 세습체제의 위기에 더 큰 비중을 둔다.

평화냐 전쟁이냐를 결정하는 데 사람, 국가의 체제, 국제 체제, 이 세 가지 중에서 사람이 제일 중요하다고 생각하는 것이 바로 사람에 초점을 맞춰 북한 문제를 접근하는 방식이다. 북한이 취하고 있는 핵 무기 문제를 포함한 안보 문제 등이 모두 김정일 개인의 인생과 직접적인 관련이 있다고 보는 것이다. 김정일이 바뀌고 다른 지도자가 들어서면 북한이 달라질 것이라고 기대를 한다.

사람들은 흔히 북한 핵 문제의 여러 요인 중 김정일 개인의 집권욕, 세습욕, 권력욕 등을 가장 중요한 요소로 보고, 이런 것으로 간단하게 판단해서 결국 김정일이 죽으면 평화가 올 것이라고 말한다. 사실 그렇게 되기를 바라는 사람들이 많다. 김정일이 죽든지, 권력을 더 이상 유지할 수 없는 건강 상태가 되든지 해서 정권이 붕괴되기를 바란다. 그런데 정말 새로운 정권이 들어서면 혁명적인 체제 변화가 일어날까?

어떤 사건이 토대가 되어 축적되다가 어느 시점이 되면 붕괴된다는 '임계현상'이나 작은 일이 큰 여파를 몰고 온다는 '나비효과', '작은 사건의 횡포' 등에서 유추하여, 북한에서 크고 작은 사건들이 누적되면 붕괴의 길이 열릴 것이라는 기대를 한다.

물론 김정일에게 유고가 생기면 체제 변화나 국가 붕괴 중 어느 하나 또는 두 가지가 복합적으로 일어날 수 있다. 그러나 지도자 교체, 체제 변화, 국가 소멸 등의 사건 발생 여부와 관련한 추측은 정치 현실에서 볼 때는 의미가 없다. 이 가설들 중에 어느 것이 맞을까 하는 것이 중요한 것이 아니다. 남북문제를 호기심을 가지고 마술상자가 열리기를 기대하는 심정으로 접근해서야 되겠는가? 우리는 이 세 가지 가설의 가능성과 불가능성에 대해서 모두 준비하고 있어야 한다. 북한에서 세습제가 그대로 유지될 경우 또는 세습제가 타파될 경우, 체제가 변화할 경우, 변화하지 않을 경우, 북한이 소멸될 경우, 소멸되지 않을 경우를 모두 대비해서, 이 6가지 경우의 수에 대비한 계획을 가지고 그에 따른 정책을 이야기하는 것이 이성적이다. 정책을 결정하는 사람들이 김정일이 3년 안에 죽으면 5년 안에 통일이 된다는 등의 전제하에서 이야기하는 것은 위험하다. 그렇게 되지 않을 경우에는 어떻게 하겠는가?

북한의 핵 문제에 대하여 김정일 개인의 판단의 문제나 경제적인 이유 때문이라고만 판단할 것이 아니라, 복잡한 동기들에 의한 것이라고 보는 것이 타당할 것이다. 김정일의 유고가 발생한다고 해서 북한 핵 문제가 바로 해결될까? 외교안보 문제가 지도자 개인이 전적으로 결정할 수 있는 문제인 것처럼 보일 수도 있지만, 사실 개인도 어떻게 할 수 없는 국가 체제의 문제이며, 동시에 국제 체제, 국제 질서의 문제인 경우도 허다하다.

북핵 문제 역시 지도자 교체만으로는 해결될 수 없는 국가 체제의 문제는 아닐까? 또는 동북아 질서와 국제 체제와 연관된 문제라는 측면에서 들여다봐야 해결이 가능한 문제가 아닐까?

지난 냉전 시대 때 미국의 닉슨 대통령은 공산주의 국가가 없어지면 세계의 평화가 온다고 주장했다. 국가의 지도자들은 종종 주적이 없어지면 평화가 온다고 이야기해왔다. 사악한 무언가가 사라지면 화평의 기회가 생기는 것은 사실이다. 그러나 크고 작은 국제 분쟁이 아직도 무수히 많이 일어나고 있다. '적이 사라진 민주주의'가 맞는 이야기일까? 북한의 김정일이 없어진다고 해서 남북한 간에 평화가 올 것인가? 북한에 덜 사악하고 조금은 정의롭다고 여겨지는 정권이 들어선다고 하여 남북한 간 경쟁 관계가 사라질 것인가?

북한에 아무리 좋은 정권이 들어선다 하더라도 남북 간에는 통일 주도권을 둘러싸고 경쟁 상황이 벌어질 것이다. 그러므로 평화가 쉽게 올 것이라고 낙관하는 것은 재고할 필요가 있다. 정치권력의 사악성이 근본 문제라고 여긴다면 남북한 간의 평화에 대한 기대가 반감되는 것은 어쩔 수 없다.

---

### ▌ 김정일의 건강 문제와 관련한 희망적 생각

2010년 3월 미 국무부 커트 캠벨 차관보는 방한 중 비공개 간담회에서 김정일의 수명에 대해 "모든 의학적 정보를 종합할 때 김정일의 수명은 3년 정도일 것이라고 생각한다"고 말했다고 한다. 마침 그 즈음은 세브란스 병원에 입원했던 한 할머니의 안락사 문제가 국민적 관심사였을 때다. 그 할머니는 의사의 진단과는 달리 호흡기를 떼어내고도 6개월을 더 살았다. 인간의 수명은 치료해온 의사도 확답할 수 없다. 대다수 사람들은 캠벨이 김정일 사망 가능성을 자신 있게 말한 근거는 미국의 권위 있는 정보일 것이라고 추측했다. 2009년 8월 빌 클린턴 전 미국 대통령이 미국인 기자의 석방을 위해 방북한 후였기 때문에 더욱 그 정보의 신빙성에 무게를 두는 것도 당연했다. 확인된 것인지는 알 수 없지만 미국은 클린턴의 김정일 면담 시 응급의학 전문의를 동석시키는 등 김정일의 건강 정보를 다각적으로 수집해왔다는 보도가 있었다.

그러나 위키리크스가 2010년 11월 30일 폭로한 주한 미국 대사의 두 개의 전문은 캠벨의 발언의 근거가 미국의 독자적 정보가 아니라 한국 관리가 제공한 것이라는 의문을 불러일으켰다. 2009년 7월 24일자 주한 미국 대사의 전문에 따르면 캠벨 차관보가 2009년 7월 20일 방한했을 때

현인택 통일부장관은 캠벨에게 김정일의 건강과 권력 승계 문제에 대한 우려를 표명하고 "현재는 김 위원장이 체제를 확고하게 장악하고 있지만 2015년 이후까지 수명을 유지하지는 못할 것"이라고 말했다고 한다.

또한 2010년 2월 22일 캐슬린 스티븐스 주한 미국 대사의 전문 보고에 따르면 당시 외교부 고위 관리는 오찬에서 "북한은 이미 경제적으로 붕괴하고 있고, 김 위원장이 사망하면 2~3년 내에 정치적으로 붕괴할 것"이라고 말했다고 한다.

물론 캠벨이 그 후에 정보를 더 확보하여 통일부장관과 면담한 지 8개월 후 또는 외교부 고위관리의 발언 보고 1개월 후 다시 서울에 와서 이를 자신 있게 언급했는지는 알 수 없다. 그러나 이것은 위험한 예측이다. 이 예측에 근거하여 중요한 정책이 수립될 수 있기 때문이다.

〈뉴욕타임즈〉는 "김정일 사후 북한이 붕괴될 것이라고 믿는다면 이는 다시 한 번 미국 정부가 자기기만에 빠지는 것이 될 것"이라는 한 외교 전문가의 말을 인용하고 "북한의 붕괴와 관련된 한·미 고위 외교관들 간의 대화는 어떤 실질 전략이라기보다는 희망에 기반을 둔 것일 수 있음을 보여주고 있다"고 지적했다.

김정일의 건강 문제는 2011년 5월 17일 조선중앙통신이 게재한 그의 사진(러시아 대외정보국 대표단을 접견하는 장면)으로 일단락된 것 같다. 1~2년 전 그의 초췌하고 병세가 완연했던 모습과는 너무 대조적이었다. 살도 붙고 안색도 훨씬 좋아졌다. 그는 건재함을 과시하기라도 하듯 기차로 이틀 사이에 평양에서부터 3000킬로미터를 이동하여 중국을 종단하고 있었다. 1년여 전쯤 김정일의 여명을 3년이라고 예측했었는데 말이다.

1993년 1차 핵 위기 시 북·미 제네바합의에서 북한에게 경수로를 1기가 아닌 2기를 제공하기로 한 것은 당시 김영삼 대통령이 북한 정권이 곧 붕괴하고 통일이 될 것이므로 이왕이면 공사 단가가 저렴한 2기를 제공하도록 했다는 것이다. 북한 조기 붕괴론이 대세였던 시점이다. 통일이 가까워졌다는 이 대통령의 발언을 곰곰이 생각해보게 한다.

# 3

## 중국식 개혁 · 개방론의 함정

북한에 자유민주주의를 말하자

2010년에는 김정일의 건강 악화와 북한의 화폐개혁 실패 등으로 북한의 급변사태 발생 가능성이 대두되는 등 북한의 정치적 운명이 초미의 관심사가 되었다. 김정일의 후계자 문제와 어울려 중국의 입장이 큰 관심이었다. 3개월 사이에 두 번이나 중국을 방문한 김정일의 다급함은 무엇 때문이었을까? 김정은을 자신의 후계자로 삼은 3대 세습에 대한 국제적 · 국내적 비판은 체제 유지의 큰 불안 요소가 되기에, 차제에 김정일은 중국에게 굴종하면서라도 세습체제의 안정을 보장받고, 거기에 더하여 경제적 지원이 필요하다고 생각했을 것이다. 따라서 김정일의 중국 방문은 체제와 경제의 기사회생을 위한 외교였다. 중국은 북한의 존속이 자국에게 이익이라고 판단하고 북한과의 거래 동기를 갖고 있을 것이다. 북한이 중국식 체제, 즉 경제체제는 말할 것도 없고 정치체제를 모방하고 답습하는 것이 중국과 북한의 이익이라는 결론을 내리는 것은 자연스럽다. 이러한 추론은 한국 정부나 미국 정부의 예상에서 벗어나지 않는다. 그러나 이러한 분석은 많은 한국인들을 놀라게 하고 당황하게 한다. 미국은 우리만큼 놀라거나 위기로, 또는 사태가 꼬이는 것으로 해석하지는 않을지 모른다. 강대국에 의해 만들어진 민족의 분단을 극복하려는 당사자들인 우리만 가슴을 더 태워야 하는 사정이다.

변하지 않는 북한은 전복되어야 할 대상이지 납득시켜야 할 대상이 아니라는 생각을 가진 사람들이 많다. 북한은 언제, 그리고 어떤 환경하에서 개혁·개방의 과정을 밟게 될지에 대해 공표한 적이 없다. 김정일 자신도 모르기 때문에 개혁·개방의 청사진이 공개되지 않았을 것이다. 북한이 변화하기 시작했더라도 눈에 띄게 변하지는 않아, 경미한 변화를 무시하다 결국 우리가 그 변화를 발견하는 데 시간이 걸릴 수도 있다. 북한이 변화하는 속도에 한계가 있다는 것은 이해할 수 있다. 개혁의 범위와 속도는 극복할 수 있는 마찰, 유지해야 하는 환경, 주민의 탄력성과 인내력 등에 의해 결정될 것이기 때문이다.

북한 국내 문제에 대해 간섭하지 않는다는 원칙과 변화 속도의 한계에도 불구하고 우리는 북한이 가야 할 길에 대해서 당당하게 말해야 한다. 국내 문제에 대한 간섭과 우리가 원하는 바를 밝히는 것은 다르다. 절대권력이 부과하고 있는 절대적인 복종, 그 틀에 박힌 만족, 인간에게서 인격과 뛰어난 가능성을 박탈하는 검은 그림자가 북한 사회를 덮고 있다. 1987년 레이건 대통령은 베를린장벽을 철거하라고 소련에 요구했다가 심한 비난을 받았다. 그중에서도 그때까지 소련의 힘에 오랫동안 길들여져 있던 동독의 비난이 가장 격렬했다. 그러나 소련의 정통성에 대한 미국의 정면 도전이 압제정부 밑에서 살고 있는 많은 사람들의 소망과 일치하는 한, 그것은 도덕적으로 만족할 만한 것이며, 동시에 정치적으로도 현명한 행위였다고 할 수 있다.

그렇다면 우리가 북한에게 말해야 할 개혁의 방향은 무엇인가? 북한은 공산주의를 헌법에서 버렸다. 북한식 사회주의 정치체제가 세계사의 방향에서 더 이상 수용될 수 없다는 것은 재론의 여지가 없다. 북한의 개혁이라 함은 자유민주주의로의 정치 개혁이어야 한다.

소비에트 체제의 정통성이 파괴되는 사태는 사전에 계획된 것도 아니었고, 하룻밤 사이에 일어난 것도 아니었다. 고르바초프는 글라스노스트(glasnost, 정보 공개 정책)나 민주화정책을 처음에는 자신의 지도적 지위를 강화하기 위한 무기로, 후에는 경직화된 경제관료주의에 대한 국민의 반대 여론을 동원하기 위한 무기로 이용했다. 그러한 점에서 그의 전략은 흐루시초프가 1950년대에 채용한 전술에서 크게 벗어나지 않았다. 실제로 1987년 말까지도 고르바초프는 흐루시초프와 마찬가지로 1930년대에 행한 스탈린의 활동을 높게 평가했다. 1988년이 되어서야 고르바초프는 1920년대의 소위 '신 경제정책(New Economic Policy: NEP)' 시기에 부하린과 레닌이 제창한 한정적인 자유화정책을 비판하기 시작했다. 거의 상징적 의미만 지니던 당초의 정치적 자유화 운동은 곧 독자적으로 생명력을 지니게 되어, 정치적 자유 그 자체를 요구하는 변혁의 시발점이 되었다. 고르바초프가 처음에 글라스노스트와 페레스트로이카(perestroika, 1985년 4월에 선언된 소련의 사회주의 개혁 이데올로기)를 제창했을 때, 그러한 호소는 소비에트 체제의 결함을 새삼 일깨워줄 필요조차 없을 만큼 이미 깊이 깨닫고 있던 많은 지식인들 사이에서 즉각적인 반향을 불러일으켰다. 소련의 구체제를 측정하고, 그 실패를 지적하기 위한 유일한 척도는 자유민주주의였다. 바꾸어 말하면 시장 지향형 경제의 생산성과 민주정치에서의 자유가 그 척도가 되었다.

# 4

# 안에서 시작되는 혁명

## 모순 가득한 '북한 풍선', 바늘 하나면…

복잡계 이론에서는 내부의 상호작용을 통해 전체 시스템이 특정한 방향으로 경도되는 '임계치(criticality)'의 존재에 관심을 기울인다. 페르 바크(Per Bak)가 '모래탑 패러다임'이라고 불렀던 이 현상은 단 하나의 작은 충격(tipping point)만으로도 시스템 전체가 붕괴하거나 변화할 수 있다는 것으로서, 자연계나 사회 속에서 발생하는 대형 사건들을 설명하는 데 유용한 개념이다. 공기가 부족한 풍선을 바늘로 찌르면 작은 구멍을 하나 내는 데 그치지만, 빵빵하게 부풀어 오른 풍선은 바늘 끝을 살짝만 갖다 대도 '뻥' 소리를 내며 터지는 것과 같다. 특히 혁명이나 전쟁 등과 같은 대규모의 사회적 변화 과정은 전통적인 뉴턴식 선형(linear) 패러다임으로는 이해하기 어려운데, 이와 같이 '양적' 변화들이 누적되어 '질적' 변화를 야기한다는 복잡계 파국(catastrophe) 이론으로 자연과 사회 현상의 속성들을 더욱 잘 이해할 수 있다. 복잡계 패러다임에서는 모든 것이 여전히 복잡하고 대단히 불확실하다고 이해한다. 그러나 그러한 복잡성 내부에도 일정한 패턴들이 존재하며, 이러한 패턴들이 질서를 만들어낸다.

만약 북한 내부에서 이와 같은 혁명적 상황, 즉 민중 봉기에 의해 체제 변화가 일어난다면 어떻게 될까? 자유민주정부의 수립이 가능할까? 동독에서처럼 선거에 의한 과도적 민주정부가 생길 수 있을까? 공산당 1당 체제를 유지하고 있는 중국이 자유민주주의 정치체제를 북한에 권유할 것이라고 상상할 수 있을까? "북한은 중국식 개혁을 해야 한다"고 말하는 것은 장기적 관점에서 통일에서 멀어져가는 길을 안내하는 것이 아닐까?

북한의 모순적 상황은 이미 임계치에 다다라 있다. 사람들은 자신들이 처해 있는 처지를 그 국가의 기존 사회 상태로서가 아니라 부유국과 비교를 하여, 그 결과로써 더욱더 분노의 감정을 강화시킨다. 흔히 듣는 '상승하는 기대에 의한 혁명'이라는 것이 바로 그런 현상이다.

오늘날 많은 국가들은 결핍과 기아라는 제약에서 해방되었다. 적극적이고 또한 더 고상한 목표가 없을 경우, 로크 류의 자유주의의 중심부는 항상 제한 없는 부의 추구가 메우고 있다. 그러나 아직도 북한은 절대빈곤에서 허덕이고 있다. 21세기 한반도 북반부의 상황은 참담하다. 쇠락하는 북한의 진정한 약점을 이해하기 위해서는 북한의 경제 파탄 문제를 그보다 훨씬 더 커다란 위기인 체제 전체의 정통성 위기라는 맥락에서 파악해야 한다. 경제 실패는 북한 체제에서 발생한 여러 실패 가운데 하나지만, 이것이 북한식 사회주의에 대한 불신과 반발의 원인이 되고, 사회 기본 구조의 약점을 드러나게

## ■ 밥이냐 자유냐

정치적 자유와 경제적 현실 간에는 묘한 관계가 있다. 누구는 밥보다는 자유를 선택하고, 누구는 "자유를 소시지 한 개와 교환하여 팔 것이다". 이 문제는 1989년과 1990년대 초 소련과 동유럽에서 반공산주의의 지각변동이 생길 때에도 중요한 역할을 했다. 동유럽 국민의 대부분이 공산주의의 종언을 바란 것은 경제적 이유 때문이었다. 공산주의가 끝나면 서독 정도의 생활수준까지 가는 길이 열린다고 생각했기 때문이다. 소련과 동유럽에서 일어난 개혁의 근본적인 추진력이 된 것은 중앙집권적 명령 경제로는 탈공업화 사회의 요청에 부응할 수 없는 현실, 즉 어떤 의미에서는 경제적 현실이었다고 말할 수 있다. 그렇지만 그 번영을 추구하는 욕망에는 민주적 권리와 정치 참가를 지향하는 요구가 함께 존재했다. 1991년 고르바초프를 실각시키려다 실패한 쿠데타 주모자들은 자국민이 "자유를 소시지 한 개와 교환하여 팔 것"이라고 생각했다. 그러나 역사는 그러한 생각은 큰 착각이었음을 보여주었다.

했다. 사실 북한의 가장 근본적인 실패는 알려진 것과는 달리 사상을 통제하지 못했다는 점일 것이다. 북한이 붕괴되고 나면 알게 될 일이지만, 북한 주민들은 북한 정권의 집요한 선전에도 불구하고 그 정권이 자신들을 기만하고 있다는 것을 알고 있을 것이다. 북한 정권 아래 견뎌온 고통에 대해서 사람들은 끓어오르는 분노를 갖고 있을 것이다. 많은 사람들이 공포정치와 생활고로 인해 가족과 친구를 떠나 남한으로 탈출했다.

벼랑 끝에 놓인 권위주의적 국가에서 정권 교체가 발생하는 유형은 두 가지가 있다. 첫째는 정권 내부에서 일부 세력이 민주적으로 선출된 정부에 권력을 이양하겠다는 결정을 자발적으로 내릴 때다. 이러한 자발적 권력 포기는, 당면한 위기 때문이지만, 궁극적으로는 민주주의가 현대 사회에서 유일한 정통성을 갖는 정치체제라는 신념이 확산되어 있기 때문에 가능한 것이다. 김정일이 권력을 계속 차지하고 있을 근거를 잃어버리고 자신감을 상실할 때, 김일성의 유훈을 내세우며 인민을 학살하기는 쉽지 않을 것이다. 민중의 저항 정도에 따라서는 "권력을 스스로 나서서 내버릴 사람은 없다"라는 격언이 통용되지 않을 수 있다. 독재자들은 스스로의 무능과 오산의 희생물이 된다. 루마니아의 차우셰스쿠는 부인과 함께 약식 재판을 통해 처형될 위기에 직면했다. 그러나 그 두 사람은 몇 분 후 처형되고 말 운명을 상상조차 못했다. 칠레의 피노체트 장군도, 니카라과의 산디니스타 정권도, 선거전에 임할 때 패배란 전혀 상상도 못했을 것이다. 민중의 유혈봉기가 있게 되면 완고한 독재자라 하더라도 선거를 실시하여 민주주의를 가장해야 했다.

둘째, 비민주적인 방법으로 정권이 이양되는 경우다. 그러나 이런 방법으로 권력을 이양받은 새로운 권력자는 개인적으로 상당한 위험이 뒤따른다. 왜냐하면 그간 학대를 받아온 세력으로부터의 불만이나 저항에 대해서 자신을 지킬 방법을 찾기가 어렵기 때문이다. 북한의 변화가 민주주의 방법에 의한 변혁이냐, 또 다른 독재자의 출현에 의한 체제 내 변화냐는 실로 중차대한 정치 과정이다.

독재정권이 민중의 힘에 의해서 권좌로부터 밀려나는 일은 그리 놀라운 일이 아니다. 아무리 강력한 전제국가라 하더라도 사회 전체로 보면 권력자의 권력은 제한적이다. 정통성을 상실하고 민심이 이

## ▚ 상대적 빈곤이 민중의 분노를 가져온다

혁명은 빈곤과 결핍 때문에만 일어나는 것이 아니다. 프랑스혁명에 관한 토크빌(Alexis de Tocqueville)의 연구에 따르면 혁명 전의 30년 혹은 40년 간에 프랑스는 전례 없을 정도의 경제 성장을 경험하고, 더불어 일련의 자유주의적 개혁이 행해졌었다. 혁명 전야의 프랑스 농민은 중산계급으로서 슐레지엔 혹은 동프러시아의 농민보다 훨씬 유복하고 자유로운 생활을 하고 있었다. 그럼에도 불구하고 그들이 혁명의 도화선 역할을 하게 된 것은 18세기 말경에 일어난 정치 세계에서의 자유주의화에 따라 자신들의 상대적인 빈곤 상태를 프러시아의 어떤 농민보다도 민감하게 느끼고, 그것에 대한 분노를 불태웠기 때문이다.

탈해가는 과정에 있는 정권의 지도자는 영향력이 축소된 사회의 일부 집단을 대표하게 된다. 민심이 이탈하는 국가에서 지배권을 가진 군부가 이념이나 체제에 대한 확신보다는 개인적 이익에 종속된 타성적 집단으로 변한 사례도 있다. 물론 이들은 끝없이 권력을 유지할 수 있는 방법을 모색하였다는 점도 역사가 보여주고 있다.

또한 혁명적인 상황은 색다른 특징이 있다. 사람들을 선동해서 커다란 위험에 대항하도록 하고, 정부 전복에의 첫발을 내딛게 하는 계기는 대체로 언뜻 보기에 우발적인 사건이라는 점이다. 다만 후세의 역사가가 이를 두고 혁명의 주요인이라고 해석할 뿐이다. 그중에서 국민들의 분노는 혁명적인 사건을 불러일으키는 데에 불가결한 촉매 역할을 한다. 동유럽의 체제 개혁은 어떤 거창한 슬로건을 가지고 시작된 것이 아니었다. 1989년 동유럽 국가 사람들이 탈국영화 경지의

## ▌ 동독 지도자의 호사 생활에 대한 분노

동독의 호네커 정권은 1989년에 발생한 일련의 사건에 의해 결정적으로 약화됐다. 시민들이 서독으로 대거 탈출하고, 호네커는 소련으로부터의 원조를 잃어, 결국에는 베를린장벽의 붕괴를 가져오게 되었다. 하지만 그 시점에서도 동독의 사회주의는 숨이 끊어진 것은 아니었다. 새로운 당 지도자인 에곤 크렌츠와 한스 모드로프가 불신임을 당하고 독일사회주의통일당이 권력의 권좌에서 완전히 쫓겨난 원인은 반틀리츠 교외에 있는 호네커의 호화 사택이 발각되었기 때문이었다.

엄밀히 말하면 이 발각이 불러일으킨 분노는 약간 궤도를 이탈한 것이다. 호네커는 현대판 베르사유 궁전에 살았던 것은 아니었다. 서독의 유복한 시민과 비슷한 수준이었다. 그러나 정치적 자유의 결여와 서독과의 생활 수준의 격차 등으로 동독 내에 공산주의에 대한 비판적 여론이 많았던 데다가, 텔레비전 방송에서 호네커의 호화 저택이 공개되자 시민들의 분노는 극에 달했다. 평등의 실현을 주장해온 정권의 엄청난 기만이 방송을 통해 밝혀지자 시민들은 자신들의 정의감에 상처를 받고 공산당 권력의 숨통을 끊기 위해 용감히 가두로 나섰던 것이다.


실현과 슈퍼마켓의 식료품 보급을 정부에 요구하면서 라이프치히와 프라하의 가두로 진출한 것은 아니었다. 그들의 분노는 목사가 투옥되거나 그들의 요구를 권력 측이 거부하거나 하는 비교적 사소한 부당행위를 계기로 발생했다. 역사가들은 이런 사건들을 혁명과 개혁의 2차적 사건 혹은 우발적 사건으로 해석한다. 최종적으로 혁명으로 유도시키는 연쇄반응을 일으키는 데에는 이런 사건들, 즉 단 하나의 작은 충격(tipping point)이 필요한 것이다.

북한의 변혁은 바로 이 '작은 충격'이 언제 형성되는가에 달려 있다. 제아무리 모순이 임계치를 넘어섰더라도 대의를 위해 생명과 평온한 생활을 자진해서 희생하는 인간이 없다면, 혁명적 정세는 발생하지 않는다. 어떤 욕망에서가 아니라 분노에서 혁명의 기운은 분출하는 것이다. 분노하는 인간만이 스스로의 존엄을 잃지 않으려고 노력한다. 어떤 하찮은 부당행위에도 작지만 용기를 가지고 일어서는 사람이 없다면 정치와 경제 구조의 근본적 변혁을 일으킬 대사건은 일어나지 않는다.

# 5

뻐꾸기 둥지 위
한 마리 새를 기다리며

로마도 무너졌는데 북한이?

　북한에서 독재와 고난의 시기는 아주 길었다. 그런데도 북한 주민들은 왜 그동안 한 번도 분노하지 않았던 것일까? 이와 관련하여 떠올려볼 만한 불후의 문학작품이 있다. 켄 키지(Ken Kesey)의 1962년 소설 《뻐꾸기 둥지 위로 날아간 새》는 전체주의의 야심을 보여주는 일례다. 이 작품은 정신병원 내에서 폭군과 같은 주임 간호사의 감시 아래 유치하고도 우둔한 생활을 보내는 입원환자들의 이야기다.

　소설 속에서 주인공 맥머피는 그러한 동료들을 해방시키기 위해 병원의 규칙을 깨뜨리고, 결국에는 집단 탈출을 기도한다. 하지만 이러한 과정에서 그는 입원환자들 중 어느 누구도 자기 의지에 반해서 감금되어 있는 것은 아니라는 사실을 깨닫는다. 모두가 바깥세상을 두려워하면서 스스로 감금생활을 자청하여 주임 간호사의 안전한 보호막 안에 안주하려 들었던 것이다. 전체주의의 궁극적인 목적이 바로 여기에 있다.

북한은 단순히 국민으로부터 자유를 빼앗을 뿐만 아니라, 자유에 대한 공포심을 심어줌으로써 자신의 안전을 지키도록 조장한다. 그리하여 강제력에 의지하지 않더라도 쇠사슬에 채워져 있는 편이 행복하다고 스스로가 생각하도록 만들어가려고 한다. '자유로부터의 도피'를 조장하는 것이다. 이것이 북한 정권이 주민들에게 광범위하게 퍼뜨린 전염병이다. 북한 주민은 외양상 감금생활에 만족해야 하는 입원환자가 되었다. 그것도 쇠창살이나 죄수복으로 감금되어 있는 것이 아니라, 김정일 정권이 던져주는 강성대국의 장대함이나 핵 국가의 지위 등 개인에게는 별로 쓸모도 없는 슬로건과 허세에 갇힌 신세로 자포자기한 모습이다. 그러나 그들 대부분은 신음의 목소리로 구원과 해방을 갈구하고 있을 것이다. 북한 주민들은 권력의 힘에 어찌할 수는 없지만 자신들의 깨인 지성을 보지 못하는 외부세계가 잔인하게 보일 것이다. 핵 보유 정책과 이에 대한 국제사회의 제재, 연평도 사건 후 더욱 강경해진 한국의 대북정책으로 인해 정권은 더욱 불안하게 되었다. 북한 주민들은 김정일 정권이 그러한 실패에 대한 책임을 인정하지 않는 것에 고개를 젓고 있을 것이다. 북한 주민들 역시 말로는 계급이 없다는 사회에서 계급제도가 엄연히 존재하고 있다는 것을 알고 있을 것이다.

자유민주주의 국가에서는 개인의 권리가 보호되는 공간을 보장하기 위해 국가 권력의 행사가 제한된다. 정부는 어떤 사람의 권리 행사가 다른 사람의 권리를 침해하는 경우를 제외하고는 다양한 생활양식을 용인한다. 그러나 북한은 강성대국 건설, 선군정치, 또는 제국주의 타도 등의 여러 목적을 들어 권력의 힘으로써 기본권을 침해하고 탄압하고 있다. 개인 영역에서 손상당한 것을 국가 목표의 차원에서 보상하겠다는 논리로 접근하는 전체주의 국가에서는 국가의 정통성은 설 자리를 잃고 만다는 것을 우리는 소련과 동유럽 국가에서 보았다. 기본적인 자유권은 개인의 자기 보존 권리다.

그렇다면 개인은 도대체 어떤 이유에서 저항을 포기하고 체제에 순응하며 살아가게 되는 것일까? 사람들은 공포를 느끼면 싫은 일이라도 억지로 하게 된다. 이 공포 자체는 자기 보존의 본능이며, 만인이 갖고 있는 자연의 본능이다. 오늘날 북한에 만연된 개인의 심리는 공포에 의한 체념일 것이다. 이런 상황에서 스스로 '작은 충격'이 되는 것을 피하려는 것은 어찌 보면 인지상정이다.

임계치에 다다른 내부 모순과 효과적으로 작용하고 있는 북한의 공포정치가 서로의 효과를 상쇄하며 아슬아슬하게 현 체제를 유지하고 있는 상황에서 우리들은 북한 체제의 존속 능력, 더 넓은 의미에서는 국가로서 존속 능력에 대하여 정확히 판단하기 어렵다. 북한의 폐쇄성 때문에 구체적인 정보와 자료와 지표가 부족하여 북한이 얼마나 어려운 위기에 처해 있는지 짐작하기 어려운 것이다.

그러나 우리는 역사에서 철옹성같이 쓰러지지 않는다는 체제가 붕괴되는 것을 많이 보아왔다. 로마제국이 번성할 때 누가 로마제국도 결국 붕괴할 것으로 믿었겠는가?

우리 시대에 있어 비관주의가 가장 선명하게 표출된 예는 자유민주주의에 상대되는 전체주의체제인 강력한 공산주의가 영원히 존속할 것이라고 거의 모든 사람이 믿고 있었던 때다. 1970년대 키신저는 소련과 같은 적대국의 근본적인 정치·경제 구조를 개혁하려고 시도하는 것은 유토피아적인 이상주의로 생각했다. "소련이나 중국 같은 공산주의 국가에 대해 정면으로 도전하는 것은, 도덕적으로는 만족할 수 있는 것이라고 해도, 실질적으로는 경솔한 방법이다." 정치적 성숙이란 세계는 이래야만 한다는 자세가 아니라 있는 그대로 수용하는 것이며, 이는 레오니트 브레즈네프가 지배하는 소련과의 타협을 의미했다. 그렇게 함으로써 공산주의와 민주주의 간의 대립은 완화될 수 있었다. 세상을 종말로 이끄는 전쟁의 가능성이 완전히 불식되지 않은 채 남아 있긴 했지만 말이다.

키신저의 의견은 독특한 것이 아니었다. 많은 사람들이 공산주의가 영구불변하다고 믿고 있었다. 그랬기 때문에 1980년대 후반에 공산주의가 세계적으로 붕괴했을 때, 이들은 거의 완전히 허를 찔린 격이 된 것이다.

# 6

## 북한 붕괴론의 숙제

### 북한의 지주목 중국

북한은 붕괴할 임계점에 도달했을까? 북한 주민의 민심 이탈이 어느 정도이며, 어느 수준이 되어야 붕괴하게 될까? 우리는 오랜 독재에 머무르며 정치적·사회적으로 취약해진 국가들이 순간적으로 대규모 시위가 벌어져 정부가 타도되는 경우를 많이 보았다. 2010년과 2011년 튀니지와 이집트 사태를 볼 때 장기 독재정권의 취약성을 실감할 수 있다.

역사는 발전하는 방향성이 있다. 모래탑 패러다임처럼 임계점에 다다르면 불량 정권은 무너진다. 북한은 이미 그런 임계점에 접근했다. 깨어 있는 사람뿐만 아니라 독재체제 밑에서 고통받고 있는 국민도 일어날 수밖에 없다. 더 이상 김정일 정권은 정통성을 가지고 있지 않으며, 따라서 붕괴할 수밖에 없다. 물론 동유럽의 사례를 생각하면 정권은 망해도 국가는 소멸되지 않을 가능성이 현재로는 더 높다는 생각이 든다. 동유럽은 국가가 망한 것이 아니라 체제가 붕괴한 것이다. 지금 그 국가들은 자유민주주의 국가로 건재하다. 그러나 북한은 동유럽 국가들처럼 완전히 별개의 독립국가가 아니다. 한 나라가 두 개로 나뉜 분단국가일 뿐이다. 분단된 국가는 국제정치의 논리에 의해 통일되는 것이 역사의 방향이다. 이것을 가장 정치적 공동체인 민족주의의 구심력이라고 할까. 이것이 순리다. 또 하나 역사의 방향은 번영하는 자유민주주의를 향해 있다. 아무도 그 역방향, 즉 남한이 북한에 흡수통일될 가능성을 말하지 않는다. 그 가능성이 아예 없기 때문일 텐데, 그것이 인류가 알게 모르게 가지고 있는 역사 발전의 방향성에 대한 믿음이 아닐까? 한반도에서 역사의 방향은 정해졌다. 시기의 문제일 뿐이다.

북한은 붕괴할까? 우선 붕괴한다는 것이 무엇인지 새겨볼 필요가 있다. 국가가 망한다는 것은 국가의 소멸로서 그 국가가 다른 나라에 병합되는 것을 말한다. 북한이 붕괴한다는 것은 북한이라는 국가가 없어지고 북한 지역이 한국에 흡수된다는 것이다. 여기서 북한이 붕괴하면 중국의 속지가 될 것이라고 생각하는 사람들은 없길 바란다. 한편 북한이 붕괴한다는 것을 북한의 체제가 붕괴한다는 뜻으로 말하는 경우가 있다. 현재의 김정일 정권이 무너지면 세습제도가 폐기될 뿐 북한은 국가로서 여전히 존재할 것이라는 예측이다. 이 경우에는 새로운 정부가 들어서게 된다. 이 새로운 정부는 어떤 형태가 될 것인가? 군부가 집권할 것인가? 아니면 새로운 인물이 등장하여 지금과 같은 1당 독재체제를 유지할 것인가? 아니면 동유럽 국가들처럼 체제가 완전히 변화되어 자유민주주의 체제가 들어설 것인가?

북한이 붕괴하여 한국으로 흡수되는 상황은 어떤 경우일까? 그것은 민심이 이탈하여 반정부적 시위가 확대될 때 북한 주민의 의사와 반정부적 행동의 규모라는 국내적 상황과 관련국의 입장이 무엇이냐에 따라 결정될 것이다. 주민의식이 자유민주주의를 선망하고 남한으로 흡수통일을 원하되 그 봉기의 규모가 통제하기 어려운 수준일 때 흡수통일이 가능하다. 이런 상황에서는 관련국, 특히 한국과 중국의 입장이 결정적이다. 한국은 그런 상황에서 흡수통일에 반대하지도 않고, 반대할 수도 없을 것이다. 그러나 중국의 입장은 미묘할 것이다. 중국이 과연 미국과 동맹 관계인 자유민주주의 통일한국의 모습을 아무 주저함 없이 수용할까? 중국은 1당 공산당 국가다. 인권문제를 포함하여 자유민주주의 면에서는 많은 문제를 가지고 있다. 두 나라 간의 갈등 요소는 2011년 1월 19일 미국과 중국의 정상회담 공동성명에 잘 나타나 있다.

> 두 나라는 인권 문제에 대해 중대한 견해차가 있지만 인권 보호 증진에 대한 조치를 이행하기로 했다. 미국은 인권 증진과 민주주의가 외교정책에서 중요한 부분이라는 점을 강조했으며, 중국은 어느 나라의 내정간섭도 있어서는 안 된다는 점을 강조했다.

중국이 G2로 부상했지만 아직은 중국이 미국과 패권 경쟁을 벌이며 세계를 냉전 시대 미국과 소련 간의 양극체제처럼 두 체제로 나눌 정도의 국력이나 세계적 차원에서의 영향력을 가지고 있는 것은 아니다. 더욱이 제2차 세계대전 후와 같은 이데올로기 경쟁이 미국과 중국 사이에 벌어지지는 않을 것이다. 중국은 지구적 차원으로 전파하고 확산할 자기의 이데올로기를 가지고 있지 않다. 중국의 이데올로기는 무엇인가? 선뜻 떠오르는 답이 없다. 물론 세계를 제패하는 경쟁이 과거와 같이 이데올로기 경쟁 이외에는 없다고 단정할 수는 없겠지만 적어도 자국의 국익이 아니라 범세계적 의제를 가지고 패권을 추구하는 데 필요한 철학적 기반이 중국에게는 아직 없다.

대학로에서 시위하는 것을 보는 사람들의 반응도 여러 가지 유형이 있다. 첫 번째 사람은 "저 사람들, 자기들 할 일이나 하지 데도나 하고 말이야. 교통 방해나 일으키고" 하고 불평한다. 두 번째 사람은 "저런 사람이라도 있어야지. 나는 그런 데 참여는 못하지만 저렇기라도 해야 사회가 제대로 가는 거야"라고 격려한다. 세 번째 사람은 "저 옆에 있는 경찰들 다 없애야 해. 정당한 의사 표시를 하는 사람들을 탄압하려고 해" 하며 공권력에게 항의한다. 첫 번째 사람은 보수, 두 번째 사람은 진보, 세 번째 사람은 무정부주의자로 단순화할 수 있겠다. 하나의 현상을 보고도 각각 다르게 사유하고 판단한다. 이 세 사람은 시위의 현장을 보고 각기 자기의 이데올로기를 밝힌 것이다. 사람들은 모든 생활에서 그것이 이데올로기인 줄 모르고 이데올로기를 생산하고 분배하고 소비한다. 사안과 사건에 대한 사람들의 해석과 인식이 바로 이데올로기다.

이데올로기는 20세기에 들어와서 전 지구적으로 피해를 주었다. 냉전의 주범은 공산주의였다. 오늘날의 중국이 장차 초강대국이나 세계 패권국이 되려면 이데올로기가 있어야 한다. 중국은 아직 공산당 일당 국가다. 물론 시장경제를 도입했다고 하지만 여전히 정치적으로는 공산주의를 신봉하고 있다. 과거 소련처럼 중국이 공산주의 이데올로기를 세계에 전파시키며 패권을 갖겠다는 것일까? 중국이 현재의 정치·사회제도를 가지고 세계의 다른 나라들에게 중국을 따르도록 할 수 있을지 의문이다. 중국이 자유민주주의와 차별화되는 제3의 이데올로기를 만들어 다른 나라들을 감동시키거나, 아니면 힘으로 종속시켜야만 패권국가가 될 수 있을 것이다. 역사적으로 제국을 이룬 패권은 이데올로기나 힘이었다.

미국은 자유민주주의 이데올로기의 가치를 가지고 있다. 통치하기 위해서는 정치에 가치가 필요하다. 정치적 가치를 제시하지 않으면 권력을 가질 수 없다. 잘산다는 이유만으로 패권국가가 되는 것은 아니다. 패권은 이데올로기에 기초로써의 철학이 내재되어야 가능하다. 즉, 지도 이념이 있어야 남을 지배할 수 있다. 중국은 지금 세계에 제시하고 있는 주도적 이념이 없다. 중국이 과연 이런 가치를 만들어 보여줄 수 있을까?

중국이 가지는 북한의 전략적 가치는 무엇일까? 그것은 사회주의 이데올로기의 연대성이 아니라 중국의 국가이익일 뿐이다. 북한의 정치체제가 급격히 민주화로 발전하는 것은 중국으로서는 자국의 국내 정치 차원에서 위험하다. 더욱이 북한이 남한으로 흡수되어 압록강 아래의 한반도 전체가 인구 7000만이 넘는 강력한 자유민주주의 체제의 국가가 된다는 것은 현재의 체제를 유지해야 하는 중국으로서는 폭탄을 바로 이웃이 가지고 있는 형국이 됨을 뜻한다.

2011년 1월 26일부터 2월 11일까지 중국은 이집트에서 벌어진 무바라크 대통령 타도를 외치는 대규모 시위 사태에 대하여 보도를 통제하고 인터넷을 차단했다. 중국은 이집트에서 벌어지고 있는 대규모 시위 사태의 불똥이 중국으로 튀지 않을까 바짝 긴장했다. CNN 등 외신은 청년실업, 물가 폭등, 빈부 격차 등 대형 시위를 촉발하는 사회불안 요소에서 중국과 이집트가 너무 닮았기 때문이라고 보도했다. 중국의 주요 관영 매체들의 이집트 사태 보도는 사태의 원인이나 진전 상황보다는 자국민 철수 문제에 집중되었고, 인터넷에 대해서도 강한 통제가 이뤄졌다. 외신에서는 수만 명의 시민이 거리로 쏟아져 나오고 군 탱크가 시내에 진주하는 모습이 지난 1989년 톈안먼(天安門) 사태의 악몽을 떠올리게 하기 때문이 아니냐는 분석을 내놓았다. 사용자가 5000만 명에 이르며 중국 내 비판적인 지식인이 대거 가입해 있는 중국의 대표적인 포털사이트 시나닷컴(新浪網, www.sina.com)의 미니블로그에는 1월 30일부터 이집트 관련 검색이 막혔었다. 또 다른 주요 포털사이트 역시 이집트 사태 보도에 대한 댓글이 차단돼 있다고 로이터통신은 보도했다.

중국이 이집트 사태 자체에 대한 보도는 허용하면서 미니블로그 등은 차단하고 있는 것에 대해 베이징 외교가에서는 이집트 사태의 여파가 중국으로 확산되는 것을 막기 위한 예방 조치로 분석했다. 중국에서는 지난 수년간 시골에서 돈을 벌기 위해 상경한 농민공의 시위와 노사분규가 빈발하는 등 내부 불만의 목소리가 터져 나오고 있다. 홍콩의 〈사우스차이나모닝포스트(SCMP)〉는 2월 1일 "이집트 사태의 모습은 유혈 진압으로 끝난 톈안먼 사태와 놀라울 정도로 유사하다"면서 "베이징이 바짝 긴장하면서 보도와 인터넷 통제에 나서고 있다"고 보도했다.

이와 같은 중국의 모습을 보면서 북한의 급변사태에 대해 중국이 어떤 입장을 취할지 추측하고도 남는다. 북한의 급변사태 시 중국은 북한이 붕괴하지 않도록 적극 개입할 것이다. 우리는 이러한 가설이 현실이 되지 않도록 외교적 노력을 해야 한다. 통일한국이 한반도를 안정시켜 중국의 국가이익에 해보다 이익이 될 것과, 통일한국의 안정에 중국의 협조와 지원이 절실한 상황에서 중국의 체제와 경쟁하거나 마찰을 일으킬 이유가 없다는 점을, 그리고 중국의 체제에 대해 어떠한 분쟁을 일으킬 빌미를 제공하지 않을 것 등을 차분하고 지속적으로 설득하여 중국의 지지를 끌어내야 한다.

### 북한은 어떻게 될 것인가?

많은 국민들은 김정일 생전에는 북한의 대변혁을 기대하지 않는 듯하며 어쩌면 포기했다고 말해도 좋을 것 같다. 그렇다면 김정일 사후에 김일성 왕조의 세습정치는 계속될 것인가? 아니면 김일성 가문 이외의 군부 인물이 집권할 것인가? 김일성 가문이 세습하든 새로운 인물이 등장하든 새로운 개혁의 바람이 불어와 정치체제가 변하게 될 것인가? 아니면 사회 전체가 혼란으로 치달아 국가가 붕괴의 단계에 다다르고 결국 한국에 흡수통일될 것인가? 많은 사람들은 나름대로의 예측을 하면서도 이 궁금증과 의문에 대한 답을 요구하며 전문가의 견해를 듣고자 한다.

변화무쌍한 정치사회 현상에 대한 예측만큼 어려운 일은 없다. 사람의 간사스러운 마음이 자연의 법칙이듯, 사람들이 모여 형성되는 집단 의사는 그 구성원들도 모르는 가운데 발전한다.

지금 북한의 대내외 상황을 종합해볼 때, 한국의 대북정책이나 외교정책이 북한의 변화를 이끌어낼 수 있는 보다 획기적인 내용을 담지 않는 한 김정일 자연인의 생사와 관계없이 북한의 체제는 변하지 않을 것이다. 그리고 주민의 저항이 거세 국가가 전복될 지경에 이르러 한국에 흡수되는 상황은 전혀 불가능하지는 않더라도 그 확률은 그리 높지 않을 것 같다. 왜 그런가? 북한의 현실은 불만이 가득한 사회지만 북한 주민들의 분노와 저항 의지가 결집하여 불태워질 수 있는 제반 여건이 조성되기가 대단히 어려운 정치사회 환경이다. 거기에 우리 한국 사회에서 생성되고 있는 대북관이나 통일관이 반세기가 넘는 분단의 지속과 북한의 행태 등으로 매우 개인주의적이고 단기적 합리주의적인 방향으로 전개되고 있다는 사실도 유념해야 한다.

북한의 정세를 말할 때 흔히들 1990년 동유럽의 몰락을 거론한다. 그리고 동·서독의 통일을 말하면서 남북한 통일도 유추하여 전망하려 한다. 동유럽의 몰락은 국가의 붕괴가 아니라 정치체제의 변화였다. 독일 통일은 서독 정부의 꾸준한 동방정책과 동독 주민의 봉기, 그리고 이에 못지않게 중요했던 것은 독일인들의 의사를 수용하는 것이 국익이라는 소련의 판단이 있었기 때문에 가능했다.

북한에서 급변사태가 발생하면, 동독에서 그러했던 것처럼, 금방 북한 주민이 봉기하여 "남조선의 원화가 오지 않으면 우리 북조선인이 남으로 가겠다"는 주장이 평양과 함흥, 개성 등지에서 벌어질 것인가? 탈북을 원하는 주민이 대거 중국이나 러시아 국경에 집결하여 탈북 허용을 요구하는 사태가 발생하면, 동독 주변 국가들처럼 국경을 개방하여 이들 난민을 수용하거나 남한으로의 이주를 허용할 것인가? 우리는 이들 탈북인들을 모두 수용할 것인가?

한반도의 내부적 상황과 국제적 상황은 통일 당시 독일의 경우와는 사뭇 다름을 이해해야 한다. 그래서 북한은 망한다는 기대와 신념은 자칫 희망사항일 뿐 현실이 되기에는 아직 필요충분조건이 구비되지 않고 있다는 잠정 결론을 내릴 수 있다. 대내외적 상황을 극복하면서 필요충분조건을 만들어내야 할 우리의 대북정책과 통일외교정책은 통일 실현의 시점과 방법 또는 그 과정을 결정하게 된다. 이런 까닭으로 국가정책의 종결자인 대통령의 책임은 무거울 수밖에 없다. 지도자의 투철한 역사 인식과 뚜렷한 정치철학, 그리고 이데올로기에 대한 깊은 이해는 우리의 통일 방향과 시점을 결정하는 필요조건이다.

# 7

# 북한에게 '2012년'이란?

## '2012년 강성대국'의 숫자적 의미

사람들은 숫자에 대해 편견이나 애착을 갖는 DNA를 가지고 있는 듯하다. 대표적인 예가 7을 좋아한다든지 9를 좋아하는 것이다. 개인이 특히 좋아하는 숫자가 있지만 집단적으로 좋아하는 숫자도 있다. 정치집단이나 사회집단이 가장 선호하는 숫자는 끝이 '0'이나 '5'로 끝나는 숫자다. '00'으로 끝나는 숫자는 더 매력적이다. 서기 2000년을 맞이할 때 우리가 경험한 사회적 기대심리를 기억해보라. 시간은 어느 특정한 시점에 특별한 의미를 부여하기 위해 스스로를 분절시키는 것도 아닌데 사람들은 뭔가 다른 느낌을 가지고 0이나 5와 같이 꺾인 숫자에 잠깐 더 머무르고 싶어 한다.

2012는 그리 매력적인 숫자가 아니지만, 2012년은 북한에게 특별한 해가 된다. '강성대국의 대문을 여는 해'라고 하여 2012년은 북한에게 '정치 축제'의 해가 될 것이다. 북한에서 2012년에 맞이하는 기념일들 중 주년의 숫자가 '0'으로 끝나는 행사가 있다. '죽은 수령' 100돌(4월 15일), 김정일 70돌 생일(2월 16일), 김정일 최고사령관 추대 20돌(12월 24일), 창군절(創軍節) 80돌(4월 25일) 등이다. 2012년을 '3대 수령들의 잔치'로 만들기 위해 김정일 최고사령관 추대 20돌에 최고사령관직을 김정은에게 이양할지도 모른다.

2010년 11월 연평도 사건 이후 북한은 대남 대화 공세를 폈다. 북한 전문가들은 북한의 대화 공세의 진짜 이유는 '2012년의 정치 축제'를 성대히 치르기 위해 필요한 시간과 돈을 얻기 위한 위장 대화라고 주장하고 있다.

# chapter 2

# 북한은
# 핵을 포기하지 않는다

# 1

# 우리에게
# 북한 핵은 무엇인가?

2002년 10월 미국이 북한의 농축우라늄 프로그램을 발견한 데서 촉발된 제2차 북핵 위기로부터 약 9년의 시간이 흘렀다. 그러나 핵 폐기의 가장 기본적인 검증 방식을 놓고 6자회담은 파행을 겪었다. 사건의 발생으로 끝난 일이었다면 '세월이 약이다'라는 금언이 맞았을 것이다. 그러나 북한 핵 문제가 교착 상태에 빠진 상태에서 흘러온 9년의 세월은 '독'이었다.

2011년 현재 시점에서 1992년 1차 및 2002년 2차 북핵 위기를 돌아보자. 그동안 북한은 두 차례의 핵실험을 감행했다. 마치 핵무기 운반체도 완성했음을 과시하듯 두 차례의 실험 모두 각각 두세 달 전에 미사일 발사 실험을 했다. 북한의 핵 능력은 더 커졌고, 종류도 우라늄까지 불거졌다. 시간이 지날수록 북한 핵이 초래하는 위기는 커져갔지만, 그에 대한 위기감은 오히려 반감되고 있었다. 적어도 한국에게는 그렇다. 하지만 '그때나 지금이나 마찬가지'라고 말할 수 있는 상황이 아니다. 상황은 이루 말할 수 없이 후퇴되었다. 그럼에도 국민의 경각심이 줄어든 듯 보이는 것은 정책의 탓인지, 세월이 약이라서 둔감해진 탓인지, 걱정이 아닐 수 없다. 북한 핵 문제는 그렇게 무디어져도 괜찮은 가벼운 외상이 아니다. 이 점을 좀 더 분명히 해두기로 하자.

1962년 쿠바 미사일 위기 당시를 복기해보자. 케네디는 꼭 핵전쟁이 아니더라도 전쟁이 발생할 수 있는 가능성을 약 30퍼센트 정도라고 생각했다. 매파들은 '흐루시초프가 압도적인 미국의 우위를 무릅쓰고 쿠바를 방어하기 위해 쿠바에 배치한 핵무기를 사용할 것'이라는 생각을 터무니없는 것으로 보았다. 비둘기파는 수적인 균형이 어떠할지라도 케네디가 쿠바에 대한 공격을 결코 승인하지 않을 것이라고 주장했다. 케네디의 국가안보 보좌관이었던 맥조지 번디는 "쿠바 미사일 위기가 핵을 사용하는 수준으로 확대될 객관적인 위험률은 100분의 1 정도일 것"이라고 말했다. 그 위급한 상황에서도 전쟁의 가능성을 높게 점쳤던 이들은 매우 드물었던 셈이다. 그런데 오늘날 역사가들에게 '세계가 가장 끔찍스러운 전망에 가장 가까이 다가갔던 순간은 언제였나'라는 질문을 던지면 어느 누구도 주저 없이 쿠바 미사일 위기를 첫 번째로 꼽는다. 역사가들이 쿠바 미사일 위기를 가장 위험했던 순간으로 꼽는 이유는 무엇일까? 그것은 종말론적인 사안의 위험률은 아주 작다 하더라도, 그것이 우리를 위안할 수 없을 만큼 큰 확률이기 때문이다. 그와 마찬가지로 북한의 핵 보유가 지속되면서 북한의 핵 능력이 지금보다 더 강화되면, 전쟁이 일어날 가능성은 얼마나 될지, 그것이 핵전쟁으로 번질 가능성은 얼마나 될지 알수 없다. 그러니 북한 핵을 머리 위에 두고 있는 이 순간, 우리 역시 쿠바 미사일 위기 이상의 가장 끔찍한 전망에 가장 가까이 다가와 있다고 봐도 틀린 것이 아니다.

북한은 플루토늄탄을 5개 내지 7개를 보유할 수 있음에도 불구하고 우라늄탄과 심지어는 수소폭탄까지 꿈꾸고 있다. 그러나 핵무기의 적절한 보유량은 개수와는 관계없는 것이다. 핵무기 보유량에 있어서 어느 정도가 현실적이며 적절한 개수라고 이야기할 수 있을까? 탱크와 전투기처럼 '100개로 하기에는 비용과 생산시설 등 현실적으로 너무 많은 양이다' 라거나 '두 개로 하기에는 공격과 방어를 위해 그 수가 너무 적다' 고 말할 수 없는 것이 핵무기다.

전략적 측면에서 북한이 몇 개의 핵무기를 보유하고 있더라도 한반도 차원의 세력균형을 바꿔놓지 못할 것이라고 결론을 내릴 수는 있다. 그러나 그 전제는 북한 핵무기의 실용성을 인정하지 않는 데있다. 무엇을 근거로 북한이 핵을 사용할 수 없다고 추론할 수 있을까? 미국과 소련이 냉전 기간 중 암묵적으로 인정한 핵무기의 특성을 한반도에도 그대로 적용할 수 있을까? 한·미 군사동맹에 의한 압도적인 보복 능력 때문에 북한이 한국에 치명적이고 결정적인 수준의 선제공격이나 급습을 하지 않을 것으로 단정할 수 있을까?

단 한 기의 핵무기가 사용된다 하더라도 그 결과는 대재앙이 될 것이다. 서울, 대전, 광주, 대구, 부산 중 어디에라도 핵무기가 투하된다면, 그 결과가 어떠할지 상상할 수 있겠는가? 한반도는 남북한 가릴 것 없이 전장이 되어 초토화될 것이다. 그 뒤에 전쟁이 끝나고 나면 남북한 어느 누가 무엇을 통치하기 위해서 권력을 가진단 말인가? 핵전쟁 후 한반도에 누가 살아 있고 무엇이 남아 있을 수 있을까? 북한이 남한을 핵으로 공격하면 민족을 구하기 위해 우리는 핵으로는 대응하지 말아야 할까? 차라리 북한에 의한 통일을 감내해야 할까?

이러한 문제에 답을 할 수 없다면, 여전히 우리는 북한 핵 문제에 대한 해법을 절박하게 찾아야 한다. 지금은 비록 북한 핵 문제 해결로 가는 강물 흐름이 막힌 순간이다. 하지만 우리는 깊은 수면 아래의 흐름에 촉각을 곤두세우고, 그 강 위에서 필사적인 주시를 멈추지 말아야 한다.

# 2

# 북한이
# 핵무기에 목매는 이유

국가의 목표는 국가의 생존만이 아니다. 물론 국가의 생존이 국가가 가진 여러 목표들 중 으뜸가는 목표이고, 다른 목표로 대체할 수 없는 최고의 목표인 이상, 국가는 회피할 수 없는 권력정치 게임을 수행해야 한다. 그러나 국가는 동시에 경제 번영과 복지 확장과 같은 또 다른 목표들도 추구한다. 국가는 여러 가지 게임을 동시에 수행하고 있는 것이다.

국제정치적 관점에서 최선의 전략인 안보 전략은 국가가 수행하는 다른 정책과 비교해보면 너무 큰 대가가 필요하고 다른 목표의 희생을 요구하는 것일 수 있다. 그렇기 때문에 모든 국가가 자국의 생존 확보를 위해서만 총력을 쏟는 것은 아니다.

국가가 안보가 아닌 다른 목표도 추구할 수 있는 가능성은 국가들로 하여금 경쟁뿐만이 아니라 상호 협력을 할 수 있는 공간을 제공한다. 국가는 협력보다 경쟁이 더 중요해지는 시점일지라도 국가의 내부적 목표로 인해 경쟁정책이 약화될 수도 있다. 하지만 생존을 국가의 유일한 목표라고 본다면, 세력균형을 고려하지 않는 국가는 게임에서 다른 행위자들과의 협력을 구하지 않는 고립된 참가자와 유사한 존재가 된다.

국가라는 존재는 다른 국가들에게 단일한 행위체로 받아들여진다. 국가가 다루는 사안은 국내 정책과 대외 정책으로 나뉜다. 대외 정책과 관련된 문제들은 많은 경우 여러 해결책들 가운데 오직 한 가지만을 선택해야 하는 것들이다. 더욱이 선택된 해결책 중에는 반드시 국가 전체의 지지를 받아야만 하는 것들이 있기 마련이다. 국가가 존재하는 한 국가의 대외 정책이 존재하기 마련이며, 국가는 대외 정책에서 단일 의사를 표현해야 한다.

지도자는 대외 정책에 대해서 거의 만장일치에 가까운 국민의 지지를 얻으려고 한다. 국가가 위기에 놓이면, 특히 전쟁으로 갈 위기에 처하면 지도자는 국민의 절대적 지지를 얻을 가능성이 높다. 전시에 형성되는 국민적 연대감은 자신의 안보가 국가의 안보에 달려 있다는 신념과 정서를 통해 강화된다. 이런 연대감은 이탈자들에게는 처벌을, 애국적 행동을 보인 사람들에게는 가장 효과적이고 눈에 두드러지는 방식으로 보상을 제공하는 국가의 행위에 의해서 강화된다. 국가 위기 시에 지도자는 국민들을 국기 아래 모이게 하는 책략을 써야 한다.

북한이 핵무기를 보유하려는 유력한 동기 중 하나는 북한 내부에서 찾을 수 있다. 북한 지도부는 이데올로기적 야심, 국가적 위신과 개인적 명성을 핵과 미사일 개발에 걸었다. 그것을 포기하라는 엄청난 압력이 가해진다 해도, 따라서 포기하기는 결코 쉽지 않을 것이다. 북한은 국제사회의 압력에도 불구하고 핵무장에서 이룬 성과가 정치, 경제, 이데올로기에서의 실패를 상쇄한다고 평가한다. 그것이 북한의 딜레마다. 북한은 생존에 가장 중요한 요소는 핵 능력이며, 여타의 능력은 덜 중요한 것처럼 생각한다.

북한식 사회주의 모델은 경제 번영과 사회정의에 대한 약속을 지키지 못했다. 북한의 대의(大義)는 이미 실패했다. 북한은 정치적, 경제적, 이데올로기적, 그리고 군사적 능력에서 남한과 격차를 좁히지 못했다. 이러한 상황에서 북한은 '힘은 핵무기에서 나온다'고 스스로 말하고 있는 것이다. 이는 마치 묘지에서의 휘파람 소리처럼 음산하다. 강한 힘을 소유한 국가들은 종종 불필요하고 어리석은 방향으로 힘을 사용해왔다. 이것은 인류에게 면역되지 않는 단점이다. 우리가 약해지면 경쟁국가는 힘을 사용하고 싶은 유혹을 갖는다. 북한이 힘의 사용을 선택하지 않고 갈등 종결과 화해 협력을 선택하기 위해서는 지혜가 필요하다. 북한의 핵 개발은 북한에게 긍정적 요소를 제공해주는 측면이 있다. 핵무기는 현상을 유지하는 데 필요한 비용을 감소시켰으나, 대신 현상을 타파하는 데 필요한 비용을 증가시켰다. 북한이 5~7개의 핵무기를 가지고 있다면, 한반도가 안전하게 변화되기는 어렵다. 교착 상태를 만든 셈이다.

그러나 북한 핵 문제를 둘러싸고 정책 결정자들은 김정일의 심중만을 헤아리는 것이 아니라 동북아시아에서의 권력과 이해관계, 그리고 주변 강대국들의 입장 차이를 모두 염두에 두어야 한다. 북한이 취하는 행위들의 동기를 내부에서 찾는 환원주의적 요소만을 고려하지 말고, 문제를 보다 거시적인 관점에서 통합적으로 바라보아야 한다.

북한의 핵 개발 의도를 이해하고자 하면서 제기되는 주장은 크게 안보용과 협상용이 있다. 안보용 핵 보유란 북한이 국방력을 강화하여 미국이나 남한의 공격을 방지하고, 필요시에 남침을 하는 데 사용하기 위한 것이다. 경제 사정으로 남한과 재래식 무기에 의한 무기 경쟁을 더 이상 할 수 없게 되어 핵을 개발하게 되었다는 것이다. 북한이 상당한 안보 불안을 느끼는 반면, 남한은 국제사회의 충실한 일원으로서 국제 규범과 미국의 압력으로 핵 개발을 할 수 없다는 점이 북한 핵을 탄생시킨 필요조건이자 충분조건이었다.

다음으로 협상용은 북한이 충분한 정치적·외교적·경제적 보상을 받으면 핵을 포기할 것이라는 주장이다. 이를 주장하는 사람들의 논지는 대략 다음과 같다. '북한은 중국과 미국의 압력 때문에 핵을 영구히 보유할 수 없다는 것을 잘 안다.' '같은 민족에게 핵무기를 사용하겠는가?' '1998년 금창리 지하터널도 7개월 협상 끝에 결국 보상(쌀 60만 톤과 감자 사업 지원)을 받고 공개했다.'

그러나 핵 개발의 동기는 어느 한 가지로 단정할 수 없다. 안보용과 협상용 중 어느 하나만 답이 아니라 둘 다 맞을 수 있다. 상황에 따라 안보용이기도 하고 협상용이기도 한데, 그 비중은 상황에 따라 다르다. 선택의 문제가 아니라 복합적이고 중층적인 기회의 문제이기 때문이다.

북한의 핵 보유 동기는 북한의 핵 포기 가능성과도 맞물린 문제다. 안보용이라면 안보 문제의 해결이 핵 포기의 필요조건이다. 그러나 충분조건은 아니다. 핵 보유가 북한의 안보 이익에 반하는 상황이 핵 폐기의 충분조건이다. 그러나 이 경우에도 핵 폐기 가능성은 높지 않다. 무정부적 국제정치의 속성에 의해 안보 불안을 떨쳐버리기 어렵기 때문이다. 안보 불안은 국가들이 가지는 속성이다. 협상용이라면 보상의 내용과 직결되어 있으며, 주고받기의 패턴이 적용된다. 이때는 충분한 상업적 이익이 필요조건이다. 그렇다 하더라도 정치적 명분의 이익이 필요하다. 이것은 충분조건이다. 정치적 명분은 상업적 이익보다 어렵다. 그러나 핵 보유가 협상용이라면 안보용보다는 폐기에 합의될 가능성이 더 높다. 혼합적 목적은 위의 두 답에서 유추해야 한다.

북한은 자국이 핵 억지력이 없었다면 이라크의 신세가 되었을 것이라고 주장한다. 주장의 타당성 여부와 관계없이 어쨌거나 핵 문제가 불거진 지 20년이 되었지만 핵 문제는 아직도 해결되지 않았다. 김정일이 후세인처럼 되지도 않았고, 전제정치는 계속되었으며, 2010년 9월에는 그의 후계자로 27살의 그의 셋째아들이 지명되어 3대 세습을 선언했다. 북한은 이러한 전개를 핵이 가져온 선물이라고 생각할 것이다. 북한은 핵 갈등에서 자신들이 이겼다고 보지만, 그렇다고 하기에는 아직 이르다. 아직은 그저 '지지 않았을 뿐'인 단계다. 다만 한 가지, 그들에게는 핵무기가 병약해진 지도자의 생명까지 연장해주지는 못하는 것이 통탄스러울 것이다.

핵을 북한 안보의 수단으로 보는 관점에서 흥미로운 점은 '북한 핵이 북한의 자위를 위한 것이냐, 남한을 공격하기 위한 것이냐' 하는 입장이 오늘날 한국에서 진보와 보수를 구별하는 아주 결정적인 잣대 역할을 하고 있다는 것이다.

북한의 핵 보유가 야기하고 있는 결과와 그것을 보유하려는 목적 사이의 불균형을 심각하게 받아들여야 한다. 진보 진영의 관점에서는 핵무기 보유가 가져오고 있는 파괴적 영향에도 불구하고 북한의 생존을 위해 이로운 것이 틀림없다는 확신을 갖고 있는 듯하다. 그러나 이런 입장은 호소력은 있을지라도 설득력은 갖지 못한다. 북한의 핵은 비록 그것이 억지적 군사 목적을 갖고 있다 하더라도, 이를 사용할 가능성 때문에 일말의 정당성을 인정할 수 없다. 그와 같은 주장은 북한의 핵무기가 합리적인 도구가 아니라 비합리적인 경우에 대한 보장책으로서 필요하다는 주장이나 다름없다. 즉, 만약 북한에 핵무기가 없다면 북한은 피침의 위험에 빠지게 되므로 이에 대한 보장으로서 핵무기가 필요하다는 것이다. 그리고 이러한 안보 불안이 북한으로 하여금 핵 보유의 방향으로 몰아간다.

　이렇게 보면 북한에게 핵무기의 용도는 주로 심리적인 것이다. 동일한 객관적 상황에 대해서 사람마다 지각하는 정도가 다르고 이에 따라 평가가 다르듯이, 안보 소요에 대해서도 나라마다 위협을 인식하는 정도에 따라 그 평가가 달라질 수 있다. 이를 로버트 저비스(Robert Jervis)는 주관적 안보 딜레마의 관점에서 분석한다. 저비스는 특정 국가를 적으로 간주하는 국가일수록 안보에 대해 더욱 강하게 반응하게 된다고 한다. 1953년 정전 이후 세계 최강국인 미국을 제1의 적으로 간주해온 북한이 이러한 경우에 해당한다. 과거 무기의 목적은 전쟁을 치르는 것이었다. 그러나 핵무기에는 새로운 역할이 생겼는데, 그것은 누구도 전쟁을 발발할 수 없을 정도로 공포심을 유발하는 것이다.

북한은 불과 몇 기의 핵무기로도 남한에 막대한 타격을 가할 수 있기 때문에 전쟁이 발생하면 한국이 지닌 여러 우위 요소는 큰 의미가 없다고 생각할 수 있다. 따라서 한국은 대체로 북한의 약점을 이용하기를 삼가게 된다고 판단할 것이다. 북한은 현상을 변화시키는 것이 아니라 현상을 유지하고 안정화하기 위해 한국의 우위 요소를 역이용했다. 남한은 전통적 전략을 전도시켜, 우월한 능력을 방어적 대응에 사용했다. 북한은 이 논리를 역으로 이용한 것이었다. 북한의 열세는 오히려 공격적 정책을 취하도록 했다. 북한은 핵무기와 장거리 로켓 생산에서 이룬 성취에 고무되었다. 그러나 북한은 남한과 대등하게 되는 것이 얼마나 어려운 것인지를 알고 있었다. 북한은 소량의 핵무기를 사용할 수 있을 것처럼 지속적으로 큰 소리로 위협함으로써 남한과 미국이 어쩔 수 없이 북한과 타협할 것이라고 확신했다. 그리고 전면적인 재래식 무기 경쟁보다 합리적 비용으로 군비 경쟁을 지탱해주는 핵무기에 의존하게 되었다.

그러나 그와 같은 기조를 유지하는 한 북한은 딜레마에 빠질 수밖에 없다. 즉, 북한은 정치, 경제, 이데올로기에서의 실패로 인한 생존의 위협을 핵 보유로 막고자 하나, 이 핵무장은 국제사회의 제재를 초래하여 북한의 생존을 위협하는 결과를 가져오는 순환논리에 빠지게 되는 것이다.

일단 핵무기를 보유하게 되니 북한은 이 핵무기로 할 수 있는 것을 찾아내야 했다. 북한의 주장대로 핵무기가 미국의 공격을 예방하는 역할을 할 수도 있다. 그러나 핵무기가 미국의 공격을 막아준다고 믿더라도 그 안보가 지켜줄 것은 막상 아무것도 없다는 데 북한의 딜레마가 숨어 있다. 북한은 보유하고 있는 핵무기의 파괴력과 실제 사용 가능성, 그리고 핵 보유가 초래하는 불이익 간의 관계를 평가하는 데 인색한 것처럼 보인다. 북한은 '절대 무기'가 '절대 무용지물'이 될 수 있다는 가능성을 고려하지 못하고 있다. 북한 지도층 중에는 북한이 몇 년 후 또는 몇 십 년 후 핵무기는커녕 어떤 군사력도 사용하지 못하고 붕괴되는 일이 실제로 벌어질지 모른다는 불안과 초조가 머릿속에 유령처럼 번득거리는 경험을 하고 있을지 모른다.

북한은 국가로서의 능력들을 여러 부문에서 상실해감에 따라 자신의 국력을 계산하는 기준을 좁혀야만 했다. 오로지 북한에 남는 것은 군사력이요, 그것도 핵무기뿐이다. 결과적으로 북한은 군사적 능력을 그 어느 비군사적 능력보다 중요시하게 되었다. 그것이 선군정치다. 그러나 북한의 핵 능력은 다른 분야의 엄청난 무능력을 가져왔다. 즉, 국민들의 의식주를 해결하고, 모든 나라와 폭넓은 외교 관계를 유지하며, 국제사회의 일원으로 활동하기에는 정부의 역량이 절대적으로 부족하다.

냉전 시기의 역사가들과 이론가들은 국가의 힘을 계산할 때 군사적 수치에 초점을 맞추며 일차원적으로 계산했다. 그러나 실제 역사는 중대한 역사적 사건의 경로를 결정하여 냉전을 종식시킨 것이 군사적 능력이 아니라는 점을 극명하게 보여주었다. 소련은 자신의 무기와 병력을 고스란히 유지한 채 붕괴했다. 다른 종류의 힘, 즉 경제적·이데올로기적·문화적·도덕적 능력 등이 부족했기 때문에 소련은 해체된 것이다. 비군사적 능력의 지속적인 쇠퇴가 소련의 붕괴를 가져왔다.

한국전쟁을 포함하여 지금까지 남북한 사이의 모든 갈등과 투쟁은 남북한 간의 경쟁으로 묘사되었다. 그러나 이제 북한의 핵무기는 경쟁 영역의 문제가 아니라 민족 파멸의 문제가 되었다. 만약 북한이 대재앙과 같은 핵전쟁에서 승리한다 해도, 그 파괴된 한반도 땅에서 북한은 무엇을 하겠는가? 북한이 남한을 향해 핵무기를 사용한다면 북한에게는 무엇이 남겠는가? 북한은 핵무기를 통해 국가 목표를 절대 달성할 수 없다. 종말론적 견해에 북한은 동의해야 한다.

만약 북한이 핵무기로 한민족의 운명을 끝내버린다면 무슨 방법으로 북한식 사회주의를 실현하겠는가? 북한이 핵무기를 사용하는 전쟁은 단지 남한의 붕괴만 초래할 뿐이라는 견해가 현실적인 것인가? 전쟁이 일어날 경우 남북한 모두가 초토화될 것이 틀림없다고 판단한다면, 북한은 왜 사회주의를 건설하고자 하고, 왜 내일을 걱정하는가?

### ▍▶ 북한 핵 문제에서 정보의 한계

북한은 실제로 핵을 가지고 있느냐와는 상관없이 북한이 핵을 가지고 있다고 믿게 하는 것이 중요하며, 그것이 미국의 공격을 막을 수 있다고 판단한다. 외교에서는 때로는 나를 믿게 하기 위한 자료 공개가 나에게 유리한 것만은 아닌 현상이 자주 일어나는데, 북한 핵 문제가 바로 그런 경우다. 이런 경우 1차 증거 자료도 중요하지 않게 된다.

노무현 대통령은 북한의 농축우라늄 계획에 대하여 구체적인 1차 증거 자료를 우리 정부가 가지고 있는지, 내가 직접 그 자료를 보았는지, 미국에 요청했는지를 물었다. 법률가 출신의 대통령에게는 1차 자료가 더욱 중요했을 것이다. 나는 그렇지 않아도 제임스 켈리 미국 수석대표에게 이런 자료를 보여줄 것을 요청했다. 그러나 그는 그 자료는 이미 CIA를 통해 우리 정보기관에 제공되었다고 했다. 그러나 나는 정리된 정보만을 받았을 뿐 1차 증거 자료, 예를 들면 핵물질 구매계약서 등과 같은 증거물은 본 적이 없었다. 물론 나는 국정원에 이런 종류의 자료를 요구하지 않았다. 국정원이 가지고 있다 해도 외부 기관에 이를 제공하지 않을 것이라 판단했기 때문이다. 미국 정보기관이 결정적 자료를 가지고 있어도 외국 정부에 제공하기 어려웠을 것이다. 미국 정보기관은 정리된 정보만을 한국 정보기관에 선별적으로 제공했을 것이다. 1차 증거물은 그 정보의 제공자와 수집 방법을 노출할 수 있다. 정보기관은 첩보 수집 공작에서 노출되지 않도록 공작 활동을 생명으로 삼는다.

북한의 우라늄 농축 계획 존재 여부에 대한 의심은 당시 보수와 진보 간의 갈등 요인이 되었다. 또한 북한의 우라늄 농축 계획에 관한 거증 책임이 북한에게 있느냐, 아니면 미국에게 있느냐 하는 문제 역시 보수와 진보 진영 간의 대립을 일으키는 문제였다.

# 3

## 북한의 벼랑 끝 전술

외교는 상대가 있는 게임이기 때문에 상대방이 취하는 행동의 동기뿐만 아니라 그 목적 달성의 전략과 전술까지 들여다봐야만 한다. 물론 북한이 핵을 보유하고자 하는 동기를 해소시키는 일은 어렵다. 그러나 이것 못지않게 북핵 문제 해결을 어렵게 만드는 일은 북한이 핵 보유와 이를 통한 체제 안전을 도모하는 과정에서 사용하고 있는 '벼랑 끝 전술'이다. 이는 대처하기 어려울 뿐만 아니라 그 자체로도 한반도의 운명을 위협하는 또 다른 위험이 되고 있다.

벼랑 끝 전술은 대결 국면에서 상대방이 물러서도록 대규모 군사 충돌 또는 전면전을 각오하는 안보정책을 말한다. '무모한 도박' 또는 '공허한 으름장'이라는 의미로도 쓰이는데, 이 경우는 상대방의 정책에 대해 비판자들이 조소할 때다.

여기서의 벼랑 끝은 흔들리지 않고 단단히 서서 아래를 내려다보며 뛰어내릴지 말지를 결정할 수 있는 깎아지른 벼랑의 정상이 아니다. 이미 아무리 조심해도 미끄러질 위험이 있는 내리막 경사로에 서 있는 것이며, 벼랑에 가까이 갈수록 경사가 더 급하고 미끄러질 위험은 훨씬 커진다. 벼랑의 정상에 비해 경사면에서 미끄러질 위험이 오히려 불규칙하다. 벼랑 끝에 서 있는 사람도, 구경꾼도 미끄러질 위험이 얼마나 큰지, 또는 아래쪽으로 몇 발짝 움직이면 위험이 얼마나 더 커질지 자신할 수 없다. 벼랑 끝 전술은 이 전술을 쓰고 있는 사람이 당장이라도 뛰어내릴 수 있을 정도로 벼랑에 가까이 가 있기 때문에 그와 로프로 묶인 사람을 놀라게 하는 것이 아니다. 벼랑 끝 전술은 벼랑 끝에 서 있는 사람이 자신을 구하려고 모든 노력을 해도 미끄러져 떨어질지 모르는 경사에 오르는 것을 말한다.

이처럼 벼랑 끝 전술은 인식할 수 있는 전쟁의 위험을 의도적으로 조성하는 것으로, 이 위험은 완전히 통제가 안 되는 위험이다. 벼랑 끝 전술을 취하고 있는 자의 로프에 묶인 상대방으로 하여금 더 이상 견디지 못하여 마침내 양보하게 만드는 것이 목적이다. 공유된 위험에 상대방을 노출시켜서 상대방을 위협하고, 만일 상대방이 배치되는 행동을 하면 그가 원하든 원치 않든 그와 함께 벼랑 아래로 미끄러질 수 있다는 것을 보여줌으로써 상대방을 억지시키는 것이다.

'벼랑 끝 전술'은 북한의 언동이나 협상 전술을 두고 가장 자주 쓰이는 표현으로, '협박 전술'의 대체 용어로 쓰이는 듯하다. 우리는 '벼랑 끝 전술'이라는 말에서 하나의 이미지를 떠올릴 수 있다. 절벽 끝에 위태롭게 홀로 서 있는 이의 모습이다. 영화 〈빠삐용〉을 보면,

## ▶ 벼랑 끝 전술의 유래

1956년 미국 대통령 선거 중에 민주당의 아들라이 스티븐슨 후보는 아이젠하워 대통령, 특히 덜레스 국무장관이 벼랑 끝 전술(brinkmanship)을 취하고 있다고 비난했다.

덜레스는 1956년 1월호 〈라이프〉에 실린 인터뷰에서 "전쟁에 다다르지 않고 벼랑(verge)에 이르는 능력은 필요한 예술이다. 이 예술을 정복하지 못하면 불가피하게 전쟁에 이르고 말 것이다. 전쟁을 피하려고 하거나 (전쟁의) 벼랑에 가는 것을 두려워한다면 전쟁에 지게 된다"고 말했다. 덜레스는 1953년 한국전쟁의 종전 협상 위기와 1954년 타이완과 인도차이나에서의 대규모 전쟁의 위협을 언급하면서 "우리는 벼랑으로 걸어가서 그 벼랑을 똑바로 바라보았다"고도 했다. 이를 가리켜 스티븐슨은 '벼랑 끝 전술'이라고 했다.

공화당의 아이젠하워 후보가 대통령에 당선되었지만 이 새로운 용어인 벼랑 끝 전술에 대한 논쟁은 계속되었다. 아이젠하워 대통령의 보좌관을 지낸 셔먼 애덤스는 퇴임 후에 "덜레스가 말했던 것처럼 아이젠하워 대통령이 이 위기에서 전쟁의 벼랑에 접근했다는 데 의문이다"라고 하며 덜레스의 발언에 의문을 제기하기도 했다.

절벽의 가장자리로 떨어지는 것과 같이 한 국가가 전쟁으로 굴러떨어지는 것을 묘사하는 이 '벼랑 끝' 은유법은 오래전부터 자주 사용되었다. 미국 노예제도의 폐지를 위해 크게 공헌한 헨리 클레이 상원의원은 1850년 노예제도에 관한 남북 간의 화해를 호소하면서 "엄숙하게 절벽의 가장자리에서 멈출 것을 요구한다"고 말했다. 그러나 '벼랑 끝(brink)'이라는 단어에 '전술(-manship)'이라는 접미사를 붙인 사람은 스티븐슨이었다.

1961년 케네디 대통령은 비엔나에서 흐루시초프 소련 서기장과 회담 후 '절벽의 끝'을 언급했는데, 그 다음 해에 쿠바 미사일 위기 때 정말 절벽의 끝에 갔었다. 1964년 샌프란시스코에서 개최된 공화당 전당대회에서 강경파 골드워터 지지자들은 '겁쟁이 전술(chickenship)보다는 벼랑 끝 전술(brinkmanship)이 낫다'는 구호가 적힌 플래카드를 들고 있었다.

스티브 맥퀸(빠삐용 역)이 절벽에서 바다로 뛰어내리겠다고 하자 더스틴 호프먼(드가 역)은 그에게 "참아낸 유혹이야말로 인격의 진정한 척도일세!"라고 훈계한다. 그러나 결국 빠삐용은 코코넛 자루를 가슴에 안고 절벽 밑 바다로 뛰어내리며 "야 이놈들아, 나는 이렇게 살았다!" 하고 외치고는 파도를 타고 망망한 바다로 탈출한다.

여기서 북한의 벼랑과 빠삐용의 벼랑은 두 가지 면에서 그 의미가 다르다는 것을 이해해야 한다.

첫째, 북한이 연출하는 장면은 평평한 벼랑의 끝에 서서 수백 길 아래 시퍼런 격랑의 바닷속으로 뛰어내릴지 말지를 고뇌하는 정적인 장면이 아니다. 현재 서 있는 곳에서 한 발짝만 움직여도 쭉 미끄러져 절벽에 아주 가까워지거나 아예 낭떠러지로 떨어져버릴지 모르는, 극히 위험한 미끄러운 경사에서 움직이는 장면이다. 북한이 들어선 비탈길은 북한이 스스로 통제할 수 있는 길이 아니라 자신의 결단과는 관계없이 얼마나 미끄러질지도 모르는 상황의 비탈이기에 더욱 불안한 것이다.

둘째, 북한은 빠삐용처럼 절망의 눈으로 쳐다보는 드가를 남겨두고 혼자 뛰어내리겠다는 것이 아니다. 남한을 함께 단단한 로프로 묶고서는 결국 두 집을 다 불바다로 만들겠다는 의미다.

이 두 가지 면 때문에 우리는 북한의 벼랑 끝 전술을 우려하고 불안해하는 것이다. 여기서 우리는 다시 두 가지 면을 고려하여 해결책을 구상해야 한다.

첫째, 벼랑 끝에 이르는 길에 모래를 뿌리거나 스키장처럼 작은 둔덕들을 여기저기 만들어놓아 절박한 위기의 속도를 줄일 수 있거나 잠시 쉬고 갈 수 있는 여유의 안전 공간을 장치해두는 것이다. 그리하여 북한이 정말 죽겠다고 작정하지 않는 한 자기 결정과는 상관없이 그냥 쭉 미끄러져 낭떠러지로 떨어지는 일은 생기지 않게 해야 한다. 물론 이런 일이 생기지 않게 해야 하는 이유는 우리가 북한과 로프로 묶여 있기 때문이다. 설혹 우리와는 아무런 상관이 없다거나 아예 북한을 포기해버리자는 생각이 들더라도 생각을 고쳐먹어야 한다. 북한이 자포자기한 뒤에라도 우리에게 안식의 날이 쉽게 오지 않을 것이라는 것이 동북아의 세력지도다. 우리는 지정학적으로 그런 운명에 있다.

둘째, 북한이 기어코 자기통제가 되지 않는 벼랑의 길을 가겠다고 한다면, 북한이 우리를 묶어놓았거나 묶어놓겠다는 로프를 끊는 방법을 택할 수밖에 없다. 어느 누구도 제어가 불가능한 미끄럽고 급한 경사의 길에서 더 이상 움직이지 않도록 우리는 북한과 다소의 실랑이를 무릅쓰고라도 그 로프를 끊어야 한다. 그러나 서로가 연계되어 있는 사정으로 로프를 끊는 것이 불가능하다면 로프의 길이를 늘려 북한의 조그마한 움직임이 우리에게 직접적이고 즉각적으로 전달되지 않도록 안전체제를 만들어야 한다. 그것이 우리가 살길이다. 더 이상 같이 가려다가는 벼랑에 지나치게 가까이 접근하여 이러지도 저러지도 못하고 끝내 함께 절명하는 길에 들어서 버리는 것 아닌가 하는 불안감을 지울 수 없다.

여기에서 우리는 두 가지 큰 결론에 다다른다.

첫째, 북한이 혼자서만 벼랑 끝으로 갈 것이라거나, 심지어 벼랑 끝에서 혼자 뛰어내리게 될 것이라고 상정하여 계획을 세우는 일은 피해야 한다. 그런 일은 결코 일어나지 않을 것이기 때문이다. 북한이 혼자서만 파멸의 길을 가겠다고 결정하리라고는 상정할 수 없다.

둘째, 설혹 북한이 그런 방향으로 가는 것이 확실하다면 우리는 인내심을 가지고 말려야 한다. 그러나 말리려다 함께 미끄러지지 않도록 조심해야 한다. 팽팽하게 긴장된 로프를 늘려 탄력적이고 융통성 있게 대응해야 한다. 북한의 움직임이 우리에게 조절되어 여유 있게 전달되어야 한다. 너무 가깝게 백병전을 하다가 뒤범벅 난투를 하며 함께 미끄러져 벼랑으로 떨어지지 않아야 할 것이다.

지금은 무모한 벼랑 끝 전술을 쓰는 북한에 대해서 참고 또 참으며 설득하여, 문제가 위기로, 위기가 무력 분쟁으로 발전하지 않도록 정치와 외교의 예술, 즉 치국(statecraft)이 절실히 필요한 시점이다.

북한에 대해서 붕괴를 희망한다면, 그냥 내버려두고 기다리느냐 또는 외부의 충격이나 공작으로 붕괴시키느냐의 문제를 생각해볼 수 있다. 붕괴를 조장하기 위한 공작은 중동과 북아프리카에서 일어나고 있는 것처럼 북한 내부에서 민란이나 혁명과 같은 현상이 일어나도록 내부적 동기를 부여하고, 그 추진력을 갖게 만드는 것이다. 풍선으로 전단을 보내는 것은 북한 주민들에게 충격을 주어 현 북한 정권에 반기를 드는 사건이 생기도록 조장하는 것이라고 생각된다. 일종의 주민 교육이다. 그런데 주민을 교육시키는 이 문제는 쉬운 일일까? 많은 경우에 압제에 살았던 국민들의 정신 상태를 보면, 무정부 상태보다는 강력한 통치자의 압제를 더 선호하는 경향이 있다. 북한 주민들도 혹시 지금 김정일 정권이 붕괴되면 무정부 상태가 되어 혼란이 올 것이라는 불안감을 가지고 있는 것은 아닐까? 북한의 체제

## ▶ 북한의 막장 외교와 철학의 빈곤

#### - 이수혁(중앙일보 2009년 4월 2일자 게재)

"아무리 나쁜 평화라도 전쟁보다는 낫다." 로마 제정 시대의 역사가 타키투스가 남긴 명언이다. 남북한 관계에서 많은 것을 생각하게 하는 말이다. 그러나 전쟁에 대한 공포심을 이용해 나쁜 평화를 만들어가는 것에 대해서는 어떤 대응을 해야 할까?

주민들이 굶주리고 정치적 자유가 박탈된 북한 상황은 개선되지 않고 있다. 인권은 처참한 지경에 이르렀다. 이런 가운데 핵실험까지 한 북한 지도자는 대륙 간 탄도미사일(ICBM) 실험을 하겠다고 한다. 가장 강력한 두 종류의 대량살상무기(WMD)를 확보한 국가가 되겠다는 것이다. 무기의 개발과 축적은 투명할 수도, 확인할 수도 없기 때문에 성공과 실패, 무기로서의 가치를 둘러싼 논쟁은 무의미하다. 실험이 필수적이냐 아니냐는 논쟁도 무의미하다. 북한 지도자는 실험을 통해 핵무기와 미사일을 개발해 왔음을 세계에 과시하고 싶을 뿐이다. 북한에 핵무기와 미사일 개발은 더 이상 은밀한 사업이 아니다. 공개리에 착착 진행하고 있다. 칼을 녹여 보습을 만들고, 창을 쳐서 쟁기를 만들겠다고 6자회담에 참가하면서 놀라운 용기로 핵무기와 운반수단을 발전시키고 있는 것이다.

다른 나라들이 북한처럼 하지 않는 것은 두 가지 이유 때문이다. 체계적인 국제 질서, 규범적인 국제 약속, 그리고 물리적 또는 암묵적인 국제 압력이 첫째 이유다. 욕구의 충족이 가져올 파괴적 미래에 대한 합리적 판단 때문에 욕구를 자제하는 것이다. 둘째 이유는 도덕률이다. 한 사회의 동시대인들이 전원은 아니더라도 다수가 준수하는 관습이나 약속에 따라 행동하는 것이 신사다운 행동이다. 그런 사람이 점잖고 품격 있는 사람이다. 보통의 신사라면 보편적이진 않아도 대체적으로 추구하는 가치를 '집단선(collective good)'을 위해 수용한다. 남들은 규범을 준수해 집단선에 기여하고 있는데 자신은 집단선의 열매를 따먹으면서 규범을 거부하는 것은 신사다운 행동이 아니다. 자신은 공장 폐수를 방출하면서 남들의 비용과 희생으로 만든 맑은 물을 즐기는 것이나 마찬가지다.

북한 지도자는 국제사회에서 '막장 외교'를 하고 있다. 지금의 국제사회에서는 다자적 합의로 일부 국가를 제외하고는 대량살상무기를 개발·제조할 수가 없다. 대량살상무기를 규제하려는 일부 국가의 압력이 너무 강해 이 규범을 거부하기가 사실상 불가능하다. 다른 한편으로는 경쟁국이나 가상 또는 현실의 적국과 동종의 무기 경쟁에 빠져들게 되는 상황에 대한 공포심에서 비롯된 상호주의 정신에 따라 개발·제조를 하지 않고 있는 것이다. 한국이나 일본이 북한보다 재정적·기술적 능력이 모자라 핵무기를 개발하지 않고 있는 것이 아니라는 점은 누구보다 북한 지도자가 잘 알고 있을 것이다.

북한 지도자는 이단적 생존 전략을 취하고 있다. 보편적 안보 개념을 유린하고 있다. 안보를 위한다면서 몰래 만든 칼을 너무 광폭하게 내놓고 휘두르고 있다. 안보를 교환하고 판매하고 사려는 전략이 오히려 북한의 안보를 앗아감으로써 더욱 깊은 상처를 안고, 되돌릴 수 없는 시련에 시달리게 될지 모른다. 북한 지도자는 '철학의 빈곤'의 후과를 두려워하며 진정한 민족애가 무엇인지 깊이 사유하고 고민해야 한다. 북한 지도자는 한국과 미국 지도자에 대해 '외교의 빈곤'이라며 웃고 있을 때가 아니다.

내 보수층은 이 논리로 북한 주민들을 협박하고 있을 것이다. 또 한 가지 문제는 북한 주민들의 대남 공포심이다. '통일되어 남조선 사람들의 홀대를 받느니 우리끼리 사는 것이 훨씬 속이 편하다'는 감정들이다. 이 점 역시 무시되어서는 안 될 지적이다.

북한의 지도층 사람들의 의식 변화 또한 고려해야 한다. 대부분의 사람들이 현 김정일 체제의 문제점을 이미 알고 있고, 불만을 가지고 있을 것이다. 그러나 김정일 체제가 그들의 사회적 성공에 이익이 된다고 판단한다면 그들은 체제 옹호론자가 되는 것이다.

# 4

## 전쟁으로
## 북한 핵 없앨 수 있다?

 

북한은 과연 핵을 포기할 것인가? 그동안 북한이 핵 문제 협상에서 보인 입장을 보면 핵 개발 계획의 구체적인 정밀성에 비해 핵 보유를 실현시키는 외교적 계획은 즉흥적인 것으로 보였다. 이 양면성은 북한이 겉으로는 핵을 포기할 가능성을 주장하면서도 실제로는 핵 포기 의사가 전혀 없음을 반영하고 있다. 북한은 공격적 현실주의 정책을 가지고 있는 한 핵을 포기하지 않을 것이다. 중국도 북한을 포기하면서까지 핵을 폐기하도록 하지는 않을 것 같다. 중국은 북한의 핵이 북한의 생존에 불가결하다고까지 생각할 수 있다. 현 상황에서 북한은 핵을 더 생산해내고 운반수단을 더 길고 정교하게 개발할 것으로 보인다. 북한에 대해 낙관적인 생각을 갖고 있는 사람들은 결국 절망으로 끝나게 되거나 환상에 빠지게 될 것이 틀림없다. 그렇다면 이러한 벼랑 끝 전술에 잘 대처해나가면서 북한의 핵 보유 동기를 해소 또는 무력화시켜 결국 북한으로 하여금 핵을 포기하게 하는 전략에는 어떤 것이 있을까? 결국 이 질문은 스스로 답을 가지고 있다. 북한 스스로 포기하도록 하는 것은 협상에 의한 것이다. 물론 협상도 핵을 포기할 수밖에 없는 상황에서의 협상과 핵을 유지할 수 있는 상황에서 협상에 의한 포기는 그 보상의 범위와 규모가 다를 것이다.

다른 각도에서 우리는 북한의 핵을 제거하는 전략, 즉 군사 전략에 대해 생각해볼 수 있다. 그러나 군사력에 의한 핵무기 파괴는 우리의 피해를 각오하지 않으면 안 된다. 소련이 막 핵을 개발하여 비축하기 시작한 1950년대 핵 맹아기에 미국의 군사 전략가들은 소련의 핵무기고에 대한 예방적 공격을 검토했으나, 소련의 보복공격에 의한 피해 가능성으로 더 이상 발전시키지 못했다. 우리도 같은 딜레마에 있다. 북한에 대한 선제공격은 북한의 보복공격을 불러올 것이다. 한반도에서의 핵 사용은 물리적 피해 말고도 우리 민족의 역사에 결코 지울 수 없는 치욕으로 기록될 것이다. 팔레스타인이나 아프가니스탄의 문제를 보아도 알 수 있듯이, 국제 분쟁은 쉽게 해결되지 않는다. 무력에 의해서도 마찬가지다. '전쟁을 끝내기 위한 전쟁'으로 얼마나 큰 희생을 치렀는지는 역사가 말해주고 있다. '무기의 종식을 위한 무력의 사용'은 끝없는 무력 사용의 악순환을 가져올 것이다.

이와 같은 맥락에서, 북한 핵을 포기시키기 위해 우리 역시 핵무장을 해야 한다는 주장도 마찬가지로 수긍하기 어렵다. 연평도 사건 이후 한국에서는 핵 주권론과 핵무장을 주장하는 인사들이 당당하게 전면에 나섰다. 2011년 1월 11일자 조선일보는 〈南이 核 가져야 北이 협상한다〉 제하의 김대중 칼럼에서 다음과 같은 주장을 했다.

북한이 어느 경우도 핵을 버리지 않을 것을 알면서도 입만 열면 북핵 포기를 떠들고 있으니 이런 자기기만이 없고, 이런 이율배반이 없다. 이런 위선의 쳇바퀴에서 벗어나 전환을 모색하는 길은 우리 한국도 핵을 갖는 것이다. 한국이 핵을 보유하는 날, 남북 간에는 비로소 실체가 있는 협상의 길이 열릴 것이다. 역설적이지만 남(南)도 핵을 보유함으로써 상호 견제와 핵 군축 협상을 벌일 때 한반도의 비핵화는 가능하다. 우리는 20여 년간 북한의 핵 문제 하나 처리하지 못한 채 세계 강국들의 무능과 한계에 우리의 생명과 국토의 보전을 맡겨놓고 우리는 뒷전에 처져 있는 참담한 현실을 더 이상 감당할 수 없다. 이젠 우리가 나서야 하고 그러기 위해서 우리가 핵을 가져야 한다.

여기서 한국의 핵 보유는 두 가지 중 한 가지를 의미할 것이다. 첫째는 한국의 핵 개발이며, 둘째는 주한 미군에 미국 핵무기를 배치하는 것이다. 후자의 경우 한국이 핵을 보유하고 있다고 말할 수는 없다. 한국에 핵무기가 '배치'되었다는 것이지 한국이 핵무기를 '보유'하고 있는 것은 아니다. 한국의 핵 보유 주장은 현실적이지 않은 주장이다. 북한과 실질적인 균형을 이루기 위해 한국도 핵을 보유해야 한다는 주장은 현재의 완고한 국제 규범으로는 실현될 수 없다. 또한 핵 보유 추진으로 치러야 할 대가는 국제사회와 더불어 사는 한국으로서는 감당할 수 없다. 그러므로 한국에게 남아 있는 선택은 북핵을 포기하게 하든지, 북핵과 더불어 사는 지혜를 얻든지 하는 두 가지 선택밖에 없다.

북핵의 보유를 제거할 수 없다면 그 사용을 제거할 방법이 강구되어야 한다. 핵확산금지조약(Nuclear Non-Proliferation Treaty: NPT) 체제하에서 우리는 핵연료 재처리시설도 허용되지 않을 정도로 아주 강력한 핵 활동 제약을 받고 있는 국가다. 핵무장을 주장하는 인사들이 그렇게 된 역사적·국제정치적 배경에 대해 잘 알면서도 북한의 행동에 대해 강경한 대책을 주문하는 것은 북한으로 하여금 핵을 포기하게 하라는 결연한 의지의 표현으로 이해하는 것이 적절할 것 같다. 국민들이 핵무장하도록 정부를 압박하더라도 정부는 추진할 수 없는 문제이기 때문이다.

북핵 문제는 핵무기 문제를 적어도 한국 내에서 대중화시켰으며 동시에 그것을 신비화시켰다. 만일 효과적인 전략으로 북핵 폐기라는 목적을 추구하지 않는다면, 한국의 핵무장화의 요구가 점증할 것이다. 그래도 한국 내에서 북한의 핵 개발에 대응하는 핵 개발 논의가 첨예화되지 않는 요소와 환경에 우리는 유의해야 한다. 여론은 언제 뜨겁게 달궈질지 모른다.

북핵 문제는 국제체계의 단위인 국가가 그 체계 구조가 주는 제약에 저항하여 다른 행동을 보이는 사례다. 핵 확산 방지라는 오늘날의 국제 질서가 북한의 행동으로 교란될 수 있을까? 아니면 일탈의 행동은 묵인된 채 비확산이라는 원칙은 지속될 것인가? 핵무기의 파괴력을 믿는 한 비확산의 거듭된 예외는 오히려 완벽한 차단의 조치를 불러오는 계기가 될지 모른다. 국제사회는 비록 명확한 질서와 위계적 배열이 결핍되어 있는 무정부 상태지만 보편적 가치가 점점 힘을 얻어가는 추세를 볼 때, 핵 문제만큼은 쉽게 양보할 수 있는 주제가 되지 않을 것이다. 이런 점에서 폭력적인 수단이 핵 비확산에 사용될 가능성은 여전히 존재한다.

## ▐▪ 국가의 도덕적 행동

국제정치에도 전시나 평화 시 국가 행위의 지침이 되는 규범이 존재하지만, 이 규범을 일부 국가들이 준수하지 않는다고 해서 다른 국가들이 그저 게임을 그만둘 수는 없다. 상황이 그러하다면 국가들은 행위의 원칙을 어길 것인지, 아니면 원칙을 준수하여 자국의 생존을 위험에 빠뜨릴 것인지에 대해 고민하지 않을 수 없다. 더 정확히 표현하자면 국가의 지도자는 국가의 생존을 위해 국제정치적으로 '비도덕적'인 행동을 할 것인지, 아니면 국제정치에서 우선시되는 행동양식을 따르기 위해 국가의 생존을 보장하기로 한 자신의 '도덕적' 의무를 포기할 것인지의 두 가지 선택 중한 가지를 택해야 한다.

국가의 도덕적 행동은 신뢰할 수 있는 수준과 유형의 안보를 제공하는 체제가 존재하느냐의 여부에 따라 상이한 의미를 갖는다고 말할 수 있다.

한국전쟁 중에 미국은 북한과 중국의 공세를 억제하기 위해 일련의 암시적이고 직접적인 방법으로 핵 사용의 가능성을 대두시켰다. 이 발상은 아이젠하워의 방위 계획인 '뉴룩(New Look)' 정책을 반영하는 것이었다. 이 정책은 핵무기가 소련과 중국의 재래식 무기에 대한 저렴한 대체물이 될 수 있다는 것이었다. 아이젠하워는 공산국가의 중대한 도발에 대해 대규모 핵 보복 전략을 채택할 것이라고 했다. 이 정책은 만일 미국이나 동맹국이 지역 전쟁에서 패배하게 되면 미국이 핵무기를 사용할 권리를 가진다는 것이었다. 미국은 지역 분쟁을 해결하기 위해 전술핵을 사용할 준비가 되어 있었다.

## ░ 한국전쟁 시 미국은 왜 핵을 사용하지 않았는가?

히로시마와 나가사키에 원폭을 투하한 해리 S. 트루먼 대통령은 한국전쟁에서 핵무기 사용 결정을 다시 내리고 싶지 않았다. 그럼에도 1950년 11월 기자회견에서 트루먼이 핵무기 사용에 대해 "배제하고 있지 않다"고 말했을 때, 한국전에 유엔군으로 참전하고 있던 유럽 국가들은 연합군을 포기해야 할지도 모른다는 입장을 취했다. 스탈린이 예측했던 바와 같이 유엔군의 한국전쟁 참전은 미국의 운신 폭을 좁히고 있었다. 1950년 6월 28일 유엔 안전보장이사회 결의안 표결 시에 안드레이 그로미코 외무장관의 건의에도 불구하고 스탈린은 소련 대사가 안보리에 계속 불참하도록 지시했다. 당시 소련은 중국 대표권 문제로 안보리에 참석하지 않고 있었다. 스탈린의 불참 지시는 유엔군의 참전이 미국의 군사 행동에 제약이 되게 한 선견지명이라고 해석되었다. 물론 소련의 핵무기가 미국으로 하여금 한반도에서 핵무기를 사용하지 못하게 했다.

또한 인민군의 인해전술도 원자탄을 사용하기 어렵게 했다. 마오쩌둥은 원자탄을 "사람에게 겁주기 위해 미국의 반동주의자들이 사용하는 종이호랑이"라며 무시하고 "푸른 산이 거기 있는 한 장작을 걱정할 필요가 없다"며 인해전술을 자랑했다.

더 중요한 것은 북한 내에 원폭을 사용할 적절한 목표가 없었다는 것이다. 원자탄은 산업시설, 수송망, 군사적 방위 거점 등을 파괴하는 전략적 용도지, 등에 짐을 지고 산길을 따라 이동하는 농민군의 수송로를 막기 위한 것은 아니었다.

원폭이 투하되더라도 적군은 계속 진격할 것이고, 그렇게 되면 원폭의 비효과성이 원폭의 신뢰성을 감소시킬 것이 너무 분명했다. 1953년 1월 소련의 한 첩보 보고서는 다음과 같이 쓰고 있다. "미군 지도부는 한국에서 원자탄을 사용하는 것의 실용성에 대해 확신하지 못하고 있다. 만약 원자탄을 사용하는 것이 미국의 압도적 승리를 보장하지 못한다면, 미국의 위신에 최후의 일격이 가해질 것이라고 그들은 두려워한다. 게다가 이럴 경우 그들은 기존의 핵무기가 협박의 수단으로서 지니는 중요성을 상당히 잃게 될 것이라고 믿고 있다." 원자탄을 사용하지 않는 편이 원자탄을 이용하고서도 의도한 결과를 도출하는 데 실패하는 것보다 더 낫다는 것이었다.

# 5

6자회담 1부

6자회담과 나

 

 

2002년 10월 3일 미국의 제임스 켈리 국무부 차관보가 북한을 방문하여 고농축우라늄(Highly Enriched Uranium: HEU) 계획을 추진하고 있음을 추궁함으로써 촉발된 제2차 북핵 위기는 한국 대선의 빅뱅이었다. 그해 12월 노무현 후보가 대통령에 당선되자 북한은 1994년 미·북한 간 제네바합의에 의한 핵 동결을 해제하고 국제원자력기구(International Atomic Energy Agency: IAEA) 사찰관을 추방했다. 그 다음 해인 2003년 1월 10일 북한은 핵확산금지조약 탈퇴를 선언하고, 노무현 대통령 취임에 맞추어 5MW 원자로를 재가동했다. 그렇게 노 대통령의 새 정부는 안보 위기 속에 출범했다.

한반도에서는 북핵 문제로 위기의 국면으로 치닫고 있는 가운데, 3월 20일 미국은 이라크를 공격했다.

이런 상황에서 나는 외교부 차관보로 임명되어 3월 말 유고에서 서울로 부임했다. 4월 하순에는 한국은 배제된 가운데 미·중·북 3자 회담이 베이징에서 개최되었다. 북핵 문제를 담당하고 있던 나로서는 한국의 배제 문제를 어떻게 극복할 것인지가 최대의 숙제였다. 결국 한국과 일본이 참여하는 다자회담을 추진하기로 미국과 합의하고 북한도 이에 동의함으로써 2003년 8월 27일 6자회담이 베이징에서 개최된 것이다.

6자회담은 우리 국민들뿐 아니라 세계적인 관심의 대상이 되었다. 그러나 국제적 관심에도 불구하고 북한이 핵을 포기하겠다는 결단을 지연시키고 있어 회담은 지지부진하게 진행되었다. 1차 회담 후 6개월 만에 2차 회담이 열렸고, 그로부터 4개월 후인 2004년 6월 23일 3차 회담이 개최되었으나 구체적인 합의는 이루어지지 않았으며, 4차 회의는 기약이 없는 채 시간이 흘러가고 있었다. 북한은 그해 11월 미국의 대선을 기다리고 있음이 분명했다. 부시 대통령이 재선되어 신행정부가 취임하면서 콜린 파월 국무장관은 사임하고 콘돌리자 라이스 안보보좌관이 국무장관으로 취임했다. 미국에서 새로운 외교안보 진용이 갖추어짐과 맞추어 나도 2005년 1월 2년간의 차관보직을 사임하고 그해 6월 주독일 대사로 부임했다.

6자회담 수석대표를 수임하면서 국민들의 많은 관심을 받아온 것은 외교관으로서는 큰 축복이었다. 3차 회담까지 구체적인 합의는 만들지 못했으나 북핵 문제 해결을 위한 틀은 만들었고, 6자회담에서 문제점들을 과감하게 제기했다는 데 만족할 수밖에 없었다. 2005년 1월 6자회담 수석대표직을 사임한 후 독일 주재 대사로 독일에 부임하기 전 초빙연구원 자격으로 일본 게이오대학에 가서 안보 문제와 북핵 문제에 관한 원고를 완성했다.

2005년 6월에 독일에 부임해서는 6자회담 수석대표였다는 이유로 독일 사람들로부터 많은 관심을 받았다. 그해 9월 19일 제4차 6자회담 2단계 회의에서 북한은 모든 핵무기와 현존하는 핵 계획을 포기한다는 데 합의했다.

그러나 이러한 진전은 잠깐이었다. 홍콩 소재 은행 BDA(Banco Delta Asia, 방코델타아시아)를 통한 북한의 자금세탁 문제는 6자회담의 목덜미를 잡았다. 2005년 11월 5차 회담은 성과 없이 끝나고 그때로부터 6자회담은 개최되지 않다가, 8개월 후인 2006년 7월 5일에는 북한이 미사일을 발사하고 10월 9일에는 1차 핵실험을 하기에 이르렀다.

2006년 10월 9일 아침 대사관으로 출근하기 전 CNN은 긴급 뉴스로 북한이 핵실험을 감행했다고 보도했다. 끝내 북한이 핵실험을 하고 말았다. 핵실험만은 막으려고 얼마나 노력을 해왔던가. 그동안 애써왔던 모든 외교적 노력이 허사가 된 순간이었다. 북핵 문제 해결을 위한 6자회담 수석대표를 역임한 사람으로서의 회한이 한동안 내 머리와 가슴에서 떠나지 않았다. 북한의 핵실험으로 나는 큰 충격을 받았다. 독일 언론의 인터뷰 요청을 거절했다. 베를린에서 사태의 발전을 들으면서 김계관 북한 수석대표가 나에게 말한 내용들을 되새겨보았다. 게이오대학에서 써둔 원고를 꺼내어 다시 읽어보았다. 워싱턴 브루킹스연구소(Brookings Institution)에서 북핵 문제에 관해 집필(《김정일 최후의 도박(ザ·ベニンシュラ·クエスチョン)》, 오영환 옮김, 중앙일보시사미디어) 중인 일본 〈아사히신문〉의 후나바시 요이치 논설위원이 베를린에 찾아와서 함께 걱정을 나누었다. 한반도는 어디로 갈 것인가?

## ▶ 북한은 회담을 녹음했다 (졸저 《전환적 사건》에서 전제)

제3차 6자회담 둘째 날인 2004년 6월 24일 오후 3시, 미국과 북한은 댜
오위타이(釣魚台) 회담장 별도의 방에서 양자회의를 하고 있었다. 제1차 6자
회담 때는 미국의 주장으로 전체회의장에서 양자 접촉을 했었으나 2차 때
부터는 미국이 태도를 바꾸어 별도의 방에서 미·북 접촉이 이루어졌다.

이날 미국의 켈리 차관보와 북한의 김계관 부상은 핵 폐기에 관한 양측
구상과 핵 동결의 범위, 안전보장 문제에 대해서 논의했다. 켈리 차관보
는 2003년 4월 23일 베이징에서 개최된 미국, 북한, 중국 간의 3자회담
에서 북한 외무성 이근 미주국 부국장이 핵무기 보유를 주장했었는데 핵
무기가 동결 대상에 포함되는지 질문했다. 김계관은 의외의 대답을 했다.
김계관은 당시 이근이 전술적 이유에서 핵 보유를 거짓 주장했다
("tactically lied")고 하면서, 그 당시 핵 보유는 사실이 아니었다고 했다.

미국 대표단은 모두들 귀를 의심했다. 지금 북한의 수석대표가 과거 북한
의 정부 대표가 전술적으로 거짓말을 했다고 당당하게 말한 것이었다. 당
시 이근이 중국과 함께한 만찬 후 켈리를 불러내어 북한이 핵무기를 보유
하고 있다고 한 발언이 얼마나 큰 파문을 일으켰는지 북한은 잊은 것 같
았다. 중국인이 못 듣는 곳에서 위협적으로 말한 그 행동 때문에 미국은
북한과 양자 접촉은 절대 하지 않겠다고 한 것이 아니었던가?

6월 25일 오전, 회담 사흘째 되는 날은 각국 대표단이 본국 정부로부터
공동발표문에 관해 훈령을 받기 위하여 기다리고 있는 상황이어서 본회의
가 미뤄지고 있었다. 나는 휴회 중에 로비에서 김계관 부상을 만났다. 그
자리에서 나는 김 부상에게 어제 미국과의 양자 협의에서 과거 핵 보유
발언이 전술적 거짓말이었다고 말했다고 하는데 미국 대표단이 이 발언을
매우 부정적으로 받아들이고 있다고 했다. 그리고 "미국은 속이고 거짓말
하는 것에 큰 거부감을 가지고 있으며 모욕이라고 생각하고 있습니다"라
고 말했다. 김 부상의 반응은 의외였다. 그는 "우리는 거짓말하지 않았습
니다. 미국이 강경한 발언으로 우리를 몰아붙이고 있습니다"라고 했다.

나는 '전술적 거짓말'이라고 한 것이 문제라고 했더니 김 부상은 "나는
전술적 거짓말이라고 하지 않았어요. 단지 '그것은 전술이었다'라고만 했

습니다. 2003년 4월 당시 미국이 공식적인 쌍무접촉을 하지 않으려고 하여 이근 대표가 식당에서 식사를 하고 나가다가 켈리 차관보에게 그런 말을 한 것입니다"라고 말했다.

다시 나는 "어제 영어 통역이 'tactical lie(전술적 거짓말)'라고 하지 않았습니까?" 하고 물었다. 김 부상은 통역도 그런 말을 쓰지 않았으며, 자신도 영어를 좀 아는데 그렇게 통역하지 않더라고 하면서 "녹음해둔 어제 발언을 다시 들어보았는데 거짓말이라는 말은 하지 않았어요"라고 부인했다.

그 후 미국 정부 인사는 나에게 "김계관 부상은 '거짓말'이라는 말은 하지 않았으며, '그것은 전술이었다(That's a tactic.)'고 말했다. 그러나 '전술'은 '전술적 거짓말'과 같은 의미이므로 켈리 차관보가 김계관이 '전술적 거짓말'이라고 말했다는 설명은 틀린 것이 아니다"라고 설명해주었다.

김계관은 왜 핵무기를 보유했던 것이 아니라는 점을 강조하려고 했을까? 나는 진지하게 설명하려는 김계관의 안경 속 눈을 응시했다. 미국에게 잘 말해달라는 뜻인지, 아니면 진실을 말해주려는 것인지 헤아리기 어려웠다. 그러나 한 가지 분명한 것은 그의 태도가 1997~1998년에 개최되었던 제네바 4자회담 당시 김 부상의 태도는 아니라는 것이었다.

# 6

6자회담 2부

6자회담의 성과와 한계

2006년 북한의 최초 핵실험으로 6자회담은 실패했다는 것이 명백해졌다. 그럼에도 불구하고 한·중·미 3국은 북한에 대해 보다 수용적인 태도를 취하기 시작했다. 공식적인 선언이야 어떻든, 북한을 통제하기가 쉽지 않을 것이라고 생각하면서도 끝까지 북한을 설득해야 한다는 당위성에 몰입되었다. 6자회담은 이러한 가능성에 기초해 지속되어야만 했다. 그러나 2009년 5월 25일 북한의 2차 핵실험은 간단하지 않은 한반도의 현실성을 다시 한 번 확인시켜주는 사건이었다. 우리는 북한의 핵무장은 세상의 끝이 아니라고 스스로에게 다짐해야 했다.

6자회담에 참여하는 4국은 문자 그대로 세계 최강의 강대국들이다. 그들은 막대한 능력에도 불구하고 "자유로운 손을 가진 마술사(master)가 아니라 묶여 있는 걸리버"란 말인가?

6자회담의 기본 구상은 6자회담을 통해 북핵 문제를 포괄적·단계적으로 해결하고 동북아 지역의 경제 및 안보 협력체제를 구축한다는 것이었다. 구체적으로는 북핵 폐기와 북한의 안보 우려 해소로 상호 신뢰를 제고하고, 미사일, 재래식 전력, 인권, 테러 등 여타 관심 사안을 해소하는 동시에, 관련국들 간의 완전한 관계 정상화 달성 및 북한의 경제 발전 지원 등 역내 협력을 도모하고, 역내 경제·안보 협력을 제도화한다는 것이었다. 우리는 미국 및 일본과 협의하여 핵 폐기 용의 표명부터 핵 폐기까지의 3단계 로드맵을 만들었다.

- 1단계(선언 단계): 핵 폐기 의사 표명과 안보 우려 해소 용의 표명
- 2단계(이행 단계): 핵 폐기 진행과 관련국들의 상응 조치 이행
- 3단계(포괄적 관계 개선 단계): 핵 폐기 완료 및 여타 관련 사항 해결과 관계 정상화

우리는 6자회담을 발전시켜 핵 문제 해결 이후의 '평화 협정' 체결 등 한반도 평화체제 구축과 동북아 경제·안보 협의체 출범 방안에 관해 연구하여 추가적인 로드맵을 작성한다는 구상도 가지고 있었다.

물론 우리는 북한이 상황을 악화시키는 경우의 대응 조치도 강구했다. 그러나 이는 기본적으로 보복 성격이 아니라 북한을 대화 과정으로 유도하기 위한 관리된 제재 성격의 조치를 추진한다는 것이었다. 구체적으로 미사일 시험 발사, 5MW 원자로의 연료봉 인출, 플루토늄 재처리 등 저강도 상황 악화와 핵실험 실시, 핵무기 보유 선언, 핵무기·물질·시설·기술의 제3국 이전 시도 등 고강도 상황 악화

## 🔳 우리가 제시했던 3단계 해법

| 단계 | 북한 | 한 · 미 · 일 · 중 · 러 |
|---|---|---|
| 1단계: 핵 폐기 의사와<br>안보 우려 해소<br>용의 표명 | · 핵 폐기 의사 표명 | · 북한의 안보 우려 해소 용의<br>표명<br>· 남북 경제협력 지속 표명 |
| 2단계: 핵 폐기와 상응 조치 | · 핵 폐기와 검증 실행 | · 북한의 안보 우려 해소<br>· 북한 핵 폐기 지원<br>· 국제금융기구의 대북 지원<br>장애 제거<br>· 대북 에너지 지원 문제 협의<br>및 실행<br>· 남북 경제협력 대폭 확대 |
| 3단계: 포괄적 관계 개선 | · 핵 폐기 완료<br>· 미사일, 재래식 군사<br>력, 인권, 테러 등 여타<br>주요 사안 해결 | · 북한과의 관계 정상화<br>· 북한 경제 개발을 위한 국제<br>사회 경제협력 적극 추진<br>· 한반도 평화체제 구축 본격<br>추진<br>· 한국의 대북 경제 개발 지원 |

를 구분하여 대응한다는 입장을 정하고, 시나리오도 구체화했다.

더욱이 미국이 모든 핵 프로그램의 '완전하고 검증 가능하며 불가역적인 폐기(Complete, Verifiable, Irreversible Dismantlement: CVID)'를 강력하게 요구함에 따라 북한에게 이를 수용하는 의사 표명을 요구했다. 여기서 모든 핵 프로그램은 플루토늄 및 고농축우라늄에 기초한 핵 프로그램과 무기화 프로그램임을 분명히 했다.

특히 고농축우라늄 문제는 북한이 결자해지(結者解之)하는 출구 전략을 선택할 수 있는 여지를 주는 것도 고려했다. 반대로 핵실험 실시 또는 핵무기 보유 선언을 하면 유엔 안보리의 가시적 결정은 물론 남북 교류사업 중단 등 대북정책을 전면 재검토하고, 경수로사업을 종료하며 '대량살상무기 확산 방지 구상(Weapons of Mass Destruction Proliferation Security Initiative: PSI)'에 참가한다는 것이다. 이런 내부 방침은 북한의 1차 핵실험(2006년 10월 9일) 훨씬 전이자 6자회담 초기인 2003년 11월에 결정되었다.

2005년 9월 6자회담에서는 가시적인 합의가 이루어졌다. 그러나 BDA 사건으로 6자회담은 표류하고, 북한은 2006년 10월 9일 드디어 1차 핵실험을 하기에 이르렀다. 그러나 미국과 북한 간의 협상으로 우여곡절 끝에 2007년 2월과 10월에 9·19 공동선언의 이행을 위한 조치에 합의했다.

이 합의들에 따라 2008년 6월 27일 북한은 핵시설 폐기의 첫 시범적 조치로 영변 핵시설에 있던 냉각탑을 폭파하면서 CNN이 이 광경을 생중계하도록 했다. 그리고 그렇게 오랫동안 고대했던 미국의 테러지원국 명단에서 북한이 삭제되었다.

그러나 북한은 2010년 11월 미국 캘리포니아 스탠퍼드대학 국제안보협력센터(CISAC) 소장인 지그프르드 헤커 박사를 초청하여 우라늄 농축시설을 시찰하게 하고, 이를 세계에 알리도록 했다. 〈로동신문〉은 2010년 12월 29일 "수천 대의 원심분리기를 갖춘 우라늄 농축공장이 정상적으로 돌아가고 있다"면서 경수로발전소 건설을 통한 핵 이용은 정당한 권리라고 거듭 주장했다. 이 신문은 '신의 없는 행위, 응당한 귀결'이라는 제목의 개인 논평에서 "경수로 건설과 그 연료 보장 문제를 자체 해결할 수 있는 현대적인 우라늄 농축공장이 가동되고 있는 데 대해 우리 인민은 긍지와 자부심을 갖고 있다"며 이같이 밝혔다. 이어 "주체적인 핵동력 공업 구조를 완비하기 위해 자체 자원과 기술에 의거해 자립적인 경수로 건설로 나가는 것은 평화적인 핵 활동 권리로 보나, 국제적인 핵에너지 개발·이용 추세로 브나, 날로 높아지는 나라의 전력 수요로 보나 응당한 것"이라고 주장했다. 6자회담에서 그동안 완강히 부인해온 농축우라늄 계획의 실체를 스스로 밝힌 것이다.

## ▌ 6자회담 주요 합의 내용

**2005년 9·19 공동선언**
① 6자회담 목표가 한반도의 검증 가능한 비핵화임을 재확인
  − 북한은 모든 핵무기와 현존 핵 프로그램 포기, 조속한 핵확산금지조약 및 국제원자력기구 안전 조치 복귀 공약
  − 미국은 한반도 내 핵무기 부재 및 북한에 대한 공격 또는 침공 의사 부재 확인
  − 한반도 비핵화 공동선언 준수 및 이행 필요성
  − 여타국은 북한의 평화적 핵 이용권 존중 및 적절한 시기 경수로 제공 문제 논의에 동의
  − 북·미와 북·일은 관계 정상화를 위한 조치를 취할 것을 약속
② 6자는 에너지·교역·투자 분야에서의 경제협력을 증진시킬 것을 약속
  − 여타국은 대북 에너지 지원 제공 용의 표명, 한국은 200만kW 전력 공급 제안 재확인
③ 6자는 동북아의 항구적 평화와 안정을 위해 공동 노력할 것을 공약
  − 직접 관련 당사국들은 적절한 별도 포럼에서 한반도의 항구적 평화 체제에 관해 협상

④ 6자는 단계적 방식으로 상기 합의 이행을 위해 상호 조율된 조치를 취할 것을 합의

**2007년 2 · 13 합의**
① 북한 내 핵시설의 폐쇄 · 봉인 및 국제원자력기구 요원 복귀, 모든 핵 프로그램의 목록 작성 협의(60일 이내)
    – 60일 이내 중유 5만 톤 상당의 긴급 에너지 대북 지원
② 미 · 북/북 · 일 관계 정상화를 위한 양자 대화 개시(60일 이내)
    – 모든 핵 계획 완전 신고 및 모든 현존하는 핵시설의 불능화
③ 대북 경제 · 에너지 · 인도적 지원(다음 단계)
    – 모든 핵 계획 완전 신고 및 모든 현존하는 핵시설 불능화 기간 중 중유 100만 톤(초기 5만 톤 포함) 상당의 지원 제공
④ 6자회담 내 5개 실무그룹(WG) 구성(30일 내 회의 개최)
    – 한반도 비핵화, 미 · 북 관계 정상화, 일 · 북 관계 정상화, 경제 · 에너지 협력, 동북아 평화 · 안보체제
⑤ 초기 단계 조치 이행 완료 이후 6자 장관급 회담 개최
⑥ 직접 관련 당사국 간 적절한 별도 포럼에서 한반도 평화체제 협상

**2007년 10 · 3 합의**
① 북한은 금년 내 모든 현존 핵시설 불능화 및 모든 핵 프로그램의 완전하고 정확한 신고 완료
② 북한은 핵 물질, 기술 및 노하우를 이전하지 않는다는 공약 재확인
③ 미국은 미 · 북 관계 정상화 실무그룹에서 컨센서스를 기초로 북측 조치와 병행하여 미 측 공약을 이행할 것이며, 일 · 북 또한 평양선언에 따라 신속한 관계 정상화 노력 경주
    – 미국은 테러지원국 지정 해제 과정 개시 및 대적성국 교역법 적용 종료 과정 진전에 대한 공약 상기
④ 중유 100만 톤 상당 대북 경제 · 에너지 · 인도적 지원 제공
⑤ 적절한 시기에 6자 외교장관회담 베이징에서 개최 재확인

# 7

# 6자회담 3부
북한, 중국, 미국

## 북한의 전술

2002년 10월부터 2차 핵 위기가 벌어지는 동안 북한은 '선(先) 부인, 후(後) 사실 확인' 전술을 구사하며 공격의 예봉을 피하고자 했다. 또한 이러한 전술은 북핵 문제의 심각성을 무디게 만드는 효과도 있었다.

핵무기 보유 여부에서 북한 태도의 변화다. 핵을 가지고 있지 않다고 주장해온 북한이지만, 2003년 4월 미·북·중 3자회담 시 별도 장소에서 북한 대표 이근 부국장은 켈리 차관보에게 핵 보유를 언급했다. 그러나 2004년 6월 제2차 6자회담 기간 중 북한 수석대표 김계관 부상은 미·북 양자 협의 시 이근의 발언은 전술적인 것이었다며 핵 보유를 부인했다. 그러다가 2006년 10월 핵실험을 한 것이다.

고농축우라늄 계획에 대해서도 수시로 말 바꾸기를 했다. 2002년

10월 3일 김계관은 방북한 켈리에게 고농축우라늄 계획을 부인했다. 그러나 그 다음 날 제1부상인 강석주는 군부와 협의한 결과라고 하면서, 미국은 북한의 농축우라늄 활동의 중단을 요청할 권한이 없다며 고농축우라늄 계획을 시인했다. 또 2003년 8월 제1차 6자회담에서 북한 수석대표 김영일 부상은 농축우라늄보다 더한 것도 가지고 있다고 언급하여 그 말의 뜻에 대해 이중적 해석이 가능하게 했다.

북한은 6자회담 내내 고농축우라늄 계획을 부인하면서도 모호성을 유지했다. 2007년 2월 13일 6자회담에서 "우라늄농축프로그램(Uranium Enrichment Program: UEP)에 따른 핵무기 개발과 기존 핵탄두 해체 문제 등의 사항은 불능화 완료 및 북한의 신고가 접수된 후인 3단계 과정에서 차후 협의"하기로 합의했다. 물론 북한은 2007년 12월 1일 우라늄농축프로그램 관련 의혹도 부인했다. 여기서 유념해야 할 표현이 있으니, 그것은 '고농축우라늄(HEU)' 대신 '우라늄농축프로그램(UEP)'이라고 표현한 것이다. 저농축이든 고농축이든 북한이 이를 추진하는 것은 약속을 파기한 것이 되지만, '고농축'이라는 말 대신에 그저 '농축'이라고 하여 무기용이 아닌 평화적 사용 목적의 우라늄 농축을 암시하기 위한 것으로 해석될 수 있었다.

하지만 2009년 5월 25일 2차 핵실험 후, 6월 13일 북한 외무성은 자체의 경수로 건설이 결정된 데 따라 핵연료 보장을 위한 우라늄 농축 기술 개발이 성과적으로 진행되어 시험 단계에 들어섰다고 성명을 발표하고, 9월 4일에는 안보리 의장에게 우라늄 농축 시험이 성공적으로 진행돼 결속 단계에 들어섰다는 내용이 담긴 서한을 발송했다.

물론 북한은 핵무기용 고농축이 아니라 경수로용 저농도 우라늄 생산을 시험하고 있다는 것이다. 그래도 북한은 그동안 부인해왔던 우라늄 농축시설을 어떻게 설치한 것이냐는 의문에 답을 해야 한다. 북한은 거짓말이 거짓말을 낳는 악순환의 고리를 끊어야 할 테`만 어디서부터 끊어야 할지 북한 스스로도 고민이 클 것이다.

## 중국의 입장과 북핵 문제 접근 전략

6자회담이 진행되는 동안 중국은 정말 다방면의 논리로 북한을 설득하여 핵을 포기하도록 하려고 했다. 그러나 북한은 때로는 중국이 굴욕적이라고 느낄 정도로 반발하며, 중국이 한국과 손을 잡고 핵 폐기를 요구하는 것을 싫어하고 두려워했다. 혈맹인 중국조차 조선을 버리는가? 김계관은 한국 측 수석대표인 나를 데리고 자신을 설득하려고 방문을 두드리는 중국 수석대표 왕이에게 문도 열어주지 않은 채 부하직원을 시켜 방 안에서 면담을 거절한다는 말을 전하게 했다.

북핵 문제 해결의 가장 중요하고 결정적인 열쇠는 중국이 가지고 있다고 생각하는 사람들이 많다. 중국의 입장을 알기 위해서는 증국을 중심으로 하는 단기적 측면과 장기적 측면으로 나누어 가늠해보는 것이 좋을 듯하다.

단기적 측면으로는 중국과 북한과의 관계 관리 차원이다. 2009년 6월 12일 중국을 포함해 만장일치로 채택된 안보리 결의 1874호로 국제사회의 북핵 불용 입장이 재천명되었다. 중국은 안보리 결의안에 찬성한 이상으로 북한을 더 압박하는 것은 북한을 설득하고 영향력을 행사하는 데 별 도움이 되지 않을 것이라고 판단하여 실용주의 입장에서 실익이 없는 명분을 위해 섣불리 움직이지 않았다. 중국의 대북 영향력에 너무 큰 기대를 거는 것은 중국에게는 부담이 될 뿐 현실적이지 않았다. 북·중 관계에서 서로 눈치를 본다면 북한이 아니라 중국이라고 말하는 것이 단순하지만, 그 반대보다는 더 맞는 말일지 모른다.

장기적 측면으로는 북한의 핵 보유에 대응하는 미·중·일 3국의 전략, 북한 체제 존속의 유용성, 세계 정치에서 미·중 양국이 설정해야 하는 양국 관계의 좌표, 미국의 세계 전략에서 차지하는 한반도의 지정학적 비중 등이 고려되어야 한다. 이 점과 연계된 문제들은 후계 문제를 포함한 북한 체제의 생존 문제, 미·중 간의 정치·군사적 관계를 포함한 동북아 신질서 문제, 미국과 중국의 대남북한 교차 동맹 관계를 포함한 한반도 안보 문제 등이 있다.

북한의 핵 보유는 장차 한반도의 평화적 통일을 불가능하게 한다는 가설을 앞에 놓고 남북한은 사려 깊은 고민을 해야 한다. 중국은 어떻게 하겠다는 것인가? 일부 중국 관리나 전문가들이 이제 중국은 단기적으로 북한 체제가 급변하지 않기를 바라면서 북핵 폐기를 중장기 과제로 넘기고 북핵을 통제하는 모드로 전환해야 한다고 판단한다면 놀라운 일이 아니다. 그러나 그들도 6자회담의 유용성에는 계속 집착할 것이다. 속으로는 어찌 됐든 외양적으로는 중국만이라도 북한을 이해해주는 편에 서 있다는 인상을 주려고 노력하는 중국을 설득하는 일은 쉬운 일이 아니었다.

## ᴥ 회담에서의 거짓말

2003년 8월 27일 제1차 6자회담의 전체회의장에서 일어난 일이었다. 김영일 북한 부상은 기조연설에서 미국의 북한에 대한 적대시 정책을 일일이 들어가면서 미국은 북한 체제에 대한 거부감을 거리낌 없이 표현하고 있으며 주변 나라들과의 경제 관계에 제동을 걸고 있다고 했다. 그러면서 미국의 대북 적대시 정책 포기의 판단 기준의 하나가 미국이 북한과 다른 나라들과의 경제 거래를 방해하지 않는 것이라고 했다.

그러나 이튿날 제2차 전체회의에서 알렉산드르 로슈코프 러시아 수석대표는 6자회담 참가국들은 북한의 핵 계획에 대해 우려를 가지고 있으며, 이러한 우려는 정당한 우려로서 해소되어야 한다고 했다. 이어 로슈코프 차관은 북한은 미국이 북한과 다른 나라들과의 관계 정상화를 방해하지 않기를 원한다고 말했으나 어제 여러 참가국 대표들과 접촉한 바에 의하면 미국이 이러한 방해를 하고 있다고 생각하는 나라는 없었다고 하면서, 러시아도 이러한 방해를 받고 있다고 생각하지 않는다고 쏘아붙였다. 의외의 대북 공박이었다.

일본도 북한의 발언에 들고 일어났다. 이어 발언한 야부나카 미토지 일본 수석대표는 로슈코프 차관의 발언도 있었지만 북한의 어제 발언 중 미국이 타국과 북한과의 경제협력 관계를 방해하지 말아야 한다는 내용과 관련하여 일본에 대해서는 그러한 일이 없다는 점을 분명히 해두고자 한다고 했다.

미국의 켈리 차관보는 북한은 미국이 북한과 타국 간의 경제 관계를 방해하지 말아야 한다고 했는데, 러시아 대표도 언급했듯이 북한의 대외 경제 관계의 어려움의 근원은 미국이 아니라고 반박했다. 모든 대표들이 김 부상의 발언에 이의를 제기했다.

김영일 부상은 난처해했다. 러시아까지 북한의 발언을 사실이 아니라고 반박을 하니 가만히 있을 수 없었다. 김 부상은 "러시아 단장 로슈코프 선생과 일본 야부나카 국장 선생이 미국이 다른 나라들과의 경제 관계를 방해하지 않는다고 확인한다고 했습니다"고 운을 떼고서, 이것이 누구의 비위를 맞추기 위한 말은 아니라고 생각하지만, "켈리 선생이 농축우라늄 핵 계획을 내놓으라고 하고, 이것을 내놓지 않으면 일본, 남조선과의 경제 관계는 없다고 말한 것이 우리의 경제 관계를 도와주는 것이 됩니까? 이것이 과연 미국이 다른 나라와 우리의 경제 관계를 장려하기 위해 한 말입니까?"라고 하면서 러시아와 일본의 수석대표가 진실을 양심대로 말하지 않은 것에 대해서 유감스럽게 생각한다고 하더니 "동양의 풍습에 의하면 솔직성은 사람의 가치관을 평가하는 기준이 된다는 말이 있다"고 했다.

김 부상은 이어서 2002년 10월 핵 문제가 다시 불거진 이후에 일본이 한 행동을 설명하겠다고 하면서, 일본은 북한에 자전거를 보내면 북한이 자전거 타이어에서 베어링을 꺼내서 군수품으로 쓸 수 있다고 말하고 있으며, 머리를 감는 데 쓰는 샴푸도 생화학무기 제조에 이용될 수 있다고 말하고 있다고 하더니, "야부나카 선생, 그 누구의 위협에 의해서 이런 문제가 생겼다고는 말씀드리지 않겠습니다. 그러나 미국이 핵 문제를 가지고 우리 공화국에 반대하는 깜빠냐(캠페인)를 벌이고 있는 상황에서 일본이 취하고 있는 조치는 일본이 누구의 지시를 받고 움직이는가 하는 것을 생각하지 않을 수 없게 합니다. 정기적으로 운항하는 만경봉호에 싣고 오는 정상적 계약에 따른 물자, 상품에 대한 검열도 상상을 초월할 정도입니다. 경제·무역 관계에서 지난 시기에 볼 수 없었던 일본의 현상은 다른 사람은 모르겠지만 직접적 당사자인 우리로서는 과연 그 배후에 누가 있으며, 일본이 과연 누구를 추종하느냐 하는 의문을 가지게 합니다. 이상과 같이 말씀 올린 것은 하자고 준비를 했던 것이 아닙니다. 제가 열거했던 나라들이 미국이 우리와의 경제협력 관계를 전혀 방해하지 않는다고 확언했기 때문에 제가 이런 말씀을 드리는 것입니다"고 한 후 마무리를 지었다.

비슷한 공방은 제2차 6자회담에서도 있었다. 2004년 2월 28일 수석대표들은 소수 인원이 배석하는 수석대표회의를 열어서 공동문건을 협의하고 있었다. 북한은 공동문건에 '6개국 간에는 심각한 의견 차이가 존재한다'는 내용을 포함해야 한다는 입장을 주장하고 있었다.

교체된 북한 측 수석대표인 김계관 부상은 "이해할 수 없는 것은 차이가 있었음에도 불구하고 이것을 쓰지 말자, 현실을 왜곡하자, 여론을 기만하자는 것인데, 그것이 누구에게 필요한 것인가 하는 것"이라고 말하고, 결국 회담 참가자 자신과 세상을 기만하는 보도문을 만들어내자는 것인데 북한은 이것을 받아들일 수 없다고 했다. 그리고 거짓말을 할 바에는 차라리 공동보도문을 내지 않는 것이 낫다, 우리는 거짓말을 할 수 없다, 그렇게 왜곡하기 시작한다면 앞으로 문제를 어떻게 해결하고 회담을 이끌어나가겠는가 하는 것이 북한의 입장이라고 다시 주장했다. 그러면서 러시아의 로슈코프 차관은 현재의 초안을 그대로 채택하든지 포기하든지 택일하라고 하는데, 북한의 입장은 공동보도문을 발표하지 못하는 한이 있더라도 현재의 초안은 받아들일 수 없다는 것이라고 했다.

이에 대해 러시아의 로슈코프 차관은 반론을 폈다. 그는 북한에게 재고하기를 바라는 것이지 강요하는 것이 아니라고 말하고는 "김 부상이 거짓말이 공동언론발표문 초안에 있다고 말했는데 여기에 거짓말을 쓴 것은 없습니다. 공동언론발표문 초안을 보면 상호 간 의견의 차이점을 강조하지 않고 회담의 전망을 제시하고 있습니다. 이것은 우리가 공동 목표를 추구하고 있다는 것을 강조한다는 측면에서 나쁘지 않다고 생각합니다"라고 하면서 김 부상의 '거짓말'이라는 표현에 불쾌감을 숨기지 않았다.

그러자 김계관 부상은 다시 반박했다. "제가 문제를 제기했으므로 자꾸 이야기하는 것에 대해 이해해주시기 바랍니다. 로슈코프 부상 선생께서 앞서 말씀하신 것에 대해 잘 인식이 되지 않아 한 가지 더 이야기하겠습니다. 분명하게 하자는 것입니다. 제가 드린 말씀은 거짓말이 있다는 것이 아니라 차이점도 있었는데 이것을 의도적으로 포함시키지 않는다면 사실을 왜곡시키는 결과를 가져온다는 것입니다"라고 해명했다. 조금 물러선 발언이었다.

김 부상은 마지막으로 러시아 대표가 평양에 보고해달라고 했는데 북한 대표단은 시시각각으로 평양의 지시를 받고 있고 지금 말하는 것도 평양의 지시에 따라 말하는 것임을 분명히 밝힌다고 하며 "다시 말하는데, 평양의 지시는 우리가 요구하는 내용인 차이점을 포함시키지 못한다면 공동보도문을 그만두라는 것"이라고 하면서 북한의 입장이 단호함을 분명히 했다.

나는 협상 대표가 상대방에게 '거짓말'이라는 단어를 쓴다는 사실이 6자회담의 갈 길을 말해주고 있는 것은 아닌지 씁쓸한 생각이 들었다.

## 6자회담의 형태와 미국의 역할

2003년 2차 핵 위기에 대응하면서 미국은 미·북 제네바합의가 실패한 경험에서 다자협상체를 선택했다. 미국은 제네바합의를 반복하는 행동은 하지 않겠다는 의지로 다자협상을 택한 것이었다. 그리고 북핵 문제는 미국만의 문제가 아니라는 입장을 견지했다. 심지어 초기에는 6자회담 내에서조차 북한과 별도의 양자 협의를 거부했다. 그러나 회의를 거듭하면서 미·북 양자 협의는 궤도에 오르고, 핵심 문제는 미·북 간 사전 조율 또는 합의를 이룬 후 6자회담에서 추인되는 양태를 보였다.

1차 북핵 위기 시 미·북 양자 협상 방식에서는 한국이 소외되었고, 거기에 제네바합의의 중요 부분인 경수로의 건설 비용을 한국이 70퍼센트 부담한 결과로 인해 한국 내에서는 불만이 많았으므로, 2차 핵 위기 협상에서 한국의 참여는 당위였다.

현재의 6자회담은 계속되어야 한다. 현재의 6자회담 형태는 장단점이 있으나, 우리나라로서는 특별히 다른 대안이 없다. 협상이 지지부진한 것은 형태상의 문제가 아니라 북한의 핵 개발 동기의 집착 때문이다. 만들어진 협상체는 상황을 관리하는 데 유익하다. 이제 와서 미·북 양자, 또는 일본과 러시아를 뺀 4자, 또는 EU 등을 추가하는 확대 등 어느 방안도 현실적이지 않고 타당성도 없다.

우리는 6자회담의 틀 안에서 활발한 미·북 접촉에 관용적이어야 한다. 우리에게는 외교적 과시의 명예보다 실용적이고 현실적인 것이 더 중요하다.

핵 문제의 해결 과정에서 나타난 여러 사건이나 사안들은 대부분 미국이 의제를 주도했다. 이를 개략적으로 살펴보자.

1992년 1차 핵 위기의 도화선은 의심되는 두 개 장소 사찰 문제였다. 국제원자력기구의 사찰 문제였으나 미국이 주도했다.

1990년대 후반의 미사일 문제는 미국의 최대 관심사였다. 2000년 10월 북한 국방위원회 부위원장 조명록 차수와 미국 매들린 올브라이트 국무장관의 교환 방문 등으로 합의 직전까지 발전했지만 2001년 1월 클린턴 정부의 종료와 함께 해결에 실패했다.

1998년 금창리 지하 핵시설 문제는 한국의 정보 협조로 미국이 제기하여 한때 위기의 문제로 발전했으나, 협상 끝에 미국의 접근이 허용되어 현지 시찰 후 핵시설과 무관하다는 결론을 내렸다. 이 협상에서 미국은 쌀 60만 톤을 제공하는 '접근료'를 지불했다. 핵시설로 주장된 지하터널이 핵과 무관한 시설로 판명됨에 따라 금창리 문제는 정보 과장의 전형으로 비판을 받았다.

농축우라늄 문제는 2002년 10월 미국 켈리 차관보가 방북하여 의혹을 제기함으로써 2차 핵 위기의 도화선이 되었다.

BDA 문제는 2005년 9월 미 재무부가 제기하여 2007년 4월에 해결될 때까지 1년 반 동안 핵 협상을 중단시켰다. 이를 기회로 북한은 2006년 7월 대포동 2호 발사, 10월 1차 핵실험을 감행했다. 끝국 미·북 양자 합의에 따라 동결된 북한 예금은 북한으로 송금되고, 북핵 협상은 재개되었다.

핵 불능화 및 핵 검증 문제는 2007년 10월 3일 6자회담 합의에도 불구, 북한이 핵 신고 합의를 이행하지 않았지만 미국은 북한과 양자 협상으로 핵 신고를 이행하도록 했다. 그러나 이제는 북한이 검증을

## ▟ 북한의 핵 능력에 대한 전략의 준거

핵무기의 양과 관련하여 북한이 생각하고 있는 최소한의 규모는 얼마일까? 미국의 대소련 전략을 통해 유추하여 추정해볼 수 있다고 생각한다.

냉전 시 미국이 구상한 '상호확증파괴(Mutual Assured Destruction: MAD)', '대량파괴(mass destruction)', '대량보복(massive retaliation)'의 기본 개념은 산업시설 70퍼센트 파괴와 인구 30퍼센트 살상이었다. 이 수준의 파괴를 위한 타격 목표는 200개였으며, 필요한 핵무기는 400메가톤이었다. 물론 실제 미국의 핵무기 보유 수는 이보다 훨씬 많았다.

1949년부터 1955년 사이 미국은 소련의 초보적 핵 능력을 선제공격하여 파괴해버릴 것이냐의 문제로 씨름했지만, 항상 나오는 결론은 가능하지 않다는 것이었다. 소련과 핵전쟁을 벌일 경우 미국 역시 감당하기 힘든 피해를 입을 것이라는 판단이었다. 미국이 단연 핵 우위를 점하고 있었지만 완전한 선제공격은 어렵다는 평가였다.

그러나 1960년대 초반이 되자 소련의 핵 군사력의 규모와 다양성 및 당시의 기술적 조건을 고려할 때 미국이 선제공격으로 소련을 무장해제시키는 것은 거의 불가능하게 되었다. 소련은 미국의 공격 앞에 취약하지 않으며 막강한 보복 능력을 갖추어가고 있었다. 미 · 소 양국은 모두 상호확증파괴의 상황이 되었다.

나가사키에 투하된 플루토늄 핵무기[팻맨(Fat Man)]는 파괴력이 21킬로톤이었으며, 사망자는 3만 9000명이었다.

북한의 플루토늄 총량을 40킬로그램으로 보고, 이를 개당 5~6킬로그램을 사용하여 핵무기 7개를 갖게 된다면 그 파괴력은 대략 300킬로톤 정도로 추정할 수 있다.

위한 시료 채취를 거부하자 미국은 에너지 지원을 중단했다. 북한은 2009년 4월 광명성 2호를 발사하고 유엔 안보리가 북한의 로켓 발사를 비난하는 성명을 채택한 데 반발하여, 6자회담 중단과 영변 핵시설 재가동을 발표하고 국제원자력기구 사찰단을 추방했다. 그리고 한 달 뒤인 5월 25일 제2차 핵실험을 강행했다.

북핵 문제는 우리에게 직접적 위해가 되는 문제지만, 의제가 제기되고 협상되는 과정에 미국은 독점적으로 개입할 수밖에 없었다. 일본은 납치자 문제로 자주 논쟁을 벌였지만 한국은 물론 중국을 포함한 다른 어느 나라도 6자회담에 양자 관계 의제를 가지고 오지 않았다.

# 8

# 6자회담 4부

### 미·중 사이, 북한과 한국의 '줄타기'

**한국의 줄타기**

오늘날에도 동북아시아에서 미국과 중국이 형성하는 역학 관계는 이 지역의 핵심적인 외교 현안을 결정짓고 있다. 그리고 때로 양자는 현안 자체를 해결하는 것 못지않게 서로 간의 갈등을 회피하는 데에도 상당한 노력을 기울인다. 북핵 문제에서도 마찬가지다.

6자회담의 과정에서 대주주는 미국이다. 북한이 가지고 오는 문제는 대부분 미국과의 양자적 성격이었다. 핵과 바꾸기를 원하는 목적물도 대부분 미국과의 문제들이었다. 이러니 북핵 문제는 미·북 간의 문제로 돌아오곤 했다. 딕 체니, 도널드 럼즈펠드, 존 볼튼 등 부시 행정부 내 네오콘의 입김으로 정책 결정이 늦어지고 일관성이 결여되는 현상이 자주 나타나 미국 대표의 입장을 어렵게 하는 일이 있어왔지만 북핵 문제에 있어서 미국의 주도적 역할은 압도적이었다.

6자회담 초기부터 중국의 역할은 선의의 중재자였다. 중국은 6자회담 모든 참여국들이 섭섭하지 않도록 배려하는 데 주력했다. 때로는 양비론(兩非論)과 양시론(兩是論)으로 사안을 정리했다. 이 점에 대해서는 우리보다 북한이 더 섭섭했을지 모른다. 그러나 북한이 중국으로부터 호의적 지원을 받으리라고 기대한 것은 아니었다고 생각한다. 북한과 중국 간의 외교 접촉이나 정책 협의의 수준을 추측할 수 있다. 중국은 6자회담에서 양자 문제로 북한과 대립되는 사안이 없었기 때문이기도 하다. 중국은 북핵 문제는 결국 미·북 간에 해결되어야 한다고 믿는 것으로 보는 것이 맞다. 그러나 핵실험은 중국의 중립적 위치를 매우 어렵게 했다. 북한의 핵 능력 증가는 결국 부메랑이 되어 중국에게 직접적 위해가 되는 문제로 악화될 가능성을 우려할 충분한 이유가 있다. 북한의 체제적 위기가 불러올 사태는 중국에게는 피하고 싶은 상황일 것이다. 북한의 급변사태로 인해 미국과 충돌하고 갈등을 빚는 일은 중국에게 또 다른 큰 위기가 된다.

위와 같은 현상은 우리를 불안하게 만든다. 미국과 중국, 두 강대국이 한국의 의사와는 다른 방향으로 전략을 가지고 있는 것은 아닐까 하는 우려 역시 상당한 이유가 있다.

강대국은 국제정치에 투사할 힘의 사용에 신중하다. 부분보다 전체를 보고 자국의 이익을 판단한다. 강대국에게 있어서는 절대적 이익을 잃게 되는 결정적인 순간이 진정한 위기다. 그때까지는 자국의 개입은 최소화하고 다른 나라가 앞서 해결해주기를 바라며 책임을 되도록 적게 지려 한다. 강대국은 자국에 결정적 영향을 주는 것이 아닌 문제로 경쟁적인 강대국과 충돌하는 어리석음은 피할 줄 안다. 그러기 위해서는 주변의 약소국을 잘 통제할 수 있는 질서와 구조를 구축해야 한다.

미국과 중국이 게임의 규칙을 거칠게 어기고 받아들일 수 없는 반대급부를 요구하는 북한에게 피로를 느낀 나머지, 몇 개에 '불과한' 핵무기를 폐기하기 위해 자원을 투입하는 것보다는 핵무기를 봉쇄하고 통제하는 정책으로 방향을 전환하려는 유혹을 받고 있지 않을까 걱정하는 사람도 많다.

만약 이 의구심이 사실이라면 한국은 어떻게 해야 할까? 핵무기를 머리 위에 이고 사는 지금도 큰 위기가 아닌 것으로 인식된다면 이런 유의 평화는 지속될 수 있다. 냉전 시기에 미국은 2만 5000개, 소련은 4만 5000개의 핵무기로 무장했지만, '긴 평화(long peace)'를 경험했다. 그러나 북핵은 다르다. 남북한 공히 국제체제를 만드는 결정적인 강대국이 아니다. 북핵은 우리 국민과 정부 앞에 놓인 큰 위기이며, 평화통일의 길에 놓인 큰 위기다. 북한이 핵을 가지고 있는 한, 미국과 중국이 통일의 길로 들어서는 것에 동의하지 않는다. 특히 중국이 용납하지 않는다. 통일한국이 핵을 가지고 있는 상황을 인접국인 중국은 상상할 수 없을 것이다. 일본은 그런 상황에 눈을 감겠는가? 물론 통일의 결정적 단계에서 핵무기 제거가 가능할 수 있겠지만, 북한이 그 지점까지 갈 수 있다는 데는 동의하지 않는다. 그러므로 통일을 위해서도 우리는 북핵 문제 해결에 최우선을 두고 다른 조건은 부차적 변수로 두어야 한다. 북핵을 남겨둠으로써 한국과 한국 국민이 받게 될 후과(後果)를 생각해야 한다.

## 북한의 줄타기

곤충은 침을 갖고 있는 종류 외에는 자기 몸을 보호할 능력이 없다. 곤충이 자기를 잡아먹으려고 하는 큰 동물로부터 날아간다고 하여 위험을 완전히 피하는 것은 아니다. 곤충을 포함한 많은 약한 생물들은 생존을 위해서 기만과 위장에 의지한다. 북한도 핵과 기만과 위장으로 생존하고 있다.

북한의 핵 개발은 미국과 중국 간의 이해관계가 분명한 곳에서의 도전이었다. 북한은 외부의 반발에 직면하자 핵 프로그램을 폐기할 준비가 되어 있다고 말했다. 그러면서 북한은 차근차근 핵 능력을 확대해갔다.

핵확산금지조약에 따르면, 1968년 현재 핵무기를 보유한 국가는 합법적인 핵무기 보유국으로 인정되며 그 이후 핵무기를 개발한 나라는 불법 국가다(이것은 모든 조부조항(祖父條項), 즉 기득권 보호 조항의 근원이었다). 1974년 핵실험을 한 인도는 핵 비확산체제 바깥에 머물러 있는 가장 중요하고 유일한 잠재적 글로벌 파워다. 미국 행정부는 인도를 비확산체제 안으로 끌어들이는 것이 이 체제의 생존에 필스적이라고 주장해왔다. 핵 비확산체제는 항상 이상주의에 현실주의 요소를 적당히 가미해왔다. 아무튼 미국은 세계를 두루 돌아다니며 다른 나라들에게는 핵탄두를 조금만 더 늘려도 위험하고 부도덕한 짓이라고 설교하고 있다. 스스로는 수천 기의 핵무기를 보유하고 있다. 수십 년 동안 미국의 정책은 인도의 핵무기 프로그램을 번복시키는 것이었으나 그 뜻을 이루지 못했다. 인도는 33년간 미국의 제재를 받아오면서도 한 치도 물러서지 않았다. 심지어 지금보다 훨씬 가난한 나라였을 때도 그랬다. 인도를 이해하는 나라라면 인도가 핵무기의 포기를 고려하기는커녕, 더 많은 돈을 이 부문에 기꺼이 지출할 것임을 잘 알 것이다. 그러나 인도의 핵 포부는 국가적 자존심과 지정학적 전략의 문제였다. 미국은 오랫동안 단일 패권국이 유럽이나 아시아를 지배하는 것을 반대해왔다. 만약 중국에 대해서도 상응하는 제약을 하지 않고 인도한테만 핵 능력에의 제한을 강요한다면, 힘의 불균형이 중국에 유리하게 크게 벌어지는 결과를 초래했을 것이다. 인도 주재 미국 대사를 지낸 로버트 블랙윌은 이렇게 반문한 적이 있다. "중국이 아시아의 지배적이고 도전받지 않는 핵보유국이 되는 체제를 찬성하는 것이 어째서 미국의 장기적 국익에 부합하겠는가?"

# 9

## 6자회담 5부
### 6자회담의 반성과 한계

**한국 · 중국 · 미국은 북한을 잘못 봤다**

6자회담의 초기 과정에서 우리는 두 가지 점을 예측하지 못했다. 첫째, 북한이 핵을 포기할 준비가 되어 있지 않다는 점, 둘째, 북한이 미래 언젠가는 핵실험을 하고 말 것이라는 점이었다.

6자회담 초기에 한 · 중 · 미 정책은 상당 부분 공통점을 가지고 있었다. 적어도 3개국이 일치단결하여 북한에게 핵 포기를 요구하고 적절한 보상이 주어지면 북한은 지정학적 · 정치적 · 경제적 이유에서 동의하리라는 전제를 가지고 있었다. 북한에게 이러한 결과에 승복하도록 설득하고자 했다. 그러나 한 · 중 · 미 3국이 북한이 협력할 준비가 되어 있지 않다는 사실을 깨닫는 데는 상당한 시간이 필요했다. 6자회담이 진행되는 과정에서 북한은 노골적으로 중국에게 섭섭함 감정, 배신감, 나아가서는 적의를 품기까지 했다. 북한이 의지할 곳은 미국이 생각했던 대로 중국이 아니고, 미국과 중국이 일시 생각했던 대로 한국도 아니라는 점을 예측하지 못했다. 예상치 못한 이러한 사실들의 의미는 매우 서서히, 처음에는 서울에서, 얼마 안 되어 워싱턴에서, 그리고 베이징에서 포착되기 시작했다. 그러나 이러한 인식도 북한의 핵실험이라는 맹공에서 이루어졌을 뿐이다.

북한은 핵무기의 물리적 힘을 치국책의 효과적 도구로 이용하고 있다. 북한이 핵실험을 하기 전까지는 북한은 왜 이것이 필요한가의 이유를 생각하는 일이 쉬웠다. 그러나 북한이 핵실험을 한 후로 북한은 그것을 가지고 무엇을 할지 결정해야 하는 문제에 직면하게 되었다. 나는 북한의 2차 핵실험을 보고 이제 북한의 핵 폐기는 사실상 불가능하다는 생각을 하며 김정일의 역사인식을 탓했다.

### 6자회담의 복병들

6자회담 1차 회의에서 3차 회의까지는 1년 2개월의 기간이 소요되었다. 이 기간에는 대체로 북한의 입장을 탐색하면서 타결의 큰 방향을 정하는 회담이 이루어졌다. 말의 성찬인 수사적 회담이기도 했다. 미국은 기조연설에서 CVID를 열네 번 반복했다. 몇 차례 초기 회담의 주제는 고농축우라늄 프로그램의 존재 여부, 불가침조약 문제를 포함한 북한의 안전보장 문제, 원자력의 평화적 이용권 문제, 경수로 사업 종료 여부, 동결의 범위와 기간, 동결 중 에너지의 지원 규모, 북한의 고농축우라늄 시인 문제, 핵무기 보유 발언, 김계관 부상의 거짓말 발언 등등이었다.

2004년 9월에 개최하기로 한 제4차 회담은 미국 대선을 이용하려는 북한의 반대로 열리지 못했다. 그해 11월 부시 대통령이 재선되고 취임 직전 콘돌리자 라이스 국무장관 내정자가 북한을 "폭정의 전초기지"라고 비난한 청문회 발언(2005년 1월 18일)과 부시 대통령이 취임연설(2005년 1월 20일)에서 "폭정 종식"을 언급하자 북한은 2월 10일 6자회담의 무기한 중단과 핵무기 증강 계획을 선언했다.

이러한 우여곡절을 거치면서 북한은 2005년 6월 한국으로부터 200만kW의 전력 공급을 약속받고 6자회담 복귀 용의를 밝혔다. 9월 19일 제4차 2단계 회담에서 소위 9 · 19 공동성명이 합의되었다. 북한은 모든 핵무기와 현존하는 핵 계획을 포기하기로 약속했다. 물론 북한은 미국으로부터 관계 정상화를 위한 조치를 약속받았다. 공약 대 공약, 행동 대 행동 원칙에 입각하여 단계적 방식으로 합의를 이행하기 위해 상호 조율된 조치를 취한다는 데에도 합의했다.

그러나 미국 행정부로서는 핵 문제는 핵 문제일 뿐이었다. 2005년 9월 12일 4차 회담 하루 전, 미국 재무부는 소위 BDA 사건을 발표했다. 이 BDA 문제는 10개월을 끌면서 6자회담에 족쇄를 채우고 미 · 북 간에는 격렬한 대결적 자세가 견지되더니, 끝내 북한은 미국 독립기념일인 2006년 7월 5일(미국 시간)에 맞추어 대포동 2호를 발사하고 그로부터 세 달 후인 10월 9일 핵실험을 감행했다. BDA 문제는 장거리 미사일과 핵실험 감행의 좋은 기회이자 구실이었다.

BDA 문제가 해결되지 않고서는 6자회담은 개최될 수 없었고, 따라서 9 · 19 합의 이행은 진전될 수 없었다. BDA 문제가 불거진 지 1년 4개월 후인 2007년 1월에 BDA 문제 해결책이 합의되고 나서, 2월 13일 제5차 회담에서 9 · 19 성명의 이행을 위한 2 · 13 합의가 이루어졌다. 영변 핵시설을 폐쇄·봉인하며, 미·북 간에는 양자 현안을 해결하고 전면적 외교 관계로 나아가기 위한 양자 대화를 개시하며, 북한을 테러지원국 지정으로부터 해제하기 위한 과정을 개시하기로 했다. 물론 북한에 대한 경제·에너지·인도적 지원도 합의했다. 후속 조치를 위해 3월 19일 제6차 회담이 열렸지만, BDA에 예치된 자금이 북한으로 입금되지 않았다는 이유로 김계관 부상은 돌연 북한으로 돌아가는 어처구니없는 일이 생겼다. 4월 10일에야 비로소 마카오 당국이 BDA 동결자금을 해제함으로써 문제는 완전 종결되었다. 북한은 6자회담을 엉뚱한 BDA 문제 해결의 압력 장소로 이용했고, 이를 빌미로 핵실험까지 했다.

2007년 9월 28일부터 10월 3일까지 개최된 제6차 2단계 회의에서는 2·13 합의 이행 조치 합의에 따라 핵시설의 불능화에 합의하고, 모든 핵 프로그램에 대한 신고를 12월 31일까지 하기로 합의했다. 그러나 그해 12월 한국에는 대선이 있었고, 대선 후에는 대북정책의 기조에 큰 변화가 예상되는 분위기였다. 예상대로 12월 26일 북한은 경제 보상이 지연되고 있다고 불만을 표명하며 핵 불능화 속도를 조절할 것임을 밝혔다. 결국 북한은 12월 31일까지 핵 신고서를 제출하지 않았다.

이명박 정부의 취임을 기다리다가 크리스토퍼 힐 차관보와 김계관 부상은 베를린(2008년 3월 13일)과 싱가포르(4월 8일)에서 핵 신고 문제를 협의하고, 6월 26일 북한은 핵 신고서를 제출했다. 미국은 북한이 집착해온 테러지원국 지정 해제 절차에 착수했다. 6월 27일에는 불능화의 상징으로 냉각탑을 폭파하는 장면이 CNN으로 생중계되었다. 핵 폐기의 이행이 현실로서 시야에 들어오는 듯했다.

그러나 다시 복병이 나타났다. 핵 신고서 검증 문제였다. 검증은 핵 폐기에 있어서 가장 어려운 문제가 될 것이라는 것을 알고 있었기에 북한이 쉽게 검증에 동의하지 않을 것이 예견되었다. 이미 북한은 6자 회담 논의 과정에서 이라크에 대한 핵 사찰 문제의 결과에 대해 언급하며 북한은 이라크와 다를 것이라고 주장했다. 다행히 10월 3일 북한을 방문한 힐 차관보는 북한 측과 검증 방식에 구두 합의했다고 발표했고, 10월 11일 북한에 대해 테러지원국 지정을 해제했다.

구두 합의에 따라 미국은 시료 채취를 요구했다. 그러나 북한은 미국의 시료 채취를 거부했다. 6자회담 수석대표회의에서도 검증 방식 도출에 실패했다. 12월 12일 미국은 약속한 중유 지원을 중단한다고 발표했고, 검증 문제로 6자회담은 다시 표류하게 되었다. 1993년 3월 북한이 핵확산금지조약에서 탈퇴하여 1차 핵 위기를 불러온 사건의 발단이 북한 영변 지역의 의심되는 두 개의 장소에 대한 국제원자력기구의 특별 사찰 문제가 아니었던가. 미국에게 시료 채취는 핵 신고 내용의 진위를 밝혀내는 초기 작업이기 때문에 필수적인 과제였으나, 북한의 입장은 선 핵 계획 포기, 후 핵무기 논의이며, 시료 채취는 불능화 이후의 문제이고 불능화는 핵 폐기 과정의 도입부라는 것이다. 도대체 미·북 간 구두 합의 내용이 어떻기에 시료 채취 문제가 붙거졌는지 납득이 안 되는 상황이 벌어졌다. 합의를 했던 힐 차관보의 협상 방식에 대해 불만이 나왔다.

북한에게는 핵 능력의 진전을 세계에 보여줄 수 있는 두 번째 기회가 왔다. 미국의 입장이 강경한 가운데 한국으로부터의 경제협력이 중단되었고 미국의 에너지 지원도 중단된 상황에서, 북한은 BDA 사건 때와 정확히 같은 행동을 했다. 2009년 4월 5일에 광명성 2호를 발사했고, 5월 25일에는 2차 핵실험을 했다. 6월 13일에는 그동안 부인해왔던 우라늄 농축 작업이 시험 단계에 있다고까지 하여 농축우라늄프로그램(EUP)을 대외에 확인하기에 이르렀다.

이상에서 보듯, 북핵 문제는 안보 문제만이 변수가 아니다. 안보 문제가 핵심이지만 경제적 문제, 문화적 문제 외에 기술적 문제, 제도적 문제 등이 핵 문제 해결에 영향을 미치는 주요 변수였다. 북핵 문제는 다중성과 복잡성을 특징으로 하는 문제다.

6자회담의 역정을 보면 북핵 문제는 모든 문제를 흡수하는 블랙홀이었다. 북한은 모든 문제를 핵 문제로 환원하여 핵 위협으로 강제 해결하고자 한다. 이런 의미에서 북핵 문제는 한반도 문제의 핵이다. 갈등의 양과 정도가 크면 클수록, 북한의 핵선택압(核選擇壓)이 높아진다. 1차 북핵 위기로부터 20년 가까이, 2차 북핵 위기로부터 8년 가까이 된 만성 난치병 북핵 문제는 해결되기는커녕 오히려 북한의 핵 능력만 강화되었다. 협상은 있었으나, 폐기는 없었다. 모든 갈등을 계속 핵 문제로 수렴해갔기 때문이다.

북한 핵 문제가 해결된다고 하는 것은 한반도의 핵심 문제가 해결된다는 것을 의미한다. 북한 핵 문제가 해결될 때는 한반도의 많은 현안이 이미 해결되었거나 해결되고 있는 중일 것이다. 핵 협상은 그러한 시간과 조건을 만드는 작업이다. 핵 협상은 오늘내일 협상을 해서 성공하기 위해서라기보다는 한반도 통일의 기초를 만들기 위해서 필요한 것이다.

# 10

## 그랜드 바겐은 없다

2009년 9월 이명박 대통령은 '북한 개혁·개방 3000'의 정책으로 대북한 정책을 천명했다. 이 대통령은 소위 '그랜드 바겐(Grand Bargain)'을 발표하고 북한과 '일괄타결'을 제안했다. '그랜드 바겐'과 '일괄타결'이라는 청와대의 설명에 나는 사실 경악했다. 이것은 사실 6자회담 초기에 노무현 대통령이 질문한 것과 같은 내용이었다. 노 대통령은 "왜 우리는 북한이 제의한 일괄타결을 수용하지 못하느냐"며 "정치인들은 모든 문제를 한꺼번에 테이블에 올려놓고 일괄하여 합의하는데, 외교관들은 시간이 많이 걸리는 더 복잡한 방법을 택한다"고 했다. 그러나 내가 그때 노무현 대통령에게도 설명했듯이 이는 문제를 다루는 사람들의 직업적 속성 때문에 방법이 다른 것이 아니라 해결해야 할 사안이 달라서 생기는 문제이며, 기술적인 이유에서도 로드맵에 의한 해결책이 불가피한 것이었다. 나는 이 대통령의 그랜드 바겐 제안을 보고 그때 노 대통령에게 설명했던 의견을 조선일보에 기고했다.

북한과 남한의 갈등 관계라는 것도 같은 목적에서 출발한다. 한반도 통일을 북한은 북한식으로, 남한은 남한식으로 하려고 하는 경쟁 관계 속에서 남북한은 같은 목적을 가지고 갈등하고 있다. 이런 측면에서 보면, 북한의 많은 행태가 김정일이 단지 우둔하고 비합리적이기 때문이라고 생각하고 그를 잘 설득하고 훈계하면 개과천선할 것이라고 기대하는 것은 무리다. '비핵 개방 3000'을 북한이 수용하지 않는다고 분개할 수 없다. 북한은 10년 후 국민소득이 3000달러가 되기 위해 핵을 개발하고자 했을까? 이런 의문을 가지고 북핵 문제에 접근해보는 것도 중요하다.

결국 북한의 반응은 냉담했고, 오히려 2차 핵실험까지 감행했다. 또한 이명박 대통령이 제안한 북한을 뺀 5자회담 역시 개최되지 않았다. 사실 이 대통령도 얼마나 답답하면 5자회담을 제의했겠는가? 이 5자 협의 제안에 대해 뜨악하게 생각하는 전문가들의 회의적 시각의 중심에는 중국의 입장이 놓여 있다. 6자회담의 개최에 중추적 역할을 해온 중국이 5자 협의 개최 여부에 열쇠를 쥐고 있다고 보기 때문이다.

사실 외교 협상에서는 상호 불신이 심하고, 해결하는 절차와 세부 이행 과정에서 확인이 필요하기 때문에 단계적 시간이 필요한 문제는 로드맵을 합의한다. 물론 이 로드맵에는 초기 단계부터 최종 단계까지 일괄적으로 망라되므로 로드맵 합의를 일괄타결이라고 부를 수도 있다. 그러나 합의는 일괄적으로 하되 모든 사항을 동시에 이행하는 것은 아니라는 의미에서 '단계별 접근 방식'이라고 부르는 것이다.

## ⬝⬝ 그랜드 바겐과 북핵 협상의 미로

### - 이수혁(조선일보 2009년 10월 5일자 게재)

협상에서 선후의 문제는 중요하다. 주고받는 협상에서 '동시적'이냐 또는 '순차적'이냐는 사안과 상대방에 대한 신뢰도에 따라 결정될 문제이다.

이명박 대통령이 제안한 '그랜드 바겐'과 미국이 언급하고 있는 '패키지 딜(포괄적 합의)'이 큰 원칙과 틀을 합의하는 것이라면 사용한 용어의 다름이 무슨 문제이겠는가? 원칙과 목표는 '일괄해서 포괄적으로 크게(grand)' 합의하는 것이다. 그러나 이 큰 틀의 세부 계획인 '로드맵(이정표 지도)'을 만들 때는 사정이 달라진다.

핵 폐기처럼 합의사항의 정직한 이행에 대한 검증이 필요한(verifiable) 사안은 검증을 받기 전에 먼저 조치를 완결해야 하는데, 그 조치가 완전하고(complete) 돌이킬 수 없는(irreversible) 조치일 경우에는 문제가 생길 수 있다. 한쪽은 조치를 완료했는데 상대방이 그것을 불완전한 조치로 판단하고 주어야 할 대가를 주지 않겠다고 하면 '돌이킬 수 없는' 조치를 취한 한쪽은 '돌이키기 위해' 여러 대가를 지불해야 한다. 또한 합의할 세부 계획 중에는 행동에 있어서 '시간 차'가 있을 수밖에 없는 사안들이 있다. 북핵 문제는 선후가 있는 연관된 문제들로 가득한 다발성 병인(病因)이다. 병인의 대소·경중·난이(難易)에 따라 짝을 지어 서로 바꾸는 이행 과정에서 조합된 조치의 시작과 종료 사이에 상당한 시간 차가 발생할 수밖에 없는 경우가 있다. 한쪽 조치는 유형의 물리적 조치(핵 동결 등)인데 상대방 조치는 무형의 정책(테러국 명단 삭제 등)에 관한 조치로서 교환물의 형태가 다른 경우 문제가 꼬이게 된다. 한쪽은 조치의 개시와 동시에 상대방의 조치를 요구할 것이며 상대방은 한쪽 조치의 완성을 검증한 후 대가를 주려 할 것이다.

이 모든 문제는 상대방을 믿지 않는 신뢰의 결여를 특징으로 하는 동서고금의 국제정치의 패러독스에서 출발한다. 중요한 것은 단계적 조치의 실패 원인이 합의 방식의 결점이 아니라 이행 과정에서의 변심이 더 이익이라는 일방 국가의 판단 때문이라는 점이다. 외교에서는 변심하지 않으리라고 확신하지 않는 것이 현명하다.

20년 지속되는 북핵 문제가 해결되지 않고 미로에 있는 것은 북한의 핵 불포기 전략 때문이다. 북핵 해결은 단기 쇼크 요법보다는 아무래도 시간이 좀 더 필요한 근본적 처방이 필요하다고 진단해야 할 것 같다. 동북아 안보 구조의 근본적 전환이 그 처방이다. 북핵 문제는 한반도 문제의 아킬레스건이다. 북핵 문제가 해결됨은 한반도를 포함한 동북아의 안보 및 경제협력 문제가 포괄적으로 해결됨을 의미한다. 한반도와 동북아의 안보 · 협력 구조의 틀을 새로 짜야 한다. 동북아에서 남북한과 미국, 중국, 일본 간에 안보 전략적 이해가 맞아떨어지는 신(新) 질서를 이 지역에 만들어야 북핵 문제는 종료될지 모른다. 아마도 그때까지는 느긋한 전략을 가지는 배짱도 필요할 것 같다. 지역 안보 및 경제협력의 외부적 환경과 틀을 만들어 거기에 북한이 참여케 하는 것이다.

독일의 통일 과정에서 미국 · 소련 · 프랑스 · 영국은 통일독일을 믿었다기보다는 통일독일이 포함되는 나토와 유럽공동체를 신뢰했다. 우리도 북핵 문제와 함께 지역 안보 문제, 동맹 문제, 경제협력 문제, 공동체 문제를 한꺼번에 푸는 전략으로 협상해볼 만하다. 북한이나 통일한국을 믿게 하기보다는 북한, 나아가 통일한국이 참여하는 공동체 정신을 믿게 하는 것이다.

일괄타결과 단계별 접근을 비교해보는 의미로 이명박 대통령이 제안한 '그랜드 바겐'을 좀 더 살펴보자.

이명박 대통령이 제안한 일괄타결, 즉 그랜드 바겐의 요체는 '첫째, 타협과 파행, 진전과 후퇴를 반복해온 과거의 패턴에서 탈피하여 북핵 문제를 근본적으로 푸는 통합적 접근법이 필요하다. 둘째, 6자회담을 통해 북핵 프로그램의 핵심 부분 폐기와 동시에 북한에 대한 확실한 안전보장을 제공하고 국제 지원을 본격화한다'이다. 이 제안은 5가지 점에서 주목을 요한다.

첫째, 제안의 명칭과 제안에 포함된 일괄타결 방식이다.

'일괄타결'은 2003년 4월 6자회담의 구성을 위해 열린 북한·미국·중국 3자 협의에서 북한이 제안하고, 그해 8월 6자회담 제1차 회의에서 이를 다시 설명한 안이었다. 그 안의 핵심은 미국이 적대시 정책을 폐기하고, 미·북 간 외교 관계 수립과 핵 폐기를 동시에 교환한다는 내용이었다.

그러나 한국과 미국은 북한이 사용하는 '일괄타결'이라는 용어에 반대하고, '포괄적(comprehensive) 해결'이라는 용어를 사용했다. '일괄(package)'이라는 표현이 핵 문제뿐만 아니라 여타 문제도 '함께' 동시에 해결해야 한다는 불가능한 목표를 암시하는 한편, 일방에게 뇌물을 제공하는 느낌을 주기 때문에 수용할 수 없었다.

1차 회담에서 미국은 중국이 회담을 마무리하는 의장성명에서 '일괄타결'이라는 용어를 사용하는 것에 반대했다. 이에 북한은 이 용어를 적시하지 않는 한 의장성명 발표에 반대한다는 입장을 고수하여 결국 의장성명은 발표되지 못했다.

북한의 일괄타결은 '동시 행동'과 '주고받기 식'과 같이 붙어 다니는 개념이었다. 2차 회담에서 북한은 "(미국은) 우리보고 먼저 움직이라 하고, '선 핵 포기' 하라고 하는데 이는 무장해제를 하라는 것과 같으므로 우리는 먼저 할 수 없다"고 항변했다. 북한의 '일괄타결'은 일반명사가 아닌 북한이 정의한 특수 용어였다. 즉, 미국의 입장인 '선 핵 폐기, 후 관계 정상화'를 배척하고 이의 역순을 요구하며 보상 형식의 서로 주고받는 과정을 담고 있는 특정한 제안을 위한 용어였다.

그러나 미국은 핵 폐기를 포함한 모든 양자 관심 현안(인권 문제도 당연히 포함)이 해결된 후에 관계 정상화가 가능하다는 입장이었다. 핵 폐기 과정에서 관계 정상화에 관한 협의는 가능하지만, 그 실현은 핵 폐기 전 또는 핵 폐기와 동시에 일괄 해결되는 일은 있을 수 없다는 확고한 입장이었다. 이 문제가 집중 제기된 6자회담 초기 단계에서 한국은 미국에게 융통성을 희망했으나 완전히 설득시킬 수 없었다. 다만 핵 폐기 이전이라도 국교 정상화에 대한 논의는 가능하다는 입장 완화가 미국을 이해시킬 수 있었던 최대치였다. 이러한 미국의 입장은 현재까지 유지되고 있다.

북한 스스로도 3차 회담에서는 일괄타결의 실현 가능성이 없다고 판단하고, '동시' 대신 '단계적' 방식에 동의했다. 이런 과정을 거쳐 '일괄타결'과 '동시'라는 용어는 6자회담의 어느 합의문에도 쓰이지 않았고, 각국 대표들도 더 이상 이를 언급하지 않았다.

한편 '그랜드 바겐'이라는 어휘는 북핵 문제를 놓고 볼 때는 불편한 어휘다. 바겐(bargain)의 사전적 의미는 '이해 당사자 간에 각각 주고받을 것을 결정하는 합의(an agreement between the parties settling what each shall give and take)'다. 과거 6자회담에서 미국은—적어도 표현에 있어서라도—북한이 주장하는 '보상'이나 '주고받기 식'에 극력 반대했었다. 그랜드 바겐에 대한 미국 캠벨 차관보의 반응과 미국이 이 용어를 쓰지 않는 이유에 대해 유념해야 한다.

둘째, 정부의 설명인지 모르겠으나 정부 산하 연구소의 학술자료에 "그랜드 바겐에는 경제 지원 패키지를 넘어 북한의 체제 보장 문제까지 적극적으로 포함한다"는 해설이 있다. 그러나 이 설명은 적절치 않다. '북한에 대한 확실한 안전보장'을 체제 보장으로 해설하는

## 📊 북핵 협상의 미묘함에 대한 이해

외교의 미묘함은 용어의 사용에 있어서, 또 상대방이 사용하는 용어의 기피에서도 보인다. 상대방이 특정한 목적을 가지고 정의하여 쓴 용어를 우리가 다른 목표와 전략을 가지는 내용으로 바꾸어 사용하는 것은 선점권을 빼앗긴 것이 되어 협상에서 불리하다고 생각하고 대체 용어를 찾는 경향이 있다. 물론 오해를 막는다는 목적이 더 크다. 북한은 미국이 싫어하는 용어가 있으면 다른 말을 찾을 수 있다며 빈정대는 투로 발언을 하기도 했다.

영국 아서 체임벌린 총리의 히틀러에 대한 유화정책(appeasement policy)이 결국 제2차 세계대전을 불러왔기 때문에 이후 유화정책이라는 어휘는 외교정책에서는 사라졌다. 그러나 그 어휘가 사용되지 않는다 하여 정책도 없어진 것은 아니다. 포용정책, 상호주의 등은 유화정책과 본질적으로 얼마나 다른 것인지 회의가 들 때가 있다.

앞에서 언급된 것 이외에 6자회담에서 용어의 선호 또는 회피의 사례는 다음과 같다.

'동시(simultaneous)'라는 용어는 우리가 해야 하는 조치가 회담의 핵심사항이라는 잘못된 인상을 줄 수 있고, 북한이 특정한 사안에 대해 환상을 갖지 않도록 할 필요가 있으며, 시간개념이 강하여 우리는 이에 반대하고 대신 '순차적(sequencing)', '병렬 또는 병행(parallel)', '단계적(step by step)'이라는 개념을 도입했다.

북한이 주장하는 '보상(compensation)'이나 '주고받기(give and take)' 등의 용어를 미국은 철저히 기피했다. 국제 규범을 어기는 불법 행위에 대한 보상은 있을 수 없다는 논리다. 그래서 '보상'이라는 용어 대신 '상응조치(corresponding measures)'와 '상호 조율된 조치(coordinated measures)'가 사용되었다. 북한은 2차 회담에서 미국이 체면 문제를 내세우고 있다면 '보상'이라는 용어를 다른 말로 바꿀 수 있다고 했다.

과거에 실패한 정책이 된 특정 용어도 기피한다. 핵 동결의 상징이 된 제네바합의의 실패에 따라 미국은 '동결'이라는 어휘 자체에 반감을 가지고 있다. 북한이 주장하던 '동결'은 '초기 단계 조치(phase I)'로 불리다가,

결국은 가역적이 되었지만 '불능화(phase II)'로 발전되었다.

이상과 같이 용어를 둘러싼 논쟁은 쟁점 사안에 대한 해결 순서의 선후 문제가 핵심이기도 하려니와 보상의 의미의 함축 또는 배제를 위한 협상 전략이었다. 이런 이유에서 한국과 미국의 주장으로 6자회담의 어느 합의 문에도 북한이 주장한 '일괄타결', '동시적', '주고받는 식' 등의 표현은 없으며 대신 '단계적', '병렬적', '조율된' 등의 용어가 쓰였다.

것인데, 북한 체제 문제는 우리가 북한의 체제를 바꾸려는 정책을 취하고 있지 않다는 입장으로 족하다. 내부적 원인으로 생기는 체제 변동까지 우리가 보장해주겠다는 의미는 아닐 것이다. 북한은 체제 보장 운운을 북한에 대한 모독이라고 했다. 미국도 체제 보장이라는 말 대신에 북한의 체제 변경이나 정권 교체를 추구하고 있지 않다는 말로 대신했다. 북한 체제의 보장은 다른 나라가 해줄 일이 아니다. 북한을 공격하지 않겠다는 의미의 안전보장으로 충분하다. 9 · 19 공동성명에서 미국은 핵무기 또는 재래식 무기로 북한을 공격 또는 침공할 의사가 없다는 것을 확인했다.

셋째, 포괄적 타결과 그 세부 이행은 순서와 단계의 문제다. 포괄적 타결이 성립된 후 그 합의를 이행하는 데는 단계가 필요하며, 바로 이 세부 이행 과정에서 배신이 생긴 것이다. 목표에 대한 합의는 이미 6자회담에서 이루어졌다. 합의된 목표를 이행하기 위한 세부 계획에서 파탄이 난 것이다. 그러나 세부 이행 계획은 절차의 문제가 아니라 역시 본질의 문제다. 단계적 해결에서 북한이 의제를 분할하여 이익을 얻으려는 살라미 전술을 써 결국 합의 이행에 실패했으니 동시적 방법으로 일괄 합의하자는 것이 우리의 주장인가? 과거에드 합의는 일괄로 했다. 그 세부 이행 과정에서 문제가 생긴 것이다. 핵 문제는 선후 문제가 있고, 또 시간 차가 불가피한 물질적 문제다. 비 물질적인 정치 합의와는 성격이 다른 문제다. 물질에 대한 검증 문제가 바로 중심 문제다. 여기에는 단계적 전술이 불가피하다. 북한이 단계적 과정을 악용했다 하여 단계적 해결을 없애고 일괄적·동시적 해결을 한다는 것이 과연 현실적일지 의문이다. 북한이 이 단계적 조치를 악용하는 것은 불신에 기초하고 핵 폐기 결단이 아직 안 된 것이다. 이 경우가 지속되는 한 일괄 동시 타결의 과정은 단계적 과정보다 더 어렵고 더 많은 시간이 걸릴 것이다. 단계적 과정을 거치면서 신뢰를 쌓아가고, 그러다가 북한이 최후에나 드러내놓을 핵무기—핵무기가 아니라면 핵 폭발장치라도 좋다—의 위치와 수량 등을 검증하여 폐기하는 과정을 상정하는 것이다. 시료 채취가 그 첫 단계였는데 파탄이 난 것이다. 우리가 북한을 신뢰하게 하는 데는 북한의 조치가 필요하고, 북한이 우리에 대한 신뢰를 갖게 하는 조치는 우리가 취하는 것이다.

그랜드 바겐에서 제시한 비가역적 상황을 만들기 위한 핵심 부품 폐기까지에는 어느 단계도 필요하지 않은가? 그랜드 바겐 제의에서 '북핵 프로그램의 핵심 부품'을 언급한 것은 핵심 부품과 비핵심 부품을 구분하는 것인데, 핵심과 비핵심을 누가 언제 어떻게 구분할 것이며 핵심을 폐기하는 데까지 가는 과정은 누가 어떻게 합의할 것인가? 핵심 부품의 종류와 위치와 수량 등의 확인을 위한 검증의 단계는 언제일까? 검증은 상대방에 대한 불신을 전제로 하는 매우 서밀하고 엄격한 작업이므로 피검증국이 주권 침해의 두려움 없이 전폭적으로 수용하는 것이 관건이다. 이라크에 대한 국제원자력기구 사찰의 여파를 생각해볼 일이다.

넷째, 협상의 최종 결과는 불가역적인 것이어야 하나, 협상의 과정은 언제든지 가역적일 수 있다는 가능성을 두고 진행된다. 과정에서 손익 계산이 달라지면 협상이 파열될 수 있다는 것을 전제로 협상은 이루어진다. 외교 협상에서는 합의가 비가역적인 조치가 되기를 희망하고 또 그렇게들 약속하지만, 국제정치 현실은 최종 결과를 거꾸로 되돌리거나 파기하는 일이 비일비재했음을 보여준다.

다섯째, 6자회담의 2·13 합의에서는 한반도의 영구적 평화체제 구축을 위해 직접 관련 당사국들이 별도의 포럼에서 협상을 가질 것을 약속했다. 직접 관련 당사국들의 한반도 평화체제에 관한 별도의 협상은 또 다른 외교 협상의 빅 이벤트가 될 것이다. 여기에서는 주한미군 문제가 핵심 뇌관 중 하나가 될 것이다. 북한의 입장과 중국의 입장이 우리와 같지 않을 경우(그럴 것이 확실하지만), 주한미군 문제는 동맹 관계인 한·미 양국 간의 문제라는 우리의 입장을 관철하기 위해서는 그 어느 다른 사안을 다루는 데 필요한 외교 역량 이상의 것이 필요할 것이다. 통일 후 나토(North Atlantic Treaty Organization: NATO, 북대서양조약기구) 군의 독일 주둔과 통일독일 군대의 동독 지역 배치가 가능하도록 합의되었던 것은 소련을 위시한 이해 관련국에 대한 서독 헬무트 콜 정부의 치밀한 설득외교 전략의 결과였다.

## ■ 단계별 접근의 성공 사례: 리비아 대량살상무기 문제 해결 로드맵

### • 1단계(2003년 12월 ~ 2004년 2월)

| | |
|---|---|
| 리비아 조치 | ① 핵·화학무기 프로그램 및 300킬로미터 이상 미사일 폐기, 테러 지원 중단 선언(2003년 12월 19일, 카다피) |
| 미국 조치 | ② 리비아가 공약을 이행해나갈 때, 미국과의 더 나은 관계를 맺고 리비아가 내부적으로 개혁을 추진한다면, 미국은 리비아가 더 자유롭고 번영할 수 있도록 도울 준비가 되어 있음(12월 19일, 부시 대통령) |
| 리비아 조치 | ③ 국제원자력기구에 미신고 핵시설 및 활동 전면 신고(12월 20일)<br>④ 국제원자력기구 사찰·검증 활동 개시(12월 27일)<br>⑤ 국제원자력기구 추가의정서상의 사찰·검증 활동 수용 의사 표명 (12월 29일)<br>⑥ 미국에 의해 핵 관련 민감 물질 및 부품, 핵무기 설계도 반출(2004년 1월 22~26일)<br>⑦ 화학무기금지협약(CWC) 서명(2월 5일), 화학무기와 생산·저장시설에 대한 최초 신고서 및 폐기 계획서를 화학무기금지기구(OPCW)에 제출 |

### • 2단계(2004년 2~6월)

| | |
|---|---|
| 미국 조치 | ⑧ 대리비아 여행 규제 폐지 및 미국 기업의 리비아 내 사업 재개 허용 등 발표(2004년 2월 26일, 백악관) |
| 리비아 조치 | ⑨ 핵 및 화학무기 관련 시설, 300킬로미터 이상 미사일 관련 부품 폐기 |
| 미국 조치 | ⑩ 대리비아 경제 제재 완화 조치 시행(4월 23일)<br>⑪ 리비아 대량살상무기 폐기 비용 및 과학자 재교육·배치 지원<br>⑫ 니콜라스 번스 미 국무부 근동차관보 리비아 방문(6월 28일)<br>⑬ 국제원자력기구 및 화학무기금지기구하에서 장기적 감시 |

※ 리비아는 2003년 3월 영국에게 대량살상무기 프로그램 폐기를 제안하고, 이후 수개월간 비밀 협상에 들어갔다. 2003년 10월에는 최초 미·영 사찰을 개시하고, 12월 19일 대량살상무기 폐기 및 테러 지원 중단을 선언했다. 수교는 2006년에 이행했다.

# 11

# 학습한 것과 실천할 것

정상적인 국가에 사는 사람들은 스스로 무장하지 않더라도 당연히 경찰이 자신의 생명과 재산을 보호해줄 것이라고 기대한다. 범죄 발생 비율은 시민들 스스로가 총을 휴대해야 할 필요가 없을 정도로 매우 낮은 수준이다. 하지만 국가의 경우에는 비록 무장해야 할 필요가 있을 정도로 전쟁 발생 비율이 높은 것은 아니더라도 스스로 나서지 않는다면 자국의 안보에 대한 어떤 보장도 받을 수 없으므로 무력을 보유하려고 한다. 이러한 국가의 안보 욕구는 외교정책에 일정한 제약을 부과한다.

국제정치의 무정부적 상황으로 인한 외교정책의 제약은 '모든 이의 전략은 다른 모든 이들의 전략에 달려 있다'는 점이다. 카드게임에서 이기기를 원하는 사람은 게임에 참가하는 다른 사람(들)의 전략을 고려하여 전략을 세워야 한다. 게임이론이 의미하는 바는 어떤 한

국가가 가진 선택의 자유는 다른 모든 국가들의 행위로 인해 제약을 받는다는 사실이다. 또한 이러한 제약은 게임의 실제 진행뿐 아니라 어떤 게임을 할 것인가를 결정하는 과정에까지도 적용된다.

국가들은 대외정책에서 얼마나 넓은 선택의 폭을 갖고 있는가? 국가는 여러 가지 목표를 갖는다. 어떤 국가는 세계 정복을 목표로 하고, 어떤 국가는 지역적 세력 확보를 목표로 하며, 대외적 세력 확장에는 전혀 관심을 갖지 않은 채 그저 홀로 남겨지기를 바라는 국가도 있을 수 있다.

하지만 이들 국가들이 모두 공통적으로 갖는 목표는 바로 국가의 존속이다. 세계 정복을 꿈꾸는 국가라 하더라도 최소한으로는 자국이 현재의 존속 상태를 유지할 수 있기를 원한다. 만약 모든 국가가 단지 자국의 존속만을 목표로 한다면 침략적·방어적 행위를 위한 군사력의 유지는 필요 없게 된다. 하지만 일부 국가가 단순한 존속만으로는 자신들의 정치적 야심이 충족되지 않는 듯한 태도를 보일 때마다 나머지 국가들은 자국의 방위에 신경을 쓸 수밖에 없게 된다.

게임 참가자의 수가 셋 혹은 그 이상이면 조금 전까지도 자신의 '적'이었으며 또한 잠재적으로는 여전히 적으로 남아 있는 사람(들)과도 연합하여 힘을 모아야 한다.

물론 이러한 연합이 자연적으로 형성되는 것은 아니다. 다음의 경우에는 협력 관계가 전혀 생기지 않을 수 있다.

① 서로 협력할 것으로 예상한 두 사람이 협력에 전혀 관심이 없다.
② 두 사람 모두에게 도움 되는 일이라고 할지라도 두 사람이 협력

할 수 없을 만큼 서로 싫어하는 사이다.

③ 협력 관계의 형성이 자신들에게 도움이 되리라는 것을 이해하지 못할 만큼 판단력이 떨어진다.

④ 협력 관계를 언제 맺어야 할 것인지 적절한 순간을 포착하는 일이 게임의 상황으로 인해 쉽지 않다.

협력하면 이길 수 있는 상황에서 협력 관계를 맺는 것을 생각하는 것조차 바람직하지 못하다고 비난하는 사람은 게임의 내용을 파악하지 못하고 있거나, 반목하는 감정이나 도덕적 원칙 등의 다른 사안들이 게임에서 이기는 것보다 중요하다는 판단을 내렸기 때문일 것이다.

북핵 문제가 현 상태로 지속된다면 북한의 핵 능력은 점점 더 증대될 것이다. 두 차례의 핵실험은 이미 일어난 일이고, 주장대로라면 북한은 ① 영변 재처리시설 등 기존의 핵시설을 재가동할 것이며, ② 경수로 원자로를 건설하고, ③ 우라늄 농축시설을 보강하고, ④ 이에 더하여 핵융합 기술을 발전시킬 것이다. 이 중 우라늄 농축시설은 2002년 10월 2차 핵 위기의 원인이었고 북한은 6자회담 내내 우라늄 농축시설을 극구 부인해왔는데, 이번에는 농축시설 건설을 공식 발표하고 미국 핵 전문가를 초청하여 시설을 보여주기까지 했다. 뻔뻔한 변신이 아닐 수 없다. 또 미국은 북한이 과거 세 차례 실험한 장거리 대륙 간 탄도미사일의 발전 속도를 앞당겨 향후 5년 내에 미국 본토에 도달하는 대륙 간 미사일을 가지게 될 것으로 보았다. 북한의 핵 능력과 미사일의 기술적 발전과 중국의 스텔스기 젠-20, 무인폭

격기, 우주전투기 등 첨단무기 개발은 미국으로 하여금 동북아에 대한 군사적 경각심을 크게 높이게 하는 것이다.

2010년 5월 12일 북한 〈로동신문〉은 북한이 자체 기술로 핵융합 반응에 성공했다고 보도했다. "조선(북한)의 과학자들이 핵융합 반응을 성공시키는 자랑 찬 성과를 이룩했다"며 "핵융합 성공은 발전하는 조선의 첨단과학기술 면모를 과시한 일대 사변"이라고 발표했다. 신문은 이어 "과학자들은 수많은 과학기술적 문제들을 100퍼센트 자체 힘으로 해결함으로써 마침내 핵융합 반응에 성공했다"면서 "이 과정에 우리 식의 독특한 열핵 반응장치가 설계·제작되고 핵융합 반응과 관련한 기초 연구가 끝났다"고 덧붙였다. 그러나 국내의 핵 전문가들은 대부분 핵융합 반응에 성공했다는 북한 측 주장에 의문을 제기하고 있다. 핵융합은 실험실에서 성공하기 어렵고, 지금까지 상온에서 핵융합에 성공했다고 주장한 곳이 더러 있었지만 모두 검증 과정에서 인정받지 못했다는 이유를 들며 북한의 주장을 믿지 않는 전문가들의 의견이 많았다. 〈로동신문〉의 보도만으로는 북한 주장의 진위는 물론 북한이 말하는 '핵융합 반응'이 무엇인지도 알기 어렵다.

북한의 핵은 목적이 되었다. 그러나 힘은 국제체계에서는 수단이다. 북핵 문제로 선제공격론이 제기된 적이 있었다. 핵무기로 증대된 힘이 북한 안보에 도움이 될 수 있을까? 무정부 상태의 국제체계에서 안보는 지고의 목적이다. 일차적으로 생존이 보장된 뒤에 평화, 이익, 힘 등의 문제가 고려될 수 있는 것이다. 국가들은 힘을 하나의 유용한 수단으로 취할 뿐 궁극적인 목적으로 삼을 수 없다. 국제체계가 국가들에게 힘이 아닌 안보를 그들의 목적으로 취하도록 하는 것이다.

증대된 힘은 안보에 도움이 될 수도 있고, 그렇지 않을 수도 있다. 모든 국가는 힘의 극대화를 자신의 목적으로 할 만큼의 여력은 없다. 그러기에 안보는 너무 심각한 비즈니스다. 북한의 핵 보유로 인한 힘의 불균형은 북한의 야심에 불을 지핀다. 즉, 자신의 영향력 범위를 넓히도록 자극함으로써 위험한 모험주의로 치닫게 할 수 있다. 모든 나라들의 안전은 힘의 균형을 유지함으로써 가능해진다.

북핵 문제 해결은 어렵기 때문에 긴 호흡이 필요하다. 북한의 핵 능력이 그에 대한 한국과 미국의 대응을 낳았다. 북핵 문제는 한국이 미국의 주도를 더 잘 따르도록 만들었다. 김정일은 그 결과를 인식하지 못했다. 김정일은 북한 스스로가 한 · 미 양국을 가장 훌륭한 동맹으로 만드는 결과를 간단하게 생각했다.

현 단계에서 우리가 우려하고 주의를 기울여야 할 것은 수소폭탄을 만드는 북한의 핵융합 기술 획득 문제다. 만일 북한이 수소폭탄을 만든다면 또 다른 엄청난 재앙이 될 것이다. 미국과 소련이 최초에 수소폭탄을 실험하고 알게 된 그 파괴력은 상상을 초월하는 수준이었기에 정치인은 물론 과학자들 스스로도 놀랐었다. 지금 상태라면 북한의 핵 능력은 통제되지 않은 채 증가할 것이다.

남북 관계는 북핵 문제와 북한의 도발로 앞길을 예상하기가 쉽지 않다. 더욱이 북한의 핵 불포기 의지는 우리의 대응 옵션을 매우 좁히고 있다. 북핵 문제는 이제 조금 긴 호흡으로 대응하며 해결 기대치를 조절해야 하는 상황이다. 현 정부는 말할 것도 없고 차기 정부

## ⊹ 파이의 분배와 생산

국제정치 이론에는 비유법을 많이 이용한다. '채찍과 당근'은 많이 들어본 협력과 제재 정책을 두고 하는 말이다. 그 상대국은 이런 비유에 대해 "우리가 말(馬)이냐"는 항의를 한다. 경제학에서도 이처럼 많이 쓰이는 용어로 '파이'가 있다.

포커와 같은 카드게임은 제로섬 게임이다. 즉, 나와 연합한 참가자와 나의 승리 횟수를 더하면 내가 상대하고 있는 한 사람 혹은 여러 사람의 패배 횟수와 일치하게 된다. 제로섬 게임에서는 전적으로 분배의 문제만 있을 뿐이지 생산의 문제는 전혀 없다. 하지만 인간과 국가가 행하는 활동들은 제로섬 모델에는 거의 부합되지 않는다. 이들 활동에서는 분배뿐 아니라 생산도 문제가 될 수 있는 것이다. 어떤 게임에서는 어떤 수 또는 전략의 변화가 양 팀 모두에게 득이 될 수도 있다.

이런 상황에서는 파이를 어떻게 나눌 것인가의 문제뿐 아니라 얼마만큼의 파이를 만들 것인가의 문제도 존재한다. 이런 조건하에서는 게임이 두 극단 중 어느 한쪽으로 치닫는 경향을 보일 수 있다.

적대국가와의 관계는 이미 존재하는 파이를 어떻게 분배할 것인가의 문제에만 열중한 나머지 협력하여 좀 더 큰 파이를 만들어 각자가 얻을 양을 늘릴 수 있다는 가능성 자체를 잊어버리는 경우가 상례다. 이렇게 되면 상황은 제로섬 게임이 된다.

이와는 또 다른 상황도 있을 수 있다. 즉, 파이를 좋아하는 사람이 아무도 없을 수도 있다. 이런 상황에서는 게임 자체가 아예 성립되지 않는다.

에서도 북핵 문제의 완전한 해결을 기대하기는 쉽지 않을 것이다. 북한의 핵 능력을 일정 수준에서 동결하고 국제 감독하에 통제하는 방안이 그래도 현실적이라는 판단이 다시 제기될 수 있다. 차기 정부는 수소폭탄을 맞은 것 같은 정도의 충격으로 북한의 우라늄탄 실험과 수소폭탄 개발 문제에 직면할 상황을 대비해야 한다.

우리는 어떻게 해야 하나? 답답한 일이지만 핵 폐기 문제를 극화시켜 해결하기에는 너무 늦었다. 이미 북한의 핵 불포기 의지가 확인되었다. 늦더라도 통일 과정에서나 핵이 폐기될 수 있는 상황에 대비해야 한다. 우리는 이 과정에서 '북한 핵은 어쨌든 폐기되고 말 것'이라는 자신감을 국제사회에 보여줘야 한다.

북핵 문제가 해결된다는 것은 한반도의 핵심적 현안이 해결된다는 것을 의미한다. 이 핵심 현안들을 끌어안고 경사진 길에 들어선 북한의 벼랑 끝 전술이 위험한 것은 내리막에서 더 이상 움직이면 얼마나 미끄러질지 그 위기의 결과를 당사자인 북한도 예측할 수 없기 때문이다. 6자회담과 6자회담의 틀 내에서 다양한 형식의 협의를 통해 내리막길 위에 모래를 뿌리고 과속방지턱을 만들어야 한다. 1997년 제네바 4자회담도 실패했고, 이제 6자회담도 종언이라면, 남은 형태는 한국이 빠지는 미·북 양자 협상과 북·미·중 3자 협상뿐이다. 그러나 이 형태는 한국에게는 악령이다.

우리는 같은 민족이라는 동아줄과 당혹스럽고 참담한 '서울 불바다'라는 도화선으로 북한과 매여 있다. 북한이, 그리고 우리도 함께 더 이상 미끄러지지 않도록 우리 쪽으로 끌어야 한다. 그 길이 곧 북한이 사는 길이며, 민족이 함께 사는 길이다. 궁사처럼 과녁보다 더 높은 곳을 보고 시위를 당기는 통찰력과 영민하고 창의적인 외교가 절실하다. 우리에게 북한이 핵을 포기하도록 할 수 있는 방법이 없다면 북한은 결코 핵을 포기하지 않을 것이다.

협상에는 지루한 인내가 필요하다. 협상이 답보한다 해도 한 번 만

## 무정부적 국제정치와 안전보장

투키디데스는 국력의 상대적 관계에 대해 염려하며 이렇게 말했다. "스파르타는 아테네의 국력 신장으로 인해 겁에 질려 전쟁으로 내몰리게 되었다." 프레더릭 던 교수는 "자조(自助)의 개념이 존속되는 한 권력 관계에서의 서열 유지가 국가에게는 그 어떤 목표보다 우선적인 중요성을 갖는다"고 했다. 이 어록들은 국제정치의 무정부적 속성에서 상대적 국력의 중요성을 일깨워준다.

국제정치에 강제력을 지닌 법체계가 부재한 상황에서 주권 국가들이 생존이나 국력 신장을 위해 각자의 희망과 논리를 가지고 상대국에게 자국의 불만을 표출하고 추구하는 목표를 결정하게 되면, 다른 국가와 분쟁관계에 돌입하고 이 분쟁이 때로는 전쟁으로 발전된다. 분쟁 상황에서 유리한 결과를 얻기 위해 각국은 책략을 고안하고 그 책략이 성공할 수 있을 것인지를 고민한다.

무정부 상태에서는 자연스럽게 저절로 화합이 이루어져 분쟁이 종결되기를 기대할 수 없다. 국가는 어떤 목표를 정하고 그 목표를 달성할 수 있다고 결론을 내린다. 그러나 평화적 방법으로는 목표 달성이 어렵다고 판단이 되면 무력에 의한 해결을 검토할 것이다. 평화를 통해 누리는 즐거움보다 그 목표의 달성이 더 중요하다고 판단되면 목표의 성취를 위해 무력을 행사할 것이다.

국가의 목표에 대해 최종 결정을 내릴 수 있는 것은 결국 자국뿐이기에 어떤 국가든지 정책을 실행하기 위해 언제든 무력을 사용할 수 있다고 믿고 있다. 상대국가가 언제라도 무력을 사용할 수 있으므로 국가는 무력으로써 무력에 대항할 준비를 항상 갖추어야 한다. 그렇지 않으면 나약함의 대가를 치를 각오를 해야 한다. 이와 같은 국가의 불가피한 행동양식은 모든 국가들이 공통적으로 처해 있는 환경에 의해 결정되는 것이다.

살아 있는 생명체가 살면서 가지는 관심 중 그 어느 것으로도 대체될 수 없는 가장 중요한 관심은 생명 보존이다. 물론 자살의 경우도 있으나 그것은 자신의 존재를 인식할 수 있는 사람의 경우이지 여타 생물에게 자살의 사례는 들어본 적이 없다. 사람의 경우에도 자살은 극히 예외적인 현상이다. 국가도 마찬가지다. 국가의 으뜸 목표는 국가 보전이다. 즉, 국가는 안전을 보장받는 힘과 조직을 갖추려고 한다. 그렇기 때문에 안보를 지키는 지도자와 국가체계와 국제 환경을 가지려고 노력하는 것이다.

들어진 협상의 틀은 유지하는 것이 좋다. 구성국의 변화가 필요한 경우가 아니라면 기존의 협상 틀을 유지하며 작은 문이라도 항상 열어두어 협상 가능성을 가지고 있는 것이 현명하다.

1997년 김영삼 대통령과 클린턴 대통령이 제안하여 시작된 제네바 4자회담은 한반도 긴장 완화와 평화체제 구축을 위한 남북한, 미국, 중국 간의 회담체였다. 그러나 김대중 정부가 들어서면서 이 문제들을 남북 관계 개선을 통한 남북한 양자 협상으로 해결할 수 있다고 자신하여 4자회담은 종결 선언 없이 더 이상 열리지 않게 되었다. 가상적 의문이지만, 만일 4자회담의 틀이 유지되었더라면 북핵 문제는 6자회담을 만드느라 8개월을 소비하는 일 없이 좀 더 쉽고 신속하게 협상 테이블로 왔을지 모른다. 한반도 문제를 해결하기 위한 협상체는 가능하면 문을 열어놓고 있는 것이 지혜롭다. 성과가 없다고 해서 만들기 어려운 협상체를 쉽게 버릴 일은 아니다.

한반도의 안보 상황(천안함과 연평도 사건)과 북한의 내부 정치 상황(세습과 민심 이탈)을 볼 때 북한은 핵 포기 가능성으로부터 너무 멀리 갔다. 북한에 대한 우리의 불신은 극복하기 어렵게 되었다. 또한 중국은 더 이상 북한을 궁지에 몰기가 어렵게 되었다. 너무 강력해진 중국은 핵을 가진 북한을 품고 가도 큰 문제가 없다고 보고 있는 것 같다. 중국은 북한을 안고 가면서 "그래도 핵은 언젠가 포기하는 거 좋다"고 말하는 것을 잊지 않을 것이다. 전갈이 물에 빠진 자신을 등에 태워 구해준 자라를 물어 죽이는 일이 벌어질 수도 있음을 예상할 수 있을 것이다.

핵 폐기는 힘의 쇠락이며, 그 결과는 국가의 생존 문제와 연결된다는 북한의 불신과 두려움을 어떤 방법으로 극복시킬 수 있을까? 충분하고 돌이킬 수 없을 수준의 안전보장이—비외교적 표현으로는 체제 보장이—이루어지지 않는 한, 부분 폐기(핵 프로그램 폐기)는 몰라도 완전한 핵 폐기(핵무기 폐기)는 안 된다는 북한의 입장 때문에 협상이 진퇴를 거듭하고 있다고 본다. 일찍이 북한은 평화조약을 서명할 때까지 핵 억지력을 보유하겠다고 천명했다. 이 입장은 기본적으로 변하지 않고 있다고 보는 것이 합리적 판단이며, 그런 판단이 우리를 이성적으로 만든다.

북한도 이성적으로 행동할 수 있다. 파괴하기 어려운 탄탄한 현실의 장벽에 대해서는 도전을 포기하기도 하며, 강력한 논리에 대해서는 존중하려고 했던 사례들을 찾을 수 있다. 교조주의적이면서 또한 현실주의적이다. 북한이 더 현실주의적이 되어, 자기의 힘을 신봉하면서도 상대의 힘에 대해 더 두려움을 갖게 하는 것이 책략 중 상책이다.

6자회담 의제들의 외교적·국내 정치적·기술적 이유와 사정을 감안할 때, 과정 없이 하나의 단계에서 일거에, 동시에 해결되기를 기대하는 것은 정말 비현실적이다. 6자회담이 해결해야 하는 많은 의제들은 '달걀이 먼저냐, 닭이 먼저냐'라는 생물의 기원 논쟁이나 창조론과 진화론 간의 논박처럼 불가해한 것들이다. 점진적으로 신뢰를 쌓아가는 것 외의 대안은 찾기 어려울 듯하다.

6자회담 협상가들은 적합한 어휘들을 찾아내기 위해 노력했다. 특히 '일괄적', '포괄적', '동시적,' '병렬적', '순차적', '단계적', '조율된' 등등의 표현들을 착안하여 사전적 의미를 떠나 특정한 의미로 정의된 외교적 협상의 어휘로 만들기 위해 치열한 논쟁을 했다. 정부의 제안은 협상 역사의 기초 위에서 만들어진 새롭고 진취적인 안이어야 설득력이 있고 공감을 얻는다. 실패한 체임벌린의 역사 교훈으로 '유화정책'을 피하고, 실패한 제네바합의 때문에 '동결'과 '보상'이라는 단어에 민감한 반응을 보이고, 자국의 오랜 외교 관행을 지키기 위해 '동시'라는 용어를 금기시하면서 '선 관심사항 해결, 후 관계 정상화'를 관철하려는 외교 협상가들을 이해해야 한다. 이것이 국익을 위한 정교하고 치밀한 외교가 아니겠는가?

냉전 시에 미·소 간 핵 경쟁의 사례는 북한의 맹아기 핵 능력—미국에 비하여—에 대한 전략을 위해 시사하는 바가 크다. 우리의 핵 무장화나 북핵 무시론 등이 흔히 주장되는데, 국제 규범이나 국제정치 현실은 사변가들의 주장을 수용할 만큼 녹록하지 않다.

북한의 핵 수준이 현재의 상태에서 더 나아가지 않도록 잠금장치를 하는 것이 긴요하다. 북핵 문제가 자리매김하고 있는 국제정치의 현실적 조건과 환경이 우리로 하여금 아직까지 해보지 않은 일을 해보고, 가보지 않은 길을 가게 하는 것을 어렵게 한다. 이 점이 우리의 한계이고, 우리 정부의 고민이다. 그러나 북핵 문제가 호미로 막을 일을 가래로 막게 되는 일로 발전해서는 안 되며, 물에 빠진 전갈이 등에 태워 구해준 자라를 물어 죽이는 경우가 되어도 안 된다.

북한이 안보 문제가 정치적·외교적·제도적으로 해결되었다고 확신하기 전에는 핵무기를—핵시설 등 부분적 핵 프로그램은 포기할 수 있겠지만—쉽게 포기하지 않을 것이라는 전제 위에서 정책을 모색하는 것이 현실적이다. 핵 협상은 상당 기간 부분적 해결만 가능할 것이라고 기대치를 낮추고 있는 것이 안전하다. 핵시설의 폐기와 핵무기의 폐기는 분리되어 처리될 가능성을 염두에 두어야 한다.

우리는 북한이 위기 극대화 전략을 써왔다는 점을 유념해야 한다. 북한은 돌출된 사건의 해소보다는 이를 위기 극대화의 기회로 삼았고, 계획된 대량살상무기 계획의 확대 기회로 이용했다. 2000만～3000만 달러의 BDA 사건이 대포동 2호 발사와 핵실험의 구실이 되었다. 그리고 핵 신고 검증 문제가 광명성 2호 발사와 2차 핵실험으로 발전했다.

우리의 안보와 한반도의 통일을 위해서 핵은 제거되어야 한다. 북한이 핵 보유를 계속 고집한다면 중국과 미국, 일본 등의 반대로 평화통일은 불가능하다. 북한이 핵을 가지고 있는 상황에서 국제 관계와 남북 관계에서 어떻게 통일의 돌파구가 생길 수 있겠는가? 북한의 핵 고수 정책은 통일을 두려워함에 다름 아니다.

이상의 논의를 종합하면 북핵 문제를 해결하기 위한 필요충분조건은 다음의 5가지로 요약된다.

첫째, 북한의 핵은 공수(攻守) 안보용이라는 대전제에서 접근해야 한다. 이 시각이 북핵 문제의 근본적 해결과 통합적 접근의 이성적 토대다.

둘째, 북핵 프로그램의 진전을 방지해야 한다. 북한은 플루토늄 핵무기화에서 우라늄 농축과 무기화 과정으로 이행하여 이를 진행시키고 있다고 판단해야 한다. 북한은 돌출 사건을 우라늄탄의 실험을 위한 기회의 창으로 삼는 음모를 꾸밀 것이다.

셋째, 그랜드 바겐에서 언급하고 있는 '핵심 부품 폐기와 동시에 북한에 대한 확실한 안전보장의 제공'의 의미에 대한 보충 설명이 필요하다. 핵심 부품과 비핵심 부품의 구분은 언제 어떻게 합의하고, 수량과 위치 등의 검증 문제는 어떻게 다룰 것인지가 관건이다. 또한 자칫 '안전보장'에 대한 정의에서 혼선이 있을 수 있으며, '제공'이 의미하는 바와 그 시점이 명확하지 않으면 역시 오해를 촉발할 수 있다.

넷째, 핵 폐기와 평화체제를 직접 연계할 일이 아니다. 이 경우 북한에게 핵 폐기를 무한정 지연시킬 구실을 주어 자칫 장기 미제 현안으로 남게 될 수 있다. 평화조약 등 평화체제 구축은 핵 폐기 과정에서 논의는 하되, 평화체제는 핵 폐기 후에나 실현될 수 있는 과제가 되어야 우리는 안전하게 평화체제 문제를 논의할 수 있다. 북한이 핵을 가지고 있을 구실을 자꾸 만들어주지 말아야 한다. 미국과 중국이 핵 폐기 우선 해결을 원칙으로 하도록 우리의 외교적 노력을 경주해야 한다.

다섯째, 통일에 대한 비전을 가지고 외교정책을 추진해야 한다. 통일 문제에 대해서는 미국, 중국, 일본, 러시아 강대국의 이해가 우리와 다를 수 있다. 우리는 독일 통일에서 강대국의 입장이 얼마나 중요했는지를 충분히 보았다. 분단으로 인한 인적자원과 국토 이용의 왜곡 현상, 그리고 통일 후 지역 불균형의 치유를 위한 비용과 치유 기간 등은 독일의 사례에서 교훈을 얻어야 한다.

## ▪️ 수소폭탄 위력, '측정 불가'

1952년 11월 1일, 미국은 첫 번째 열핵장치를 태평양의 한 산호섬에서 폭발시켰다. 그러나 트루먼 정부의 이 기술적 성과는 그 파괴력에 놀라 어떠한 축하도 받지 못했고, 대통령 자신도 그것이 수치스러운 듯 2주의 시간이 지나고 나서야 실험 사실을 발표했다. 작은 일은 때때로 사람들의 마음에 큰 인상을 남긴다. 1952년 11월 1일 태평양 에니위톡 환초섬에서 미국의 첫 수소탄 실험이 있은 후, 참여자들은 폭발이 반경 수킬로미터 안에서 날아다니던 새들을 재로 만들었다는 매우 충격적인 사실을 알게 되었다. 살아남은 것들은 병이 들었고, 어떤 새들은 땅에 떨어져 날 수 없었고, 특히 깃털 색깔이 어두운 제비갈매기와 거무스름한 갈매기들은 깃털이 그을렸다고 한다.

1953년 8월 12일, 소련이 첫 수소탄을 실험했던 카자흐스탄의 세미팔라틴스크 실험장에서도 거의 같은 현상이 발생했다. 안드레이 사하로프는 다음과 같이 회상했다. "우리는 차를 타고 폭발로 파괴된 건물들을 지나, 날개가 심하게 그을린 독수리 곁에 멈춰 섰다. 독수리는 날아오르려 했지만 땅에서 다리를 뗄 수 없었다. 장교 한 명이 정확한 발길질로 독수리를 죽여 고통에서 벗어나게 해주었다. 매 실험 때마다 수천 마리의 새들이 죽어간다고 들었다. 새들은 섬광과 더불어 날아오르지만, 곧 그을리고 실명한 채 땅에 떨어졌다는 것이다."

수소탄의 첫 실험을 목격한 사람들의 마음에 새들의 운명이 그렇게 깊게 남아 있다는 것이 이상하게 보일지도 모른다. 그러나 히로시마를 파괴했던 폭탄의 20배가 되는 400킬로톤 규모의 소련 수소탄 폭발 혹은, 소련의 것보다 25배나 강한 폭발력을 보이는 미국의 10메가톤 규모의 폭발을 수치로 표현할 수 있는 방법은 없었다.

# 12

## 독일 통일에서 배운다

2011년 11월 9일은 베를린장벽이 무너진 지 22년이 되는 날이다. 베를린장벽은 어떻게 무너졌는가? 이로부터 통일에 이르는 과정은 어떻게 전개되었는가? 독일 지도자들은 무슨 계획을 가지고 어떤 방법으로 주변국 지도자들을 설득했는가? 독일이 안고 있던 통일의 장애 요인은 무엇이었으며, 그 문제들을 어떻게 해결했는가? 유럽의 안보 문제는 무엇이었으며, 어떻게 극복되었는가? 안보적 분단 구조 논리와 안보적 통일 구조의 논리는 무엇이었는가? 합의점 도출을 위한 '퀴드 프로 퀴오(quid pro quo, 보상)'는 무엇이었는가? 독일 통일의 이 모든 문제점들과 해결책들은 오늘의 분단한국을 극복하기 위한 문제와 그에 대한 모범답안을 제시해주는 데 아직도 유효한 진단이며 처방이다.

제2차 세계대전 후 외교사적으로 한국에게 큰 의미를 가지는 사건은 다음의 세 가지를 꼽을 수 있다.

첫째는 1945~1955년 사이에 마련된 국제 평화와 발전을 위한 제도적 장치다. UN, IMF, WEU(서유럽연합), ECSC(유럽석탄철강공동체), GATT(관세와 무역에 관한 일반협정), 나토 등이다. 비판자들은 이를 두고 '협정만능주의' 또는 '제국주의'라고 했으나, 미국이 주도한 이 정책의 탁월한 성공 비결은 공동의 복리 정신에 따라 타국의 이익을 도모하는 가운데 자국의 이익을 추구한 것이었다. 로마제국으로부터 대영제국에 이르기까지 어느 패권국도 자국의 국익을 타국의 복리와 연계시킨 나라는 없었다.

둘째는 소련의 평화적 소멸이다. 강대국은 자기 집에서 조용히 죽는 법이 없었다. 패망한 국가는 마지막 숨을 쉬기 전에 전쟁을 일으켰음을 역사가 보여준다.

셋째는 독일 통일이다. 독일 통일, 이것은 독일의 모든 것이었다. 1990년 독일이 통일되기까지 냉전 40년 동안 독일인들은 통일이 실현되지 못할 꿈이라고 생각했다. 독일 통일은 독일인들에게는 은밀한 내적 신앙이었다. 국제정치학자들은 소련은 세력균형의 변경을 절대 감수하지 않을 것이며, 따라서 동독을 결코 포기하지 않을 것이라고 믿었다. 소련은 잘해야 독일의 국가연합 또는 중립국을 수용할지 모르겠다는 정도였다.

그러나 고르바초프는 독일을 놓아주었다. 분단된 독일은 유럽어서 가장 긴장이 높았던 냉전의 원인이었던 장소였다. 1989년 가을 소련과 소련의 동유럽 위성국가들의 미래가 불안하고 불확실했을 때 고르바초프는 소비에트연방과 위성국가들의 유지를 불가능하게 만드는 실수를 했다. 이 실수는 나폴레옹 3세가 1870년 비스마르크의 전략에 넘어가 프러시아와의 전쟁을 선포한 것과 같은 실수였다. 고르바초프는 1989년 10월 동독인의 시위에 공권력을 사용하기를 희망한 호네커의 요청을 허용하지 않고, 양극체제의 제1계명인 '균형 파괴는 금물'을 포기했다. 1국 사회주의 대신 국제사회주의를 주장한 트로츠키처럼 고르바초프는 '1국 페레스트로이카' 대신 '엘베 강까지의 변혁'으로 확대했다. 고르바초프에게는 소련제국을 개혁하는 것이 곧 소련제국을 고수하는 것이었다.

동독은 가장 위험한 모험적 임무를 안고 있었다. 소련이 제어하기 어려운 서독을 포위·봉쇄하는 임무가 동독에게 주어졌다. 그러나 이 임무는 주권국가라고 할 수 없는 국가(non-nation state)인 동독에게는 '미션 임파서블(mission impossible)'이었다. 동독이 민주적 자결권을 가진 국가로 발전한다면 동독은 '진정한 독일(real Germany)' 서독의 품으로 무너질 것이었다. 콘라트 아데나워 총리로부터 콜 총리에 이르기까지 역대 서독 정부는 그들의 동방정책을 '1민족 2국가'에 기초를 둠으로써 소련의 민감성을 자극하지 않았다. 영국의 마거릿 대처 총리는 통일을 중단시키려는 것이 아니라 아예 분쇄시키려고 했다. 훗날 대처 총리는 자서전에서 자신의 정책 중 실패한 외교정책이 있다면 그것은 독일 통일 반대 정책이었다고 실토했다.

유럽의 1989년은 현실이 환상을 뛰어넘은 해였다. 미래에 대한 정치인들과 학자들의 전망이 항상 맞는 것은 아니다. 통일독일이 유럽과 세계의 안보에 위협이 될 것이라는 영국과 프랑스의 주장은 틀린 것이 되었다. 중요한 국제 사건은 정치인, 외교관, 군인들이 계획하고 실행하고 통제한다는 것이 일반인들이 믿는 상식이다. 그러나 베를린장벽 붕괴는 동독의 비밀정보기관 슈타지(Stasi)도, 미국의 CIA도, 소련의 KGB도, 그 어느 누구도 예견하지 못했고 어떻게 대처해야 할지 몰랐던 사건이었다. 동유럽에서 벌어지고 있던 사건들에 대한 자생적인 혼돈의 반작용이었다.

1989년 11월 9일 베를린장벽이 붕괴되고, 11개월 후인 1990년 10월 3일 독일은 통일되었다. 어느 누구도 그 과정과 시기를 정확히 예측하지 못했다. 참으로 국민 에너지가 집단으로 분출하는 사안은 구성원을 포함하여 누구도 에너지 분출의 방향과 속도를 정확히 알 수 없는 것 같다. 독일 통일은 정말 그렇게 갑자기 일어났다.

베를린장벽이 무너졌을 때 세계 지도자들의 판단은 무엇이었을까? 2009년 9월 10일자 영국의 〈더 타임즈(The Times)〉가 보도한 독일 통일 과정에 대한 크렘린 문서를 보면, 대처 영국 총리나 고르바초프 등 당시 지도자들의 판단력에 회의가 들게 된다. 역사는 지도자들을 바보로 만든다는 생각을 갖게 한다. 역사가 어떻게 전개되었는가를 알고 보면 지도자들도 그렇게 영웅적인 것만은 아닌 것 같다. 독일 통일 과정에서 세계 지도자들이 보여준 판단과 결정들은 역사에 대한 '반사실적 사유'의 유용성을 일깨워준다.

영국과 프랑스의 지도자들은 독일 통일이 자유민주주의의 입증이며 평화를 증진시키는 길로 보거나 그 길을 설계하는 기회로 보지 않고 위협으로 보았다. 지금의 시점에서 보면 20년 전 서구 지도자들의 우려는 근거가 없었던 것이었다. 더 넓어지고 커진 독일은 EU와 나토의 믿을 만하고 정직한 파트너임이 입증되었다. 자유 욕구는 인류의 보편적인 자극임을 동유럽 국가들이 가장 잘 보여주었다.

고르바초프에게 역사는 보이지 않는 손이었다. 그러나 통일을 추진했던 콜과 적극 지지했던 부시에게는 역사는 보이는 손이 만들어가는 것이었다. 그리고 통일에 반대했던 대처와 미테랑은 보이는 손으로 역사를 왜곡할 수 있다고 믿었다. 영국과 프랑스는 독일 통일을 소련의 손으로 막아보려 했다.

대처는 정상회담에서 고르바초프에게 기록을 중지해줄 것을 요청하면서, 독일의 통일은 영국과 소련의 이익이 아니라며 소련이 통일에 반대하도록 유도하는 등 독일이 통일로 향하는 움직임을 중단시키려고 필사적인 노력을 했다. 영국과 프랑스가 독일 통일을 집요하게 반대했듯이 우리 주변의 어느 국가 또는 국가들이 한국 통일은 동북아의 평화와 안정에 해가 된다는 거창한 논리로 국제사회를 설득하려는 망상을 가지지는 않을까? 흔들림 없는 미국의 독일 통일 적극 실현의 정책은 유럽의 중추국 영국과 프랑스를 잠재웠다.

영국 대처 총리가 독일 통일 문제에 대해 반대하는 입장의 논리는 독일이 과거 전쟁을 일으킨 역사를 보면 이해되는 바가 없지 않다. 그러나 독일 통일 문제는 그렇다 치더라도 동유럽 국가들의 탈공산화에 대해서까지 반대한다는 입장을 보인 것은 자유주의와 민주주의의 보편적 가치를 추구하는 지도자의 철학을 의심하게 만드는 대목이다. 자국과 지역의 안보를 위한 것이라면 인류의 보편적 가치는 후순위라는 현실주의 정치가의 철학에 문제는 없는 것인가? 자국의 안보와 이익을 위한 것이라면 인류의 보편적 가치는 덮어둘 수 있다는 점을 볼 때 오늘날 북한 문제에 대해서도 이러한 사고를 바탕으로 대북정책을 고려하는 지도자들은 우리 주변에 없을까 하는 생각이 든다.

독일의 통일 과정을 보면서 동독 내에서의 체제와 집권자에 대한 거부, 대규모 시위, 탈동독 이주민들의 폭주, 서독으로의 흡수통일에 대한 공감대, 통일에 대한 꿈, 치밀한 동방정책의 지속 등 서독 지도자들의 원려와 불도저 같은 추진력, 주변국에 대한 관리 및 설득, 서독의 강력한 국력 등 내부적 환경과 소련과 동유럽에 불어닥친 고르바초프의 페레스트로이카, 미국의 조기 입장 결정과 압도적 영향력, 나토의 군건한 지역 안보 시스템, 당시 EC의 통합 기운 등은 독일 통일을 이루는 데 최적의 외부적 환경을 형성했고, 이런 국내외적 환경은 결국 프랑스, 영국 등 유럽 중심 양대 국가의 반대를 좌절시킬 수 있었다.

한반도의 주변과 북한의 사정을 보면 우리에게 비관적 요소가 많은 것을 부인할 수 없다. 북한에는 체제 개혁 이외의 다른 대안이 없다는 점에 이견이 많지 않겠지만, 북한의 근본적 개혁이 이루어지기에는 국제적 환경이 동독과는 다른 것 같다. 개혁 지도자가 페레스트로이카를 추진했던 소련의 역할 모델과 아직도 1당 독재체제를 유지하는 공산주의 중국의 역할 모델이 다르다. 북한 내부에 아직도 냉전에서 성장한 고령의 고위층이 건재하고 있는 현실, 3대 세습이 운위되고 있는 상황, 통제사회 등을 질타하며 개혁하라는 압력을 가하는 역할을 중국에게 아직은 기대할 수 없는 외부적 환경은 통일에 큰 비관적 요소다.

1990년 7월 15일 모스크바 독·소 정상회담으로 독·소 관계가 발전하고 있을 때 독일에 대한 불신이 워싱턴에서 일지 않았다는 사실이 결정적으로 중요했다고 콜은 술회했다. 탄탄한 미국·독일 관계는 소련·독일의 관계 발전에 대해 경계할 필요가 없었다. 남북 관계가 발전하면 한·미 관계가 불편해진다는 삼각관계적 인식이 항시 맞는 것은 아니다. 원윈(win-win)의 전략이 요구된다. 독일의 통일을 회고하면서 우리는 남북한 상호의 안전을 감소시키지 않고 동시에 남북 관계에서 진행해왔던 긍정적 과제에 부정적 영향을 주지 않는 길을 찾아야 한다. 주변국 모두의 안전이 보장되면서 한국 통일이 동북아의 평화 질서의 초석이 될 수 있는 미래 지향적인 해결책이 강구되어야 한다.

콜 총리는 1989년 11월 9일 베를린장벽이 붕괴되면서 동독이 혼란 속으로 빠져들자, 통일의 기회를 포착하고 11월 27일 통일 단계적 계획 10개항을 전격 발표했다. 여기에서 통일 문제를 내적 문제와 외적 문제로 나누어 통일 형식, 절차, 통합 과정 등 동·서독 내부 문제는 자결권에 의해 외국의 여하한 개입이나 간섭을 방지하고, 안보 문제 등 외부 문제는 양 동·서독이 필히 참석해야 하며 소련이 주장한 연합국 4개국만의 회의는 절대 반대함을 주장했다. 결국 미국의 지지로 콜의 주장이 관철되어 2+4 협상이 이루어진 것이다. 오늘날 북핵 문제를 둘러싼 미·북 양자 협상에 대한 우려는 북핵 문제와 연계된 외연의 문제가 단순하지 않은 매우 복잡한 것임을 알면 이해할 수 있다. 협상에서 개입과 간섭 차단은 국익 보호의 관건이다. 사안을 내적 문제와 외적 문제로 분별할 수 있고, 이를 추진할 수 있는 것이 치국의 경륜(statecraft)이다.

또한 콜 총리는 통일 단계적 계획 10개항에서 통일 과정을 3단계로 나누어 조약공동체→국가연합적 구조→연방국가의 단계를 제시했다. 그러나 동독 사태의 악화와 소련의 통일 지지 입장 전환으로 국가연합적 조직을 거치지 않고 바로 통일 연방국가로 이행되었다. 독일 통일은 급속으로 진행되어 통일 전 1년도 안 되는 때에 작성된 단계적 통일이 계획대로 실행되지 않았던 것이다. 국가 대사는 이렇게 사전 계획과는 다른 길로 갑자기 이루어지는 경우가 많다. 우리에게도 그런 기회가 오지 않으리라는 법은 없다. 독일의 경우 상황 급변 시에 진정으로 필요한 것은 시간이 아니라 지도자와 전문가들의 지적 통찰력과 합리적 판단력, 그리고 단호한 결단력이었다.

독일 통일 과정에서 우리가 눈여겨볼 점은 그 당시 주요 국가 지도자들의 개성이었다. 부시와 제임스 베이커 국무장관, 고르바초프와 셰바르드나제 외무장관, 콜과 겐셔 외무장관, 대처, 미테랑 등 그 당시 각국 지도자들은 자신의 주장을 개진하고 관철하려는 데 한 치의 양보도 하지 않는 인물들이었다. 그러나 그중에서도 대처의 개성과 외교 철학은 독일을 부단히 괴롭혔다. '친구를 모른다. 적도 모른다. 오직 자신의 이해관계만을 안다'는 것이 대처의 경륜이었다. 한반도에 통일의 기운이 돌아 이를 강력히 추진해야 할 때 한반도 주변 국가들에 포진한 지도자들의 개성, 철학, 역사관, 남북한에 대한 인상 등이 통일의 방향과 속도에 지대한 영향을 끼칠 것임을 독일 통일 과정을 보며 깨닫게 된다.

1989년 11월 베를린장벽이 무너지고 동독이 위기의 국면에 있을 때 콜의 대응은 아주 노련했다는 것이 국제적 평가다. 한때는 콜이 너무 감정적이고 서두른다는 비난을 받기도 했으나 통일을 위한 절호의 기회를 포착해야 하는 지도자의 비전을 감안하면 콜의 대응은 찬사를 받기에 충분한 것이었다.

1990년 6월 7일 콜에게 박사학위를 수여하는 하버드대학교 졸업 행사에서 데릭 복(Derek Bok) 총장은 콜 총리가 이 지구상에서 "역사를 만들어나가는 소수의 사람"에 속한다고 말했다. 역사가 보이지 않는 손으로 저절로 만들어지는 경우도 있겠지만 독일 통일은 동독 주민들이 서독에 의한 흡수통일을 기꺼이 수용하고 체제에 대한 불만이 용출된 것에 더하여 당시 콜 같은 지도자가 만든 역사라고 해도 과찬은 아니다. 여기에 운 좋게 "멀리 내다보는 환상적인 지도자" 고르바초프도 역사를 만든 소수의 인물임은 말할 것도 없다. 오늘날 한반도의 통일을 위하여 주변국과 남북한에는 어떤 지도자가 있어야 할까? 다시 한 번 생각해보게 만든다.

1990년 6월 말까지도 통일된 독일이 나토 회원국으로 남는 것에 대한 소련의 부정적인 자세는 조금도 바뀌지 않았다. 오히려 앞으로의 대화를 곤경에 빠뜨릴지도 모르는 경직된 태도를 보였다. 소련의 입장은 경우에 따라 롤러코스터를 탔다. 그 배후에는 그로미코 외무 장관 때부터 20년간 동서 군사 문제를 다루어온 소련의 잘 알려진 독일 마피아, 즉 독일 전문가들이 있었다. 그들은 냉전 시대에 서방 세계를 옥죄는 정책을 입안한 전문가들이었다. 독일 통일 과정에서는 고르바초프와 세바르드나제의 판단에 보조를 맞추는 일을 매우 힘들어했다. 지도자들이 외교 군사 실무 전문가들을 다루기 어려운 것은 소련만이 유일한 것은 아닐 것이다. 미국 관계와 핵 문제를 다루고 있는 북한 관료들도 20년 넘게 같은 일을 하고 있다. 강온 전략과 협박을 시의에 따라 반복하는 데 익숙한 사람들이다.

독일 통일은 매우 정교한 건축이었다. 독일 통일과 유럽 발전이 조화롭게 이루어져야 하는 설계를 거부하는 국가는 있을 수 없었다. 유럽의 평화와 발전은 곧 나토와 EU의 발전과 성공의 결과였다. 독일이 이 두 조직에 묶여 있는 한 독일은 역행하여 유럽의 역사를 되돌릴 수 없는 틀 속에 있는 것이다. 그러나 동북아에는 이런 거대한 건축물이 존재하지 않을 뿐 아니라 그 설계도 없다. 그렇기 때문에 한반도 통일은 일견 작은 집을 설계하는 것이 되므로 더 쉽다고 생각할 수도 있다. 그러나 강대국들의 관심에서 멀리 있게 되면 추동력과 동기가 생기지 않는 것은 당연하다. 동북아에서의 지역 안보·경제협력체가 존재하지 않는 현실은 우리가 국제적 연대 위에서 통일을 얻기가 그만큼 어려울 수 있다는 것을 시사한다.

동맹 문제에서 통일독일이 선택할 수 있는 대안은 ① 나토 소속, ② 바르샤바동맹 소속, ③ 중립국화, 이 세 방안 중 하나였을 것이다. 그러나 바르샤바동맹은 수명이 종료되어가는 와중에 있었고, 더욱이 동독이 붕괴되는 과정에서 통일되는 것이므로 바르샤바동맹 소속은 처음부터 논외가 되었다. 결국 소련이 나토의 주적이 아니라는 나토의 주적 개념 폐기로 소련은 통일독일의 나토 소속에 동의하게 되었다. 통일한국은 ① 미국과의 동맹, ② 중국과의 동맹, ③ 비동맹, ④ 중립국화 등의 방안 가운데 하나를 선택하게 될 것이다. 물론 동북아에서 새로운 나토형 집단 평화 안보 구조도 불가능한 것은 아니다. 남북한 간에 어떤 역학 관계에서 통일이 이루어질 것인지, 통일 과정에서 미·중 간의 역학 관계는 어떻게 될 것인지에 따라 동맹 문제에 대한 답이 결정될 것이다.

　통일독일이 나토에 소속되더라도 ① 나토의 권역에 동독을 포함시킬 것인지의 여부, ② 동독 주둔 소련군의 철수 시기와 철수 비용 문제, ③ 통일연방군의 동독 주둔 가능성 여부, ④ 연방군의 병력 규모, ⑤ 통일 후 유럽 주둔 미군 병력의 규모, ⑥ 유럽 핵 배치 계획 등이 중요 군사 의제였다. 이 문제들을 둘러싼 협상 과정과 결과는 모두 한반도의 통일 과정에서 중요한 모델이 될 것이다. 물론 소련제국의 쇠퇴와 붕괴의 진행 과정에서 독일 통일이 이루어졌으므로 소련은 패권 경쟁 차원에서 이 문제들을 다룰 수 없는 상황이었다. 이 점을 감안하면 그와 유사한 상황이 동북아에서 발생하지 않는 한 한반도의 동맹·군사 문제는 훨씬 더 어렵게 전개될 것이다. 한국의 우위 역학 구도와 미·중 간의 팽팽한 패권 경쟁적 역학 관계에서 통일이 이루어진다면 통일한국의 동맹 소속 문제와 주한미군 문제는 여간 복잡하지 않을 것이다. 독일이 해결해야 했던 여러 군사 문제들이 한반도에도 대부분 나타날 것이다. 독일 통일 후 미군의 유럽 주둔이 유럽의 안보에 기여할 것이라는 고르바초프의 판단처럼, 한반도가 통일될 경우 미군의 한반도 주둔이 동북아 평화에 기여한다는 중국의 판단은 과연 가능할까? 가상적인 질문들이 너무 무겁고 어려워 보여 통일이 요원해 보이는 것인지 모른다. 그러나 우리는 명실상부한 민족국가를 이뤄야 하고, 그를 위해선 치밀하고 착실하면서도 대담한 외교를 펼쳐야 한다는 필요성을 새삼 깨닫게 된다. 우리가 해결하고 극복해야 할 미래의 문제는 독일 국민들과 정부가 이미 경험한 과거의 문제들에서 크게 다르지 않을 것이다. 독일 통일에서 한국 통일 문제의 상수와 변수는 무엇인지를 배우게 된다.

통일 과정을 독일이 시종 주도할 수 있었던 것은 독일의 경제력이 지렛대 역할을 했기 때문이다. 소련이 1990년 1월 쇠고기 등 생필품 지원을 요청하자 우호가격으로 이를 즉시 제공하고 1990년 5월 요청한 차관도 즉시 보증해주었다. 독일은 경제난을 겪고 있는 소련에게는 미래의 경제 관계가 독일의 나토 소속 문제보다는 더 중요할 것이라고 판단하여 나토 문제 해결을 위해서 경제협력에 박차를 가했다. 동독에 대해서도 역시 모든 동독의 경제적 어려움을 떠안을 각오로 경제 · 통화 · 사회 통합을 추진했다. 이런 형국에서는 통일 과정에서 동독이 서독에 따라가는 이외의 대안은 있을 수 없었다. 서독의 눈부신 라인 강 기적의 결과가 흡수통일이라는 평화의 대서사시를 만들 수 있었다. 독일이 서방에 강력하게 통합되면 될수록 소련과의 협력 가능성이 더 커지고 독일이 유럽의 중앙에서 소화되지 않는 방해물이 될 위험도 더 적어진다는 논리는 소련에게는 만족스러운 결론을 내기에 충분했다. 협력의 모든 분야에서 바로 독일인들이 소련을 위해서 필요한 기여를 할 것이라고 기대하기에 독일의 힘과 지도력은 충분했다.

베를린장벽이 무너진 후 불과 보름도 안 되어 그동안 사실상 금기시했던 통일 논의가 전광석화처럼 분출될 수 있었고, 통일을 시간문제로 만들 수 있었던 점은 우리에게 큰 교훈이 된다. 우리는 독일처럼 세계대전을 유발한 것과 같은 역사의 부채가 없는 만큼 통일 문제에 대한 의사 개진에 있어 국제적 제약은 없다. 그러나 통일 문제에 대한 논의를 이념의 시각으로 접근하고 해석함으로써, 안타깝게도 우리는 국제적 제약보다 더 무거운 내부적 제약을 받고 있다.

서독 정부가 통일 과정에서 보여준 상황 판단과 정세 분석, 이에 기초한 기민하고 신속한 대응과 조치는 훌륭한 것이었다. 페레스트로이카로 인해 고르바초프가 겪고 있는 정치적·경제적 어려움을 이해하고 그를 지원하기 위해 신속히 생필품 원조를 결정하고 차관 보증을 결단했던 일 등에서 그 예를 찾을 수 있다. 사안이 통일에 도움이 되는지 여부에 대한 판단력과 결단력, 재빠른 기회 포착, 그리고 머뭇거리지 않는 행동이 독일이 주도하는 통일을 성취하게 했다.

지금 우리 사회에는 통일에 대해 회의적이거나 냉소적인 입장이 없지 않다. 독일 통일 후 동독 지역의 재건과 동독 지역 주민들의 복지를 위해 연 1000억 유로의 지출을 20년째 계속하고 있으나, 앞으로 20년이 더 지나야 동·서독 지역의 경제가 균등해진다는 전망이다. 45년 분단의 경제적 상처를 치유하는 데 엄청난 재정을 투입하면서도 40년이 걸린다는 전망을 보면서 남북통일에 대해 회의적 시각을 갖는 사람이 많다. 우리는 서독보다도 경제력이 작을 뿐 아니라 당시 동독의 경제력은 북한보다 나았다는 점을 들고, 거기에 동·서독 간의 갈등은 남북한 갈등보다 심하지 않았다는 논리로 통일은 당분간 생각할 수 없다는 주장이 제기된다. 그러나 통일에 대한 당위성을 논리적으로 말하고 계산하여 손익을 따지는 이성도 중요하지만 감성적 접근 역시 필요하다. 경제적·사회적 분단 비용은 통일 비용과 비교할 수 없다. 민족의 자부심에 대한 깊은 상처, 분단으로 인한 소모적 이념 논쟁, 북한의 왕조적 세습체제, 영토와 인력의 왜곡된 이용 등을 주의 깊게 보면서 통일 문제를 생각해야 한다. 우리가 적극 추진하지 않으면 우리 주변국이 도와주어 통일되는 것 또한 기대할 수 없다.

1990년 12월 2일, 말타에서는 부시와 고르바초프 간의 미·소 정상회담이 개최되었다. 베를린장벽 붕괴 이후 최초의 정상회담이었다. 고르바초프는 "통일독일이 중립국가가 될 것인지, 나토의 회원국이 될 것인지 등을 논의하는 것은 시기상조다. 통일 과정을 두고 보자. 너무 밀어붙이지 말자. 독일 분단의 책임은 우리에게 있지 않다. 그것은 역사의 문제였다. 미래도 역사가 결정하게 하자"고 말했다.

이에 대해 부시는 "독일 사람들은 나에게 통일 문제를 이야기할 때 눈에 눈물을 글썽이며 말한다"라고 독일 사람들의 꿈을 설명하면서 서두르는 콜에 대해 불평하는 고르바초프를 달랬다. 이후 독일 통일의 신호등은 녹색불로 켜졌고, 조심하라는 경고가 있기는 했지만 방향은 통일로 가고 있었다. 독일인들의 통일에 대한 염원을 미국 대통령이 충심에서 이해해주고 독일인들의 소원이 성취되어야 함을 그 이외 어떤 말로 표현할 수 있었겠는가?

"독일이 통일된 그 다음 날 그리니케 다리(동독의 포츠담과 서베를린을 잇는 교량으로 과거 미·소 간의 스파이 교환이 이루어진 곳으로 유명하다)에서 그렇게 많은 남자들이 울고 있는 것을 네 번의 전쟁에 참여한 나는 처음 보았다"고 버넌 월터스 주독 미국대사는 말했다. 독일인들은 두 번이나 세계대전을 일으킨 역사의 질곡 때문에 통일이 되기 1년 전까지도 통일이라는 말을 꺼낼 수가 없었다. 하지만 우리는 '우리의 소원은 통일'이라는 노래를 불러왔다. 독일은 분단 시에 그런 노래를 부를 수 없었다. 당위론적인 담론이 아니라 통일 방안에 대한 진지한 논의가 묻힌 지 오래되었다. 통일의 조건이 익어갈 때 이를 반대하는 국가에게 부시처럼 성큼 "한국 사람들은 통일 문제를 이야기할 때는 그들의 눈에 눈물이 글썽해진다"라고 말해주는 지도자들을 우리 주변에 많이 가져야 한다. 그렇게 되기 위해서는 통일에 대한 우리의 열정이 지속되어야 한다.

정치에서 예측은 무망하다. 특히 국제정치에서는 더욱 그렇다. 독일 통일이나 미·소 양극체제 붕괴와 같은 결정적인 중대한 문제에서 예측이 빗나간 것처럼, 우리의 지성도 한반도 운명에 대해서 마찬가지다. 그러다 보니 우리들은 원칙이라는 이름 아래 펼쳐지는 강경한 당위적 강론만을 많이 듣고 읽게 된다. 현실 적합성이나 가능성은 크게 문제시할 필요가 없게 된다. 지나온 길이 더 험하지 않았던 것을 다행으로 생각한다면 한반도 미래의 길을 열어가야 하는 지도자와 정책 결정자들에게 기대해야 하는 것은 무엇일까? 정치의 세계에서는 미래란 예측하고 전망하는 것이 아니라 만들어가는 것이다. 그래서 정치는 예술이다.

# chapter 3

# 중국은
# 북한을 버리지 않는다

# 1

# 중화(中華)의 귀환

## 중국이 북한을 보는 법

    냉전 초기 역사가 잘 보여줬듯이, 미국과 소련은 약소국의 영토를 점령하기보다 그곳으로부터 철수하기가 더 어려웠다. 1945년 말에 이르러 한반도에서 미국과 소련은 독일에서와 비슷한 상황으로 빠져들어 갔다. 자신만 철수하고 상대방이 남아 있을 경우를 우려했기 때문에 어느 일방도 철수하지 못하고 있었다. 그러나 독일이 명백한 전략적 중요성을 가지고 있었던 데 비해 한반도는 그렇지 못한 것으로 간주되었다. 미·소 양국은 상대방을 견제하기 위해 한반도에 남아 있었던 것이지, 한반도의 영토가 전략적으로 중요하기 때문은 아니었다. 어느 일방이 어느 곳에 주둔하면 상대방 또한 그에 맞대응하게 된 것이다.

    제2차 세계대전 후 미국과 소련이 초강대국으로 등장한 것은 근대 역사상 처음으로 전쟁과 평화의 결정권이 유럽 국가들의 손을 떠난 사건이었다. 그리고 유럽 국가들의 생존을 위한 수단은 미국과 소련이 제공하게 되었다. 이러한 새로운 환경은 '공동 이익의 증진'을 가능하게 했는데, 국가 간 이익의 정확한 분배에 과도하게 집착하기보다는 모두의 몫을 증진시키기 위해 협력해야 한다는 생각을 담고 있었다.

이러한 생각은 독일 통일에서도 실현되었다. 독일 통일을 위해서는 소련의 이해와 협조가 결정적이라고 생각했다. 동독 주민들이 서방으로 탈출하는 일이 점점 동독의 붕괴로 인식되어가고 있었을 때, 서독의 콜 총리는 소련에 대한 접근 공세를 강화하고 있었다. 그러나 한편 서독의 소련 접근은 미국의 의심을 받기에 충분했다. 그러나 콜 총리는 미국과 서독의 관계가 서독의 소련 접근으로 흐트러질 그런 얕은 관계가 아니라는 확신을 갖고 있었다. 오히려 서독의 소련 접근을 미국이 지지하고 후원해주리라고 생각했다. 서독은 이 점에 오해가 없도록 미국에 대한 이해와 배려를 하는 데 소홀함이 없었다. 1990년 7월 15일 모스크바 독·소 정상회담으로 독·소 관계가 발전하고 있을 때 독일에 대한 불신이 워싱턴에서 일지 않았다는 사실이 결정적으로 중요했다고 콜 총리는 술회했다. 탄탄한 미국·서독 관계는 소련·서독의 관계 발전에 대해 경계할 필요가 없었다.

국가의 전략은 현재의 파트너를 만족시켜주면서 잠재적인 파트너도 즐겁게 해주는 것이어야 한다. 약소국은 현재와 미래의 강대국에게 관심과 배려를 잊지 말아야 한다.

남북 관계나 한·중 관계가 발전하면 한·미 관계가 불편해진다는 삼각관계적 인식은 항시 맞는 것은 아니다. 윈윈의 전략이 요구된다.

### ⬛ 노래꼬리치레 새의 우월 욕망

이스라엘의 동물학자 아모츠 자하비(Amotz Zahavi)는 작은 사회집단을 이루어 공동으로 번식하는 작은 갈색 새인 아라비아노래꼬리치레(Arabian babbler)를 연구했다. 노래꼬리치레라는 이 작은 새는 깃털과 꽁지 등에 갈색 · 흰색 · 밤색이 어우러져 있고, 편 날개 길이가 6센티미터 안팎이며, 꽁지가 9센티미터 정도여서 언뜻 보면 참새 같다.

다른 많은 작은 새들처럼 노래꼬리치레도 위험이 닥치면 경고음을 내며 서로 먹이도 나누어 준다. 그런데 노래꼬리치레가 동료에게 먹이를 주는 행위는 훗날 자신도 먹이를 받을 것이라고 기대하기 때문일까, 아니면 그 호의를 받는 새가 유전적으로 가까운 친척이기 때문일까? 이에 대한 자하비의 해석은 너무나 예상 밖이다. 서열이 높은 노래꼬리치레들이 서열이 낮은 새들에게 먹이를 나누어 줌으로써 우위를 주장한다는 것이다. 자하비는 서열이 높은 노래꼬리치레의 행위를 다음과 같이 의인화하여 설명했다. "내가 너보다 얼마나 뛰어난지 보라구. 나는 너를 먹일 여유가 있어. 또 나는 가장 높은 가지에 앉아 매의 표적을 자초한 채 땅에서 먹이를 먹는 나머지 너희에게 보초 역할을 해줄 만큼 여유가 있어." 자하비의 관찰 결과, 노래꼬리치레는 보초를 서는 위험한 역할을 맡기 위해 적극적으로 경쟁한다. 그리고 서열이 낮은 새가 서열이 높은 새에게 먹이를 제공하려 하면, 그 관대한 행동은 완강하게 거절당한다.

자하비의 개념의 핵심은 우월하다는 광고가 사실인지는 비용을 통해 입증된다는 것이다. 진정으로 우월한 개체만이 많은 비용을 들여서 그 사실을 광고할 수 있다. 개체들은 관대함을 과시하고 공익을 위해 위험을 감수하는 등 비용을 들여 우월성을 보여줌으로써 짝을 유혹하는 데 성공한다.

독일의 통일을 회고하면서 우리는 남북한 상호의 안전을 감소시키지 않고 동시에 남북 관계에서 진행해왔던 긍정적 과제에 부정적 영향을 주지 않는 길을 찾아야 한다. 주변국 모두의 안전이 보장되면서 한국 통일이 동북아 평화 질서의 초석이 될 수 있는 미래 지향적인 해결책이 강구되어야 한다.

북핵 문제 해결을 위해서 한반도 문제에 중국의 등장은 남북한 간에 넓은 범위에서 더욱 효과적인 방법으로 남북 협력을 가능하게 하는 상황을 창출해낼 수 있는 기회가 되었다. 중국의 적극 개입은 남북한이 안보의 향유자가 될 수 있는 환경을 만들 수 있는 기회를 크게 했다고 해석되었다.

오늘날 중국이 북한에게 하는 행동을 보면 중화사상의 향수에 젖어 북한의 응석을 받아주는 것처럼 보인다. 일종의 우월 욕망의 충족이다. 2003년 3월, 북한 핵 문제에 대한 협상 전망이 없어 보일 때였다. 당시 언론은 중국이 3일간 송유를 중단하여 북한에게 압력을 가했으며, 이로써 북한은 2003년 4월 미·북·중 3자 협의에 응했다고 보도했다. 얼마 후 나는 6자회담 중국 수석대표 왕이 부부장에게 이 보도를 인용하며 사실 여부를 문의했다. 왕이 부부장은 중국같이 큰 나라는 이웃의 작은 북한을 그런 방법으로 다루지 않는다고 했다. 바로 중화사상이었다. 한국 역시 북한에 대해 우월 욕망을 시현하고 있다는 비판을 듣는다. 때로는 경제 지원을 하여 우리의 우월 욕망을 채우고, 북한에게는 빌어먹는 것과 같은 열등의식을 심어준다는 것이다. 더욱더 고약한 것은 한국이 이 시혜를 철회하여 북한에게 굴욕감을 갖게 한다는 것이다. '정말 더럽지만 달리 어쩔 수가 없어. 다시 남한에게 머리를 숙여야 돼.' 한국 정부는 북한의 나쁜 버릇을 고쳐주고 북한이 자각하고 반성해야 지원을 재개한다는 정책을 흔들어 보이고 있다.

## 우리의 대북 제재와 중국의 대북 지원

2010년 5월 24일 우리 정부는 대통령 담화, 외교·국방·통일장관 합동 기자회견을 통해 천안함 후속 조치로 대북(對北) 7대 조치를 발표했다. 대응 조치는 남북 경제협력 및 교역 중단, 억제력 강화와 영해·영공·영토 침범 때는 선제적 자위권 발동, 유엔 안보리 회부 등 군사·외교·남북 관계를 망라해 북한을 전방위적으로 압박하기 위한 것이다.

이 조치로 개성공단을 제외한 남북 경제협력 및 교류가 전면 중단됐다. 북한으로 올라가거나 북한에서 내려오는 물품은 없게 됐다. 특히 북한 군부의 수입원으로 알려진 모래 채취사업 등을 끊었다. 대북 신규 투자 및 진출도 차단됐다. 개성공단은 유지하고 있지만 체류 인원은 절반쯤 축소됐다. 안보 부서 관계자는 북한이 개성공단에 체류하는 우리 국민의 출·입경을 막아 준(準)인질 사태를 조성하거나 일부라도 억류한다면 개성공단 중단 조치까지 취할 수 있다고 말했다. 정부는 개성공단 폐쇄 비용이 5억 달러(약 6000억 원)가 될 것으로 추산했다. 통일부는 우리 국민의 방북을 불허하고 북한 주민과의 접촉을 제한한다고 밝혔다. 경제협력뿐 아니라 사회·문화 교류를 위한 대북 접촉도 금지된 것이다. 대북 지원사업도 보류하기로 했다. 5·24 조치의 대북 제재 효과는 2009년도 남북 교역과 위탁가공 반입액을 기준으로 할 때 연간 2억 5000만~3억 달러 정도로 추산됐다.

그러나 이런 제재는 북한에 대한 중국의 지원이 늘어나면서 효과가 상쇄되고 있다. 2009년 26억 8100만 달러였던 북·중 간 교역액은 2010년 34억 6600만 달러로 29.3퍼센트 급증했다. 2009년 52.6퍼센트였던 북한의 대중(對中) 무역의존도는 2011년엔 60퍼센트를 넘어설 것으로 추산되었다. 중국은 동북 3성(省)의 창춘과 지린, 두만강 유역의 투먼을 경제벨트로 잇고 북한의 나선항을 통해 동해로 연결시키려는 계획에도 막대한 예산을 투입한다고 한다.

5 · 24 조치 후 1년이 경과한 2011년 5월 초, 통일부 당국자는 북한의 명백한 책임 있는 조치가 없으면 5 · 24 대북 제재 조치는 지속할 수밖에 없다고 말했다. 5 · 24 조치 종착역이 어디인지는 단정적으로 말하기 어려우나 북한이 천안함 · 연평도 사건에 대한 태도를 바꾸지 않는 한 5 · 24 조치를 계속하겠다는 것이다. 우리 정부는 남북 대화의 조건으로 천안함 폭침과 연평도 포격 도발에 대한 책임 있는 조치와 비핵화에 대한 진정성을 북한에 요구하고 있다. 정부 당국자들은 5 · 24 대북 제재 조치는 잘못된 행동에는 대가가 따른다는 것을 북측에 인식시켰다는 점이 의미라며 대북 제재에 따른 실질적 효과는 시간을 두고 종합적으로 판단해봐야 한다고 말한다.

북한의 태도를 바꾸려는 5 · 24 조치의 목적이 제대로 먹혀들지 않고 있는 것은 중국이 한국의 대북 제재로 북한이 잃는 손해분을 메워 주고 있는 요인이 크게 작용하고 있다. 5 · 24 조치로 남북 교역이 중단되면서 단동에서 대북사업을 하던 한국 기업들은 거의 다 문을 닫았다. 대신 중국인들이 대북 임가공 사업에 몰렸다. 중 · 북 교역이 남 · 북 교역을 대체했다. 북한의 평균 임가공료는 월 30달러 내외로 중국 비숙련 노동자 임금의 13퍼센트 수준이다. 중국 기업들은 한국 기업이 북한 노동력을 활용할 수 없게 된 상황을 적극 이용하고 있다.

북한과 중국의 경제 밀착은 북한 지하자원 개발에서 두드러진다.

중국의 대북 투자 중 70퍼센트가 지하자원 개발에 몰려 있다. 외자에 의한 북한 광물자원 개발사업 25건 가운데 20건을 중국인들이 싹쓸이하고 있다. 게다가 중국의 개발사업은 대부분 25~50년을 기간으로 잡고 있어서 '통일돼도 북한은 껍데기만 남겠다'는 우려가 점점 현실로 되고 있다. 또 북한의 대중 무역의존도는 80퍼센트에 가까워, 북한 시장에 나도는 제품의 대부분이 중국산이다.

이처럼 임가공·투자·무역 등 전 방위적으로 이루어지는 북·중 간 경제 밀착은 유엔의 대북 제재와 한국의 5·24 조치를 무력화시키고 있다. 중국이 북한이 지닌 안보적·정치적 가치를 과거와 달리 재평가하지 않는 한 이러한 중국의 북한 지원은 계속될 것으로 봐야 한다.

이런 현상을 두고 야당과 좌파단체들은 더 이상 제재를 해봐야 소용이 없으니 이제는 5·24 조치를 거두자고 말한다. 북한 경제가 중국에 예속되는 것을 내버려둬서는 안 된다는 주장이다.

그러나 여당과 보수단체들은 정반대의 주장을 하고 있다. 북한이 천안함을 폭침시킨 데 이어 연평도에 포탄을 퍼부어 민간인까지 죽여놓고서도 납득할 만한 최소한의 조치조차 하지 않은 상태에서 우리가 먼저 아무 일도 없었다는 듯 흐지부지해버리는 건 여야·좌우의 입장 차이를 떠나 대한민국의 국가로서의 자존을 내팽개쳐버리는 것과 같다는 것이다.

여-야, 보수-진보의 주장은 상반된 것이나, 그들 모두 정부가 대북 제재의 지속이라는 원칙만을 되풀이할 것이 아니라 제재의 효과를 객관적으로 평가하고, 달라진 상황을 타개해나갈 수 있는 새 방안을 만들라는 주문을 하고 있는 것이다.

2011년 5월 21일 북한 김정일 국방위원장은 1년 사이에 세 번째 중국 방문길에 올랐다. 한국에서는 이날 하루 종일 후계자 김정은이 기차로 중국을 방문하고 있다고 보도하다가 오후 5시가 넘어서야 중국을 방문하고 있는 사람은 김 위원장이라고 정정 보도했다. 마침 이날은 한국과 중국, 일본 3국 정상회담이 일본에서 열리는 날이기도 했다. 이 3국 정상회담에서 중국 원자바오 총리는 김정일 위원장의 중국 방문에 대해 "중국의 발전 상황을 이해하고, 이를 자신들의 발전에 활용하기 위한 기회를 주려는 목적으로 김 위원장을 초청했다"고 말했다. 따라서 김 위원장의 이번 방중의 목적은 경제로 정리가 되었다.

우리는 여전히 북한에 대해 제재 조치를 취하고 있는데, 중국은 북한의 경제 회생을 위해 적극적이다. 그렇다면 우리의 제제는 무슨 의미를 가지는 것일까?

# 2

# '승리'보다 '균형'

## 중국이 한반도 문제를 대하는 기본 입장

2010년 전후 한반도에서는 위기 상황이 발생할 때마다 남북한 관계가 더욱 복잡하게 얽혀들어 어느 쪽도 더 이상은 물러날 수 없게 되는 과정이 계속되었다.

미국과 중국이 각각 남한과 북한에 연계된 안보체제는 남북한의 안보를 보장하긴 했지만 어느 누군가 갑작스럽게 움직이면 곧 무너져 내릴 체제에 불과했다. 남북한과 미국, 중국이 벌이던 권력정치 게임은 대체적으로 두 사람이 벌이는 제로섬 게임이 되어갔다. 어느 한 국가의 이익은 같은 편에 속한 국가의 이익이 되었으며, 동시에 상대편 국가에게는 손실이 되었다. 이것은 한 번의 움직임으로 두 가지 결과를 가져오는 것이었다. 양측이 어느 정도 균형을 이룬 상태에서는 어느 쪽도 상대방이 이익을 보는 것을 그대로 둘 수는 없었는데, 이는 상대방의 이익이 곧 자신의 손실을 의미했기 때문이다.

한반도에서 국지전이 발생하면 전면전으로 이어질 것이라는 주장과 국지전에도 불구하고 전면전은 발생하지 않을 것이라는 예언적 논쟁이 이어졌다. 전쟁에는 심리적 확신 외에 다른 요인들이 필요하다. 그중 가장 중요한 요인은 힘의 균형 문제다. 팽팽한 대치 상황에서는 대부분의 경우 힘의 차이가 근소하다. 이런 이유로 양측이 운신할 수 있는 폭은 생각하는 것보다 더 좁을 수 있다.

1914년 6월 세르비아에서 발생한 언뜻 사소해 보이는 한 사건이 대결하는 국가들 모두의 명예와 안보를 결정지을 제1차 세계대전으로 비화했다. 러시아로서는 오스트리아가 세르비아에 대해 전적인 영향력을 행사하도록 좌시할 수 없었기에 관여했다. 독일은 오스트리아가 순순히 뒤로 물러서도록 할 수 없었기에 조치를 취해야만 했다. 이렇게 하여 비극적인 악순환이 시작된 것이다. 관련국들의 서로 다른 특수성들 사이에서 우연이 아닌 필연으로 사고가 일어난다. 국가들이 무정부 상태에서 생존을 위해 경쟁해야만 한다면 위기는 일어나기 마련이다.

남·북, 한·미, 북·중, 미·중 등 4개 양자 관계가 만드는 구조가 한반도의 운명을 결정할 것이다.

오늘날 중국은 도처에서 힘을 과시하고 있다. 한국에서는 위안스카이(袁世凱)가 조선에 행사했던 횡포를 상기하고 있다. 힘이 커지면 보여주고 싶고 마침내 힘을 행사하게 된다. 국제정치에서는 더욱 그렇다.

북핵 문제에서부터 북한 세습 문제, 그리고 연평도 사건을 거치면서 중국은 북한을 보호하기로 했다고 평가해도 지나친 것은 아니다.

한반도 전체가 미국의 영향권으로 떨어지지 않도록 하기 위해서는
중국에게는 북한이 필요하다. 중국은 앞으로 닥칠, 예측할 수 없는
장래의 위협에 대한 전략으로 북한이 필요하다고 판단하고, 그런 이
유에서 북핵 폐기를 절체절명의 과제로 인식하지 않는다. 따라서 북
핵 폐기를 최우선 정책으로 삼지 않으며 강력하게 요구하지도 않는
다는 분석이 가능하다. 세계 패권 국가로 부상하는 중국에게 미래의
위험 세력은 미국과 일본과 한국이지 북한이 아니다.

계몽주의 사상가 엘베시우스(Helvetius)가 말했던 것처럼, 풀밭 곤
충들은 자신들을 풀과 함께 먹어버리는 양을 사나운 침략자로 생각
하고, 양을 잡아먹는 늑대를 고마운 존재로 생각한다. 이것을 지식의
사회적 결정이라고 한다.

국제체제에서 역사적으로 가장 중요한 것이 세력균형이었다. 지난
시절에는 국제체제에서 세력균형이라고 하면 동맹만을 떠올렸다. 예
를 들어 우리나라와 미국과의 동맹 관계, 북한과 중국과의 동맹 관계

등이 그것이다. 그러나 세력균형은 동맹만을 의미하는 것은 아니다. 세력을 힘, 권력 등으로 번역하는데, 동맹은 오히려 2차적인 의미이고, 제1의 의미는 우리나라의 세력을 다른 세력과 균형을 이루기 위한 노력이라고 해석하는 것이 더 옳을 것이다. 한 나라가 다른 경쟁국과 힘을 같게 유지하려고 하는 것이 바로 세력균형이다. 이것은 현실주의에서 시작했다. 세력균형이라는 것은 역사적으로 국가들이 해오던 기능이다.

투키디데스에 의하면 펠로폰네소스 전쟁 당시 그리스의 군소 도시국가들은 강력한 아테네를 독재자로 생각했으며, 약한 스파르타를 그들의 해방자로 생각했다. 투키디데스는 이것을 "그 환경하에서는 지극히 당연한 것"이라고 생각했다. 약소국가들에게 독재자와 해방자는 영구불변의 도덕과 일치하는 것이 아니라, 세력균형에 변화가 일어나게 되면 어느 날 갑자기 변화할 수 있는 단순한 가면일 뿐이다. 이것은 국가들의 위치와 입장이 그들의 행위와 성격에 어떻게 영향을 미치는가를 말해준다.

중국은 북한의 안정이 중국의 핵심적 이익이 된다는 전제하에 김정은 세습, 한반도 통일, 북한 핵무장 등의 몇 가지 현안에 대해 아래와 같은 입장을 취할 것으로 추정할 수 있다.

첫째, 중국은 북한의 김정일 체제와 김정은 세습에 반대할 이유가 없다. 북한 정치체제와 중국 정치체제에는 큰 차이가 없다. 공산당 1당 체제를 유지하는 중국은 북한의 정치체제를 비판할 처지가 아니다. 북한의 세습제가 북한 체제를 유지시키는 데 필요하다면 중국으로서는 반대할 이유가 없다. 중국에게는 북한의 안정이 무엇

# 2011 21세기북스 도서목록

21세기북스 트위터 @21cbook  블로그 b.book21.com  전화 031-955-2153  홈페이지 www.book21.com  21세기북스

## 완전한 수장룡의 날
이누이 로쿠로 장편소설 / 값 11,500원

### 2011 '이 미스터리가 대단하다' 대상 수상작

섬세하고 감성적인 문장과 마지막까지 독자를 붙잡고 놔주지 않는 기묘한 분위기가 돋보인다. 단순한 미스터리가 아니라 SF와 사이코드라마를 떠올리게 하는 독특한 구성에 가슴을 치는 반전과 감동까지 준비되어 있어, '일본 미스터리의 새로운 가능성'을 엿볼 수 있다.

## 마리아비틀
이사카 고타로 소설 / 값 14,300원

### 『골든슬럼버』 이후 3년만의 대형 신작 장편

생사를 헤매는 아들을 위해 놓았던 총을 다시 잡은 남자, 아이의 천진난만함과 한없는 악이 공존하는 소년, 사사건건 충돌하는 기묘한 킬러 콤비, 그리고 지독하게 불운한 남자. 이 독특하고 위험한 이들의 운명이 신칸센이라는 고립된 공간 안에서 뒤엉키며 누구도 예측할 수 없는 질주가 시작된다.

## 수수께끼 풀이는 저녁식사 후에
히가시가와 도쿠야 지음 / 값 12,500원

### 2011 서점대상 1위 베스트셀러, 출간 직후 150만 부 돌파!

재벌 2세 여형사 & 까칠한 독설 집사, 본격 미스터리에 도전하다!
"이렇게 짜증나는 집사는 처음본다. 그런데 재미있다!"

유머러스한 본격 미스터리로 정평이 나 있는 저자의 진가가 발휘된 작품으로, 특히 개성 있는 등장인물이 매력적이다. 추리도 유머도 수준이 높다. _아사히 신문

## 도전받은 곳에서 시작하라
류미 지음 / 값 13,500원

### 휠체어 탄 의사의 병원 분투기

2011 조선일보 논픽션대상 우수상 수상작! 사고로 불편한 다리를 가지게 된 순간부터 시작된, 한 여성의 끝없는 도전에 대한 기록. '박리성 골연골염'을 앓으며 지난 20년 동안 뜀박질 한번 못해 본 장애인이 '전문의'라는 목표를 따내기까지의 눈물과 한숨, 절망과 분노, 고독과 동료애의 이야기를 담았다.

# 버리고 사는 연습
코이케 류노스케 지음 / 값 12,000원

### 버릴수록 넉넉해지는 행복한 무소유

당신은 이미 필요한 것들을 충분히 갖고 있는데도 끊임없이 소유하고 싶어 머릿속이 어지럽지는 않은가? 코이케 스님은 〈버리고 사는 연습〉에서 많이 '가진 것'이 얼마나 불편한 일인지 자신의 경험을 토대로 진솔하게 이야기한다. 돈에 쩔쩔매며 살기보다 우아하게 돈을 지배하며 행복하게 살 수 있는 방법에 대해서…

# 화내지 않는 연습
코이케 류노스케 지음 / 값 12,000원

### 이젠 더 이상 화내지 않는다!

"사람들은 누구나 행복해지고 싶어 합니다. 하지만 실제로는 행복을 방해하는 분노를 마음에 품고 있습니다. 자꾸만 화를 내게 되는 이유는 간단합니다. 모든 것을 자기 중심적으로 편집하는 마음의 버릇 때문이지요."_코이케 류노스케

# 생각 버리기 연습
코이케 류노스케 지음 / 값 12,000원

### 매일 3000명의 인생을 바꾼 베스트셀러!

쓸데없는 생각으로부터 벗어나는 법! 생각하지 않고 오감으로 느끼면 어지러운 마음이 서서히 사라진다. 우리를 괴롭히는 잡념의 정체를 짚어내며, 일상에서 바로 실천할 수 있는 생각 버리기 연습을 제시한다.
★47만부 돌파! ★YES24 2010 올해의 책 ★조선일보 2010 올해의 책
★한국경제 2010 올해의 책 ★알라딘 2010 올해의 책

# 언니의 독설 1, 2
김미경 지음 / 각 권 값 12,000원

### 국민 언니 김미경이 독한 애정으로 서른을 코치한다!

20년 동안 워킹우먼들을 키워온 스타강사로서, 20명의 직원을 둔 기업 CEO로서, 힘겨운 30대를 10년 먼저 겪은 선배로서, 김미경 원장은 애정 어린 독설로 워킹우먼들의 투지를 일깨운다. 실생활에 바로 응용할 수 있는 김미경 원장의 특유의 통찰력과 명쾌한 해답이 이 책에 담겨 있다.

21세기북스 트위터 @21cbook 블로그 b.book21.com 전화 031-955-2153 홈페이지 www.book21.com

## 정진홍의 사람공부
정진홍 지음 / 값 15,000원

### 《인문의 숲에서 경영을 만나다》에 이은 정진홍 박사의 또 하나의 역작!

'인문학적 지식을 바탕으로 우리 삶이 나아갈 방향과 태도를 제시했던 정진홍! 그가 이제 '사람'에 주목한다. 진정한 차이를 만드는 힘은 사람에게서 나온다는 신념으로 10년 동안 수많은 사람을 공부한 그 치열한 성찰의 기록을 이 책에 담았다.

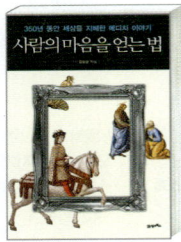

## 사람의 마음을 얻는 법
김상근(연세대 교수) 지음 / 값 16,000원

### 2011 삼성경제연구소(SERI)선정 휴가철 추천도서

메디치 가문이 새로운 시대를 태동시킬 수 있었던 원동력이 무엇인지 알아보고, 그들이 이룩한 성공과 실패의 부침을 살펴봄으로써 세상을 바라보는 다른 시선을 선사한다. 단순히 메디치 가문의 역사와 업적을 이야기하는 데 그치지 않고, 낡은 중세 시스템을 마감시키고 르네상스 시대를 열 수 있었던 기반과 그들의 성공 원칙과 그 탁월한 통치의 비밀을 분석한다.

## 이명옥의 크로싱
이명옥 지음 / 값 16,500원

### 명화에서 배우는 생각의 연금술

'예술계의 콘텐츠 킬러'라 불리는 이명옥 사비나 미술관 관장은 서로 다른 학문이나 기술을 섞어 가치를 창조하는 융합의 시대를 살아가기 위해서는 융합적 사고가 필요하다고 강조한다. 남과 다른 생각으로 틀을 깨는 작품을 탄생시킨 예술계의 거장들에게서 그 답을 찾아낸 결과를 이 책에 담았다.

## 부동의 심리학
사이언 베일락 지음 / 값 15,000원

### 결정적 순간에 왜 나의 능력은 마비되는가?

시카고 대학교 심리학과 교수인 저자는 심리학과 뇌 과학의 최신 연구 성과들을 바탕으로 중요한 이해관계가 걸려 있거나 다음 한 수에 모든 것이 달린 상황에서 사람들이 제 실력을 발휘하지 못하는 이유를 분석했다. 이 책을 통해 우리는 어떤 상황에서도 위축되지 않고 냉정을 유지해 훌륭한 성과를 내는 비밀에 다가설 수 있다.

# 북이십일 인기 APP 시리즈

애플리케이션 스토어에서 해당 App을 검색하세요.
(앱스토어, T스토어, OZ 스토어, 올레 마켓)

## 어학-모질게 시리즈

모질게 시리즈 목록
전체 보기

### 모질게 토익

 Phone 무료 m.mozilge.com

**모질게 토익 브랜드 공식 무료 애플리케이션**
500개 이상의 저자 직강 토익/토익 스피킹/영어 동영상
강의와 도서 mp3, 베스트셀러 및 신간 소개 제공

### 모질게 토익 VOCA

 Phone $4.99 Phone 5,900원

**발음 청취 훈련, 실전 모의고사로 토익 어휘 마스터**
파트별 빈출 어휘 및 혼동 어휘, Review Test 제공, 고득점 공략
단어와 파트 5 모의고사 5회분 수록, 파트 5, 6 집중해부

### 모질게 듣기만 해도 느는 패키지 (토익+일본어+텝스)

 Phone $8.99 Phone 9,900원

**1등 청취 훈련 프로그램 '듣기만 시리즈' 특별판**
토익, 일본어, 텝스 콘텐츠를 하나의 애플리케이션으로!
저렴한 가격, 편리한 다운로드 (개별 App 구매 대비 37% 할인)

### 모질게 듣기만 해도 느는 일본어

 Phone $4.99 Phone 5,900원

**화제의 블로거 '당그니' 김현근 선생님의 일본어 회화**
단계별 청취와 어휘/패턴 테스트 수록
50음도 훈련 및 전체 문장 듣기 모드 제공

### 모질게 듣기만 해도 느는 토익 LC

 Phone $4.99 Phone 5,900원

**T스토어, 일본 앱스토어 1위! 토익 App의 최강자**
최초의 토익 리스닝 훈련 App! 전 문장 영국 발음 제공!
파트별 1,500문장+58개 예문+2,000개 어휘 수록

### 모질게 보기만 해도 느는 토익 파트 5,6

 Phone $4.99

**듣기만 시리즈에 이은 국내 최초 토익 RC 학습 전문 APP**
시험에 자주 나오는 50개의 토익 공식 자동 학습과
실전 모의고사, 기출 덩어리 표현 학습으로 파트 5,6 완전 정복

### 모질게 토익 실전 모의고사

 Pad $6.99

**실전 난이도 Full Set 3회분 + 청취 훈련 수록**
실전 등 노하우로 엄선한 최신 경향 모의고사로 실전 완벽 대비
해설과 오답노트는 물론 전체 문항 반복 청취 훈련 기능 탑재

### 모질게 듣기만 해도 느는 텝스 LC

 Phone $3.99 Phone 4,900원

**국내 최초 텝스 리스닝 훈련 프로그램!**
대화 또는 담화로 구성된 1~2~3단계의 지문 100개
+ 최대 1,000개 업다운 텝스 어휘 수록

### 모질게 영어회화 패턴 Best 100

Pattern 100 Phone $3.99

**백선엽 저자의 생활 회화 패턴과 문장 학습**
필수/동사/활용 패턴 각 50개씩 패턴별 예문 문장, 전체 패턴
문장과 대화문을 이어 들을 수 있는 음성 학습 기능 제공

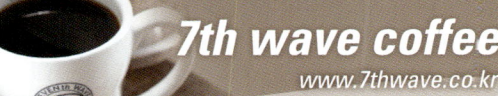

## 유아·아동

북이십일 키즈컨텐츠
목록 전체 보기

### 마법천자문 (①~⑫ 출시 중)

Pad $7.99　　Tab 8,800원

**디지털 마법천자문으로 한자 마법 마스터**
1300년부 베스트셀러 마법천자문의 독보적인 한자 학습효과를
이제 아이패드와 갤럭시탭에서도 만나보세요.

### Read Aloud! 시리즈 (①~⑤ 출시 중)

Pad $4.99

**Play, Sing & Speak! 세계명작 영어동화 시리즈**
큰소리로 따라 읽어가며 자연스럽게 춤추고 노래하며 즐겁게
읽고 보고 챈트로 듣는 3단계 영어 학습프로그램

### Battle Phonics

Phone/Pad 테마별 $0.99

**영어로 배틀하자! Battle Phonics**
보고 듣고 말하며 읽으면 500개의 아동 수 영단어가 쏙쏙!
네이티브 스피커의 표준 발음과 비교할 수 있어 더욱 알찬 App

### SingingBirds

Phone $1.99/Pad $2.99

**전선 위 새들의 유쾌발랄 연주회 SingingBirds**
전깃줄 위에 줄지어 앉아 있는 새들이 널리 알려진 노래
20곡을 6가지 악기 버전으로 연주해 드려요.

### 느낌표 철학동화 시리즈 (①~⑩)

Phone $2.99/Pad $3.99

**철학 동화! 이제 오감으로 읽는다**
책의 재미와 교훈을 그대로! 세계 어린이와 함께 읽는 철학
그림책 돈키호테, 양파인간 같은 명작을 App으로 만나 보세요.

### MotherGoose 시리즈 (①~⑩)

Phone $2.99/Pad $3.99

**동화로 이해하고, 노래로 부르는 MotherGoose**
영미권 아이들이 자라면서 수없이 반복하여 듣는 마더구스
노래와 동화를 만날 수 있는 App. 즐거운 영어공부가 시작되요.

## 성인

21세기북스 컨텐츠
목록 전체 보기

### 심리학의 지혜 : 프레임

Phone $6.99

**나의 한계를 깨는 마음 설명서**
"프레임을 바꾸면 인생이 바뀐다!" 서울대 심리학과 최인철 교수
가 들려 주는 지혜롭고 자유로운 사람이 되는 10가지 방법

### 이주헌 세계 미술관 시리즈

Phone 루브르박물관 $3.99
오르세미술관·내셔널갤러리 각 $2.99

**세계 미술관의 보석 같은 작품들을 앱으로 만나다!**
《50일간의 유럽 미술관 체험》의 저자 이주헌이 엄선한 세계 미
술관 대표 작품 콜렉션과 오디오 해설

### 알콩 달콩 경제학 1, 2

Phone/Pad 각 권 $4.99

**만화로 읽는 알콩달콩 경제학!**
주식 펀드 채권 부동산에 투자하기 전에 꼭 읽어야 할
『정갑영 교수의 만화로 읽는 알콩달콩 경제학』을 App으로 만난다!

### 신데렐라의 유리구두는 전략이었다 : 갖고 싶은 남자를 갖는 법

Phone $4.99

**대한민국 NO.1 연애 전문 기자의 실전 연애 어드바이스**
2030 남녀 1,000명 이상을 인터뷰한 연애 전문 기자 곽정은이
전하는 성공 연애 전략. 도서 출간 즉시 연애 분야 1위 기록!

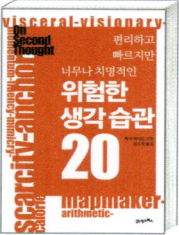

# 위험한 생각 습관 20

레이 허버트 지음 / 값 15,000원

## 인간 행동을 지배하는 생각의 함정, 휴리스틱!

인간은 하루에도 약 150번의 선택을 하고 산다고 한다. 25년 이상 과학 분야 저널리스트로 일해온 이 책의 저자 레이 허버트는 삶을 편리하게 만들지만 때로 '죽음'을 부를 만큼 위험한 무의식적 선택 습관들을 20가지로 정리해 이 책에서 소개한다.

# 전략의 제왕

월터 키켈 3세 지음 / 값 20,000원

## 위기를 기회로 바꾼 경영의 해결사들

이 책은 비즈니스 세계에 가장 큰 영향을 미친 기업전략의 탄생과 진화에 대해 이야기한다. 그리고 그 '전략'을 기업 경영의 핵심으로 만든 컨설팅 기업들과 그 기업을 설립하고, 성공으로 이끈 주요인물 4명의 스토리와 그들의 철학을 들려준다.

# 불광불급

류스잉, 펑정 지음 / 값 15,000원

## 10년 만에 전 세계 IT업계를 장악한 '광인' 마윈 이야기

구글과 아마존이 가장 두려워하는 존재, 알리바바그룹의 미치광이 CEO 마윈! 마윈의 성공 신화를 자세히 들여다보면 서양에서는 찾을 수 없는, 동양의 문화와 철학이 느껴진다. 이 책을 통해 독자들은 마윈의 리더십과 그 바탕에 있는 삼장법사의 리더십을 배우며 세계최고로 가는 길을 깨달을 수 있을 것이다.

# 대한민국 대표 경영학 강의 시리즈

**기업가 정신의 힘** 한정화 지음 / 값 18,000원
**영업은 기획이다** 진병운 지음 / 값 14,000원
**미래형 리더의 조건** 백기복 지음 / 값 15,000원
**재무관리 전략** 박종원 지음 / 값 16,500원
**글로벌 경영전략** 박영렬 지음 / 값 15,000원
**B2B마케팅** 한상린 지음 / 값 16,000원

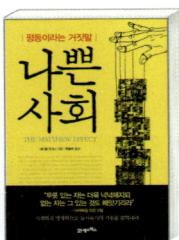

# 나쁜 사회
대니얼 리그니 지음 / 값 15,000원

## 평등이라는 거짓말

저자는 마태 효과 때문에 일어나는 불균형의 심화가 '자연 법칙'인지, 아니면 노력을 통해 완화하고 변화시킬 수 있는 '사회적 구조'인지를 탐구한다. 또한 과학, 기술, 경제, 정치, 공공 정책, 교육과 문화의 다양한 증거를 통해 이러한 마태 효과가 너무 강력해 사회적 법칙으로까지 여겨진다는 것을 보여준다.

# 니얼 퍼거슨의 시빌라이제이션
니얼 퍼거슨 지음 / 값 22,500원

## 왜 세계는 서양 문명에 지배받았는가?

600년간의 세계사를 정치, 경제, 문화 등 다양한 방면에서 되짚어가며, 서양 문명의 비밀을 밝혀내는 거대한 프로젝트, 『시빌라이제이션』은 출간과 함께 영국방송 Channel 4 특별 시리즈로 방영되어 큰 파장을 불러왔다. 서양 문명이 지난 500년간 세계를 지배할 수 있었던 원인은 물론, 서양 문명의 황혼까지 예견하며 세계사뿐 아니라, 현대의 정치경제까지 풀어낸다.

# 키스의 과학
셰릴 커센바움 지음 / 값 13,000원

## 입술을 가장 멋지게 사용하는 방법

생물학자이자 과학기자인 저자는 너무나 사적이라 차마 다른 사람에게 물을 수 없었던 키스와 관련된 다양한 궁금증들에 답한다. 진화 생물학, 고대사, 심리학, 대중문화 그리고 신경과학을 총망라했다. 기원에서부터 테크닉까지 키스의 모든 것을 해부한다.

# 상상에 빠진 인문학 시리즈
## 얼굴, 감출 수 없는 내면의 지도 벵자맹 주아노 지음 / 값 14,000원
## 얼굴을 통해 들어가는 내면의 세계를 안내한다

### 상상 한계를 거부하는 발칙한 도전 임정택 지음 / 값 13,000원
### 몸 멈출 수 없는 상상의 유혹 허정아 지음 / 값 13,000원
### 지도 세상을 읽는 세상의 프레임 송규봉 지음 / 값 13,000원

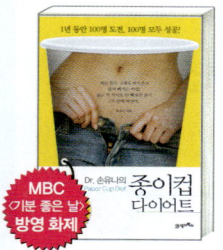

## Dr. 손유나의 종이컵 다이어트
손유나 지음 / 값 12,000원

### 1년 동안 100명 도전, 100명 모두 성공!

입소문으로 인정받은 기적의 다이어트 법 대 공개! 밥 1컵, 채소 ⅡI컵, 단백질 0.5컵으로 끝내는 종이컵 다이어트! 칼로리 계산도, 운동도 필요없는 종이컵 다이어트 2주 프로그램으로, 요요현상 없는 기적의 살빼기를 시작하라.

## 안현주 다이어트
안현주, 김한상 지음 / 값 15,000원

### 40대 몸짱의 기적!

개그맨 배동성의 아내 안현주는 한 TV프로그램을 통해 다이어트에 도전했다. 석달 뒤 안현주씨는 40대라고는 믿기지 않는 동안 외모에 늘씬한 팔다리, 탄탄한 복근을 가지게 되었다. 이 경험을 통해 배운 평생 살찌지 않는 핵심 운동법 44가지를 공개한다.

## 관능의 맛, 파리
민혜련 지음 / 값 15,000원

### 문화와 역사가 담긴 프랑스 요리에 탐닉하다

문화와 역사가 살아 있는 프랑스 미식의 모든 것을 담은 책. 저자는 10년간 프랑스에서 유학하고, 이 후 16년간 정통 프랑스 레스토랑을 경영한 자타공인 프랑스 문화 전문가다. 독자들은 이 책을 통해 프랑스 미식의 예술성과 진정성에 감탄하며 그동안 알지 못한 프랑스의 색다른 모습을 느낄 수 있을 것이다.

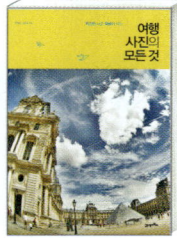

## 여행 사진의 모든 것
박태양, 정상구 지음 / 값 18,000원

### 찍으면 바로 작품이 된다!

인기 여행작가와 사진작가가 만나, 여행과 사진에 관한 모든 것을 담았다. 어떻게 여행 정보를 얻어야 하는지, 어디로 떠나야 내가 원하던 사진을 찍을 수 있는지, 어떻게 카메라를 다뤄야 하는지 등 여행 사진을 멋지게 남기기 위해 꼭 필요한 정보들을 자세히 소개한다.

# 리세기북스 고객분들께 드리는 **특별한 지식선물~**

## ✿ 프로직장인을 위한 대한민국 최고의 스마트 연수원

SERIPro는 삼성경제연구소가
지난 10년간 대한민국 CEO와 오피니언 리더
1만 9천여명을 열광시킨 SERICEO 콘텐츠의
제작, 서비스 노하우를 바탕으로
대한민국을 이끌어갈 프로직장인을 위한
최적의 콘텐츠와 서비스를 제공하는
'인터넷 기반의 동영상 지식서비스'입니다.
(SERIPro 연회비 : 40만원/VAT 별도)

## ✿ 2주간의 짜릿한 무료체험(웹사이트+모바일), 지금 바로 신청하세요!

- 매일 제공되는 아이디어 씨앗(日3편 E-Mailing 서비스)
- 바쁜 직장인들에게 최적화된 콘텐츠 서비스(평균 6분)
  (온라인+모바일 : 출근시간, 점심시간, 자투리시간 활용)
- 경제, 경영부터 인문학까지 어우르는 다양한 분야의 콘텐츠

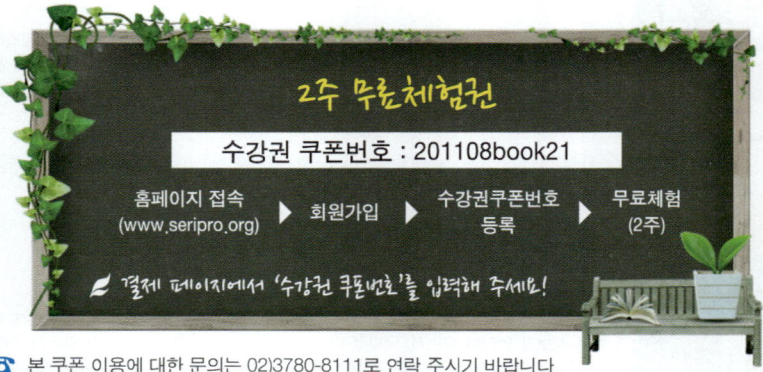

### 2주 무료체험권

#### 수강권 쿠폰번호 : 201108book21

홈페이지 접속 ▶ 회원가입 ▶ 수강권쿠폰번호 ▶ 무료체험
(www.seripro.org)              등록              (2주)

✿ 결제 페이지에서 '수강권 쿠폰번호'를 입력해 주세요!

☎ 본 쿠폰 이용에 대한 문의는 02)3780-8111로 연락 주시기 바랍니다.
(고객센터 운영시간 : 주중 09:00~17:00, 토.일.공휴일 휴무)

2011년 9월 15일 발행

보다 큰 이익이다.

둘째, 중국은 남한에 의한 북한 흡수통일에 호의적일 수 없다. 두려움의 대상이 될 수 있는 나라를 자기 손으로 통일시켜주는 것은 타국 민족주의에 대한 낭만적 동정이다. 중국은 잠재적 또는 실제적 위협이 될 수 있는 한반도 통일에 대해 당위론적인 찬성은 할 수 있겠지만 실질적 지원은 하지 않을 것이다. 한국 주도의 한·미 동맹에 의한 통일이라면 더더욱 이를 지지하지 않을 것이다.

셋째, 중국은 북한이 핵무장을 하려는 동기에 대해 일면 공감하고 있다. 물론 중국도 핵 확산의 위험성은 우려하고 있지만, 안보 불안이 해소되어야 핵을 폐기할 수 있다는 북한의 동시성 주장에 동조한다. 이것이 그동안 북한이 주장해왔던 일괄타결안이다. 중국은 북한이 남한에 위협적인 만큼 남한과 미국이 북한에 위협적인 국가라는데 북한과 인식을 같이하고 있다. 중국은 북한의 대미 공포를 이해하고 있다. 여기에 북핵 폐기 협상의 딜레마가 있다.

넷째, 북한의 안보 불안에 대해 중국이 일정 부분 이해해주는 측면이 있다. 이는 천안함 폭침과 연평도 포격 사건에서 중국이 취한 태도를 보면 알 수 있다.

다섯째, 한반도에서의 무력 충돌은 중국의 국익에 배치된다. 중국의 국내 정치적·경제적 상황에서 볼 때 미국과의 군사적 대결은 모험할 수 없는 것이다.

# 3

# 중국의 이유 있는 북한 편들기

## 북한 비상사태 땐 중국군 개입 가능성 커

북한에서 긴급한 대규모 소요 사태나 정변이 발생한다면, 김정일은 치안 유지 또는 한·미 동맹군의 진입 저지를 위해 평화 유지 명분을 제시하며 중국군의 지원을 요청할 것이다. 이럴 경우 북한에 친중(親中) 군사정권이 들어서게 된다. 전복의 위험에 직면해 중국의 군사개입을 요청하는 것은 유지에 집착하는 권력의 속성상 김정일에게는 합리적이고 현실적인 판단일 것이다. 정권 유지에 중국군의 개입이 최종적이고 절대적 수단이라면 김정일은 기꺼이 중국군을 초청할 것이다. 북한은 중국의 개입에 대해 두려움이 없는 것은 아니지만 미군의 진주보다는 훨씬 안정적이라고 생각할 것이다. 중국의 개입이 자발적인 것이든 북한의 요청에 의한 것이든, 그것은 북한 내부적으로, 그리고 한국과 미국을 중심으로 한 국제적 반대의 과정을 거칠 것이다.

비상사태로 인한 대규모 난민 유입은 중국의 안보를 크게 위협하므로, 난민 통제를 위해 중국이 군사개입에 나설 수도 있다.

북한에 급변사태가 발생하면 북한 주민이 남한과의 흡수통일을 원할 것이라든지, 중국이 국내 문제라는 이유에서 개입하지 않을 것이라든지, 김정일이 유혈사태를 우려하여 군을 동원하지 않을 것이라든지, 중국이 군사개입할 것이라든지, 이런 시나리오가 제시되면서 이 시나리오들의 현실성에 대해 의문이 제기된다.

북한 급변사태에 대비한 '작전계획 5029'와 북한 남침에 대비한 '작전계획 5027' 입안에 참여했다는 미국 육군 특수작전사령부(USASOC) 전략팀장 데이비드 맥스웰 대령은 "김정일 체제가 붕괴될 경우 북한 내부에서 아프가니스탄, 이라크보다 더 극단적인 폭력 저항이 일어날 수 있다"고 전망했다. 이어 맥스웰 대령은 "김정일 패밀리 체제가 붕괴할 경우 한국군을 포함해 외국 군대가 진주하면 주민들이 만만치 않게 저항할 수 있으며 북한 특수부대가 자살공격을 감행할 수 있고, 700만 명에 달하는 북한 예비군들이 폭동을 일으킬 수도 있다"고 했다.

한반도에서 미국과의 무력 분쟁에 대한 중국의 우려와 북한의 붕괴가 가져올 한반도에서의 미·중 간의 균형 파괴는 중국의 입장을 단순화하는 데 결정적인 요소가 된다. 북한은 살리되, 한반도에서의 전쟁은 회피한다는 두 가지 요소가 중국의 한반도 전략이다. 이것이 중국의 이익이다. 북한의 생존은 중국이 동북아에서 미국과 세력균형을 유지 또는 향상시키는 데 결정적이다.

중국은 이미 김정일 정부를 계속 지지하기로 결정했다. 미국과 한

### ▶ 폴란드와 헝가리 민중 봉기에 대한 소련의 개입

흐루시초프 총리 때인 1956년 10월 폴란드와 11월 헝가리에 대한 소련의 군사개입은 전략의 성공과 실패를 극명하게 보여준다. 물론 소련의 개입은 이데올로기의 연대에서 출발했다. 즉, 마르크스−레닌주의의 국제 연대성을 전제로 한 소련의 대외정책의 연장선상에서 개입한 사건이었다. 소련의 개입에 반대하는 고물카의 단호한 입장과 소련의 희망을 반영한 고물카의 바르샤바조약기구(WTO) 잔류 결정의 타협 결과, 소련의 폴란드 개입은 큰 상처 없이 해결되었다. 그러나 이 폴란드 사태 처리는 헝가리 사태 때 부메랑이 되어 돌아왔다. 헝가리 사태가 발생했을 때, 소련은 붉은군대를 파견하여 무력 진압했다. 그 결과 헝가리인 2만 명과 소련군 2000명이 3일 간의 전투에서 희생되고, 지도자 임레 나기는 결국 소련에 체포되어 처형되었다. 뼈저린 교훈이었다. 흐루시초프는 그의 동맹국들을 한데 묶어놓기 위해서는 무자비한 모습을 보여줘야 했다. 그는 마르크스−레닌주의를 충분히 매력적으로 만듦으로써 스탈린식 방법들이 불필요해지도록 하려 했다. 그러나 탈스탈린주의의 가장 간단한 실험은 결국 대량학살로 끝나는 원심적 경향(centrifugal tendencies)을 유발했고, 반혁명과 인민의 적에 대해 총을 쏘게 되었다. 스탈린식을 버리겠다고 한 흐루시초프는 결국 스탈린식을 따랐다. 흐루시초프의 탈스탈린 실험은 실패로 끝났다.

자유의 사도인 미국 덜레스 국무장관은 헝가리 사태 때, 미국은 소련의 진압 노력에 개입하지 않을 것임을 확약했다. 비록 미국은 동구가 그들 자신의 통치자를 자유로이 선택할 수 있기를 원하지만, 미국은 전통적으로 불안정한 세계의 한 부분에 대한 소련의 관리가 좋은 목적을 지닌다고 이해했다.

국이 북한 정권의 붕괴를 유도한다면 한국과 미국의 영향력이 한반도 전체로 확대될 것을 우려하기 때문이다. 6자회담 기간 중 중국이 북핵 문제를 해결하기 위해 한때 한국 및 미국과의 협상 협력을 강화하고 미국과 북한과의 관계를 증진시키기 위해 노력했던 이유는, 역설적이게도, 북한의 핵무장을 저지하기 위해 미국이 영향력을 행사할 수 있을 것이라는 희망에 있었다. 그러한 생각은, 나중에 드러나지만, 그렇게 희망사항만은 아니었다. 그러나 그러한 균형 잡기는 위험을 내포하고 있었다.

　이제 중국은 깨닫기 시작했다. 북한의 붕괴는 자칫 중국에 심대한 영향을 미칠 것이라는 판단이었다. 한반도에 생각보다 빨리 통일이 와서 자유민주주의체제로서 7000만 명의 인구를 가진 통일 국가가 들어설 경우, 중국은 그런 나라와 국경을 맞대고 있게 된다. 그렇게 되면 중국에 정치적 개혁·개방의 목소리가 거세질 것이라는 우려는 자연스럽다. 이런 시각에서 볼 때 북한이 끝내 스스로 서지 못하게 될 정도로 수액이 다 빠지게 되면, 북한을 도와 북한이 진정 중국에 의지하게 만들면 중국의 북한에 대한 영향력은 한국에 대한 미국의 영향력 이상으로 강화되고, 북한의 민족주의적 자긍심과 중국에 대한 역사적 저항감은 둔화될 것이었다. 중국은 북한을 지하에서 나오도록 한 다음 숨통을 조였다 풀었다 하면서 핵을 포함한 주요한 양자·다자적 문제에 대해 과거에는 생각지도 못했던 영향력을 확보할 수 있을 것이다. 물론 이러한 중국의 기대는 민족주의로 무장한 북한의 이데올로기에 찬물을 끼얹는 요소가 될 것이다. 그러나 생존 이상으로 중요한 절체절명의 명제는 없다. 북한 체제의 진정한 유지는 북한의 자발적 노력으로는 한계에 다다라 있다. 중국의 권유와 요청과 호소에 의해 이루어질 수밖에 없는 상황이다. 북한의 자립정책은 중국의 전폭적 지지와 합성적이 되지 않으면 안 되게 되었다.

한국과 미국은 북·중 관계에 대해 확실히 정책적 혼란을 겪고 있다. 한·미 양국은 중국을 북한에서 떼어놓는 것을 목표로 해야 할지, 아니면 중국이 북한에 대해 보다 더 큰 영향력을 갖게 하여 결국 북한을 중국의 꼭두각시로 보이게 하는 것을 목표로 해야 할지 결론을 내기 쉽지 않다.

한국의 제일 목표가 중국과 북한 간에 정책의 차이를 자극하고 모든 수단을 동원해 북한 정권 내에 균열을 일으킴으로써, 중국이 북한과 효과적인 동맹국이 되지 못하도록 하는 것이어야 하는가? 이러한 이간책은 성공할 수 있을까? 그러나 이러한 정책은 목표가 명확해야 하고, 미국의 입장과 그 영향력에 대한 정확한 판단도 병행해야 한다. 북한과의 협상에서 과도하건 희석되건 간에 북한에 대한 피해망상증으로부터도 자유로워야 한다.

북한의 가장 커다란 문제는 중국과의 문제다. 북한은 강하게 부인해온 우라늄 시설을 공개하고, 서해에서 무력으로 한국을 공격하고, 세습을 천명하는 강수를 두었다. 이즈음 중국과 북한은 한국전쟁의 혈맹이라는 사실을 일깨웠다. 시혜와 보은의 관계에서 중국은 북한의 많은 결점에 눈을 감게 되고, 북한은 중국에게 대부 역할을 주문하는 데 주저함이 없었다. 중국과 북한은 서로 한·중 수교 같은 나쁜 추억은 잊어버렸다. 중국은 세계 전략 차원에서 북한의 행태에 대한 비판적 자세를 완화하고, 대신 지역 전략 차원에서 북한을 관리하기로 방향을 선회했다. 이로써 북한에 대한 중국의 영향력은 급격히 커졌다. 물론 북한은 미·중 관계의 미묘함을 이용했다. 북한이 생각하기로는 미국과 중국이 이미 경쟁 관계에 진입했고, 또 오바마 행정부에서도 미국과의 관계 개선에 실패한 상황에서는 차라리 확실하게 중국 품으로 편입되는 것이 이익이었다.

북한의 대중국 일변도 외교는 뚜렷한 목적이 있었다. 우선 김정일 후계 문제에 있어서 3대 세습에 대해 중국으로부터 양해를 받는 것이었다. 2010년 8월 김정일이 중국을 방문했을 때, 그의 후계자로 추측되는 셋째아들 김정은의 동행을 한국 언론과 일본 언론은 미확인 보도로 연일 대서특필했다. 물론 후에 김정은은 동행하지 않은 것으로 판명되었다. 또 2011년 5월 김정일의 방중 직전에는 김정은의 방중설이 기정사실화되기까지 했었다. 그러나 북한 전문가나 언론의 예측과는 달리 김정은이 직접 중국에게 가서 세습을 확인받는 일은 아직 일어나지 않았다. 그러나 김정은이 현장에는 없었어도 중국을 방문하는 기회에 김정일이 직접 중국 지도자들에게 세습의 시급성과 필요성을 역설하였을 것이 분명하다.

김정일의 중국 경도는 북한의 불가피한 선택이었다. 더 시간을 끌다가 중국으로 강제적 편입되기보다는 지금 시점에서 중국의 품으로 들어서는 것이 훨씬 낫다고 판단한 것이다.

김정일은 중국이 지나치게 북한에 대해 영향력이 커지지 못하도록 하기 위해 한반도에서 미국과 중국이 일정한 수준에서 갈등에 빠져들어 대결하게 하는 한 방편으로, 중국의 대미 갈등을 어느 정도 부추기려는 생각을 갖고 있을 것으로 추측할 수 있다. 그러나 이러한 설명이나 추측은 중국과 북한이 교활하고 냉정한 계산을 하고 있다는 전제에 기초를 두고 있다.

중국이 G2로 부상한 현 단계에서는 미국과 중국이 가지는 한반도의 전략적 가치는 지역 전쟁을 감행할 정도는 아니라는 분석에 일리가 있다. 한·미 서해 훈련에 대한 중국의 반응에서 나타났듯이 중국은 북한 도발 억제를 명분으로 하는 한·미 또는 한·미·일의 의교·군사협력을 대중국 포위·봉쇄정책의 가장 강력한 징후이며 전략적 수단이라고 인식한다. 중국의 이러한 판단과 대응으로 북한의 입장은 더 여유 있게 되었고, 행동반경 또한 넓어졌다.

펠로폰네소스 전쟁에 대한 투키디데스의 설명 이후, 역사가들은 신흥 세력의 부상은 불확실성과 걱정을 수반한다는 것을 알았다. 늘 그랬던 것은 아니지만 종종 폭력적 분쟁이 따랐다. 세계에서 가장 인구가 많은 중국의 경제적·군사적 힘의 증대는 새로운 세기에 아시아와 미국의 외교정책에 중심적인 문제가 될 것이다. 왜 민주국가인 아테네가 조약을 깨고 전쟁에 휘말렸는가를 설명하면서 투키디데스는 분쟁이 필연적일 것이라는 예측의 힘을 지적했다. 그는 "어찌 되었든 펠로폰네소스인들과의 전쟁은 일어나리라는 것이 일반적인 견해였다"라고 했다.

오늘날 국제정치학뿐만 아니라 경제학에서도 중국의 부상은 가장 많은 관심을 끌고 있는 주제다. 중국의 발전이 동북아에서뿐만 아니라 세계 패권 경쟁으로 발전하여 마침내 양극화 시대를 연출하고, 급기야 미국과 중국 간의 치열한 패권 경쟁으로 세계가 양분화되는 가능성은 없을 것인지를 걱정한다.

우리는 중국에 대해서 걱정하고 있다. 두려워하고 있다고 말하는 것이 더 적절하다. 중국에 대한 걱정은 증강하는 중국의 현재 군사력 때문이 아니라 중국이 12억 이상의 인구를 보유하고 있다는 점과 중국 경제가 급속도로 성장하고 있다는 사실에서 비롯한다. 중국이 지금처럼 발전하면 중국은 곧 군사적 초강대국이 될 것이고, 곧바로 한반도에 더 큰 영향력을 행사하려 할 것이며, 아시아에서 영향력을 확대하고 미국에게 도전할 것이다. 이러한 점들은 국가들이 군사력의 균형은 물론 잠재력의 균형에도 신경을 쓰고 있다는 예가 된다. 국가들은 부유한 국가와 점차 부유해지고 있는 국가들을 현재의 군사력과는 관계없이 두려워한다. 부는 결국 군사력으로 쉽게 이용될 수 있기 때문이다. 비스마르크가 전쟁으로 통일을 이룬 후 부유해지기 시작한 19세기 후반부터 20세기 초반까지 빌헬름 황제의 독일이 바로 그러한 예였다. 물론 독일이 유럽의 강대국들에게 위협적인 태도를 취하기도 했지만, 당시 독일의 인구가 많고 경제가 급격히 발전하고 있었다는 사실만으로도 유럽의 다른 강대국들을 겁주기에 충분했던 것이다.

보다 강한 국가는 어떤 행동을 취하기 이전이라 하더라도 그 존재만으로 이웃한 보다 약한 국가에게 손해를 끼칠 수 있다. 국제사회에서는 다른 나라가 부강해지면 언젠가 자국을 공격할 수 있다는 믿음이 지배적이다. 상대적 힘의 불균형에서 오는 폭력성을 우려하는 것이다. 중국의 힘이 증가되면 자국의 의사를 이웃 국가에게 강요할 확률이 높아진다. 그렇기 때문에 우려하는 것이다.

중국의 부상과 관련하여 북한의 대중 정책이 바뀌고, 미국의 대중 정책이 바뀌고, 한국과 중국 간의 관계도 바뀐다. 기본적인 틀이 많이 바뀌어가고 있다. 정부에 비판적인 사람들은 한·미 동맹 관계의

## ▌ 전쟁 희생에 대한 보은

소련의 제국주의적 성격과 억압적 성격에 대해 초기 저항이 강력하지 않았던 이유는 무엇이었을까? 역사의 조류가 제국주의적 지배 이데올로기에 저항을 할 때 스탈린이 자신의 제국주의적 야욕을 그렇게 많이 실현할 수 있었던 것은 그의 능력을 증명해준다. 다른 제국들이 위축되고 있을 때, 그리고 제2차 세계대전의 피해로 소련의 국력이 그토록 약해져 있을 때 스탈린이 소련 제국을 확장할 수 있었다는 사실은 설명이 필요하다. 왜 스탈린의 제국주의에 대한 저항이 유럽 내외에서 나타나는 데 그토록 오랜 시간이 걸렸을까? 한 가지 이유는 소련이 주축국에 대항하는 제2차 세계대전에서 치른 2000만 명의 사망자라는 막대한 희생이 사실상 소련의 이름을 정화시켰기 때문이다. 소련은 거드름을 부릴 수 있는 권리를 획득했고 서방은 이를 인정했다. 서방으로서는 소련을 영광스러운 전쟁 중의 동맹국으로 여기다가 순식간에 새로이 등장한 위험스런 적대국으로 묘사하기는 곤란했다. 트루먼 대통령과 미래의 국무장관인 딘 애치슨 중 누구도 공산주의에 대해 동정하지 않았음에도 불구하고 전후 초기에 이르기까지 의심되는 점에 대해 소련에게 유리하게 해석해주었다.

강화 때문에 한·중 관계가 어려워졌다고 이야기한다. 천안함과 연평도 사건을 거치면서 특히 한·미 동맹 관계가 강화됨으로써, 중국이 반발로 북한 편을 들며 한국에 대해 못마땅한 입장을 취하고 있다고 이야기한다. 하지만 이 부분에 있어서 해석을 달리해볼 필요가 있다. 중국이 국익을 추구하는 과정에서 대한반도 정책이 달라졌다고 분석할 수 있다. 중국이 힘을 일으키고자 할 때는 조심스럽게 대외 활동을 했지만, 부강해지면서 발언권이 커졌고 그러다 보니 한반도에 대한 입장도 변화한 것이다. 몇 년 전까지만 해도 중국 정치인들이나 외교관들은 한반도 통일은 남한이 주도할 것이라는 전망을 예사로 말하곤 했다. 그러나 G2로 부상한 중국은 한반도 분단에 대한 평가를 달리하고 있는 것이 분명하다. 한국이 주도하는 통일이 이루어지면 한반도 전체가 미국의 영향력 아래에 있게 될 것이라는 예측이다. 이렇게 전망할 때 중국으로서는 통일보다는 현재와 같은 분단 체제를 지속하는 것이 자국의 이익이라고 분석하고 있는 것 같다.

# 4

# 4자 게임

남북한과 미국, 중국의 '관계의 관계'가 변하고 있다

중국은 북한과의 관계를 한·미·일의 대중국 포위·봉쇄정책에 대응하는 전략적 견제 수단으로 활용할 수 있으며, 이는 북한의 안정이 중국의 핵심적 이익이 된다는 점과 함께 중국이 북한을 포기할 수 없는 주요한 이유가 된다. 김정일 국방위원장은 2010년 5월과 8월, 그리고 2011년 5월에 전격적으로 중국을 방문했다. 2000년 이후 중국을 총 네 차례 방문한 바 있는 김 위원장이 1년 사이에 세 차례나 중국에 간 것은 매우 이례적인 일로 전 세계의 주목을 받았다. 특히 2010년 8월 방중은 천안함 사건 이후 남북 관계가 악화일로로 치닫고 북한이 후계체제 구축에 나선 가운데 이뤄져 김 위원장이 후계체제에 대한 중국의 지지를 얻고자 후계자인 김정은과 동행했다는 설도 나왔다. 후진타오 중국 국가주석은 김 위원장의 연이은 방중 때마다 정상회담을 통해 양국의 우의를 과시했다.

## ■ 후진타오 주석과 김정일 위원장의 건배사

2010년 8월 김정일 방중 시 만찬장에서 후진타오는 조용히 건배사를 읽기 시작했다. "우리 중국의 견해가 항상 옳은 것은 아닙니다. 우리는 우리가 북한 당신들에게 큰 도움이 못 되었다는 점을 잘 알고 있습니다. 당신들은 우리의 주장이 옳은지 그른지 판단해야만 합니다. 왜냐하면 귀국의 사정에 대해 우리가 잘 모를 수 있어 우리의 충고가 잘못된 것일 수 있기 때문입니다. 우리가 잘못을 저지를 때마다 당신들은 그것을 우리에게 지적해줘야 합니다. 그렇게 함으로써 우리가 오류를 발견하고 교정할 수 있을 것입니다. 김정일 위원장의 건강을 위해!"

김정일은 감정에 복받친 듯 웅변적으로 건배사를 낭독했다. "나의 건강이 또한 모든 이들의 행복의 원천이라는 것이 사실입니까? 난 이 말을 아첨으로 생각합니다. 나는 조선민주주의 인민공화국 노동당과 중국의 공산당, 즉 우리 두 형제 간의 우호와 단결이 가장 중요하다고 생각합니다. 이러한 단결이야말로 이 지역의 평화를 위한 엄청난 의미를 갖게 됩니다. 내가 살아 있는 동안 우리 두 국민들은 단합해야 합니다. 내가 더 이상 살아 있지 않아도 우리 두 나라는 단합해야 합니다. 여러분이 나에게 말해준 아름다운 찬사와 축원은 나를 기쁘게 합니다. 그러나 우리는 모든 사람들이 죽는다는 사실을 알고 있습니다. 소련의 사회주의자들은 교만함 때문에 마르크스와 앵겔스가 죽자 뒤떨어지기 시작했습니다. 중국은 혈맹국가의 운명에 대해 굳건한 믿음을 가져야 합니다. 나는 중국이 북한의 생존을 지원하는 데 더욱 많은 책임을 떠맡아야 한다고 생각합니다. 세계의 평화를 위해 당신들은 더 많은 책임을 떠맡고 반제국주의 노선을 표방하는 국가를 더욱 적극적으로 지지함으로써 그곳에서 보다 의미 있는 역할을 수행하십시오. 우리는 조선반도에서 더 많은 책임을 떠맡고 그곳에서 더 많은 일을 하겠습니다. 한마디로 말해서 이것이야말로 우리가 회피할 수 없는 임무입니다. 나는 이번 기회에 김일성 수령님의 혁명적 청년 시절을 회상했습니다. 나는 나의 큰형이 끝까지 동생의 손을 잡고 조선반도에서 통일을 이루어내는 데 큰 역할을 해주기를 진심으로 바랍니다. 이는 나와 나의 동지들만의 희망이 아닙니다. 이는 역사적 법칙입니다. 우리 모두 형과 동생을 위해 건배합시다."
이 건배사는 1949년 7월 중국 유소기가 소련을 방문했을 때 스탈린과 유소기의 건배사를 패러디한 것이다.

## 대중(對中) 관계는 어떻게?

우리는 어떻게 중국과의 협력을 복원할 것인가? 우리의 대북정책이 중국의 한반도에서의 이익에 도움이 된다는 주장에는 설득력이 있어야 한다.

중국이 한반도에서의 국익을 미국과의 패권 경쟁에서 찾는다면 한·미 동맹이 절체절명인 한국으로서는 해답을 찾기 어렵다. 국익을 추구하는 외교에서는 정치제도의 성격은 그리 중요하지 않다. 결국 한·중 관계는 미·중 관계와 함수 관계다. 그래서 한국은 미국과 중국을 둘 다 배려하는 양방향 정책을 가지고 고민하게 된다. 하지만 양방 정책의 문제는 두 나라가 서로 어느 한 편만 지지할 것을 요구할 경우 딜레마에 빠진다는 점이다.

이데올로기와 국익은 무관하다. 흐루시초프가 1964년 10월 실각할 당시, 레닌과 스탈린이 예상했던 자본주의 국가들 사이의 전쟁은 거디에서도 발생하지 않았다. 쿠바 미사일 위기의 충격 이후에는, 공산주의와 자본주의 사이의 전쟁은 베트남에서 발생한 것과 같은 제3세계의 충돌에 국한될 것으로 보였다. 그럼에도 공산주의 국가들 사이의 전쟁은 많은 현실적 가능성을 가지고 있었다. 흐루시초프 시절 소련과 중국 사이의 이데올로기적 분쟁이 너무나도 심각해서, 소련은 고비사막에 있는 중국의 핵시설에 대항하는 합동 군사 예방 훈련 계획을 미국과 비밀리에 논의했다. 이러한 접촉이 실제로 무엇을 할 수 있었는지는 알 수 없으나, 이 접촉은 중국의 1차 핵실험과 거의 동시에 벌어진 흐루시초프의 실각으로 끝이 났다. 그러나 이 접촉은 어떤 마르크스–레닌주의 이론가들도 예상하지 못했던 상황을 보여주었다. 즉, 강대국 전쟁의 가장 커다란 위험은 마르크스–레닌주의 국가들 사이에서도 벌어질 수 있다는 것이었다.

미국과 중국이 협력 관계가 되든 갈등·대립 관계가 되든 대한민국 안보의 최대 숙제는 '한반도 안정의 기본축인 한·미 동맹의 울타리를 더욱 튼튼하게 치면서 중국을 향한 문도 같이 열어둘 지혜를 어디서 어떻게 찾아내느냐'다. 한·미 동맹 관계는 전작권 이양 연기, 한·미 FTA 합의 등으로 중요 현안이 타결되고 연평도 사건을 거치면서 보강된 합동 군사 훈련 등으로 발전했다.

### (1) 남북한, 미국, 중국 간의 양자 관계의 상호작용

미·중 관계와 남북 관계가 한·중 관계를 결정한다. 미·중 관계는 한반도에 큰 영향을 미친다. 두 나라 관계가 범세계적으로 패권 경쟁적 단계로 발전하면 한반도에서도 협력보다는 갈등 요소가 더 커질 것이다. 이럴 경우 중국은 북한과의 관계를 더욱 강화하여 북한에 대해 일방적인 지원정책을 취할 것이다. 그럴수록 한·미 관계는 더욱 철저한 동맹과 결속을 견지할 것이다.

그러나 미국과 중국이 협력적 관계가 되면 남북한의 입장과는 관계없이 강대국의 논리로 한반도 문제에 접근할 것이다.

남북 관계가 악화되면 북·중 관계는 강화되고 한·중 관계는 소원해진다. 중국의 북한 보호가 상대적 가치로 부각된다. 반대로 남북 관계가 호전되면 중국의 대북 경도가 완만해질 것이다. 현재는 북한과 중국이 과거의 혈맹 관계를 복원하려는 듯 중국의 북한 경도가 노골적이다. 천안함 폭침 및 연평도 포격 사건 후 중국의 노골적인 북한 편들기가 부각되었다.

이처럼 한·중 관계는 남북 관계와 미·중 관계가 만드는 종속 변수다. 따라서 한·중 관계는 남북 관계와 미·중 관계에서 답을 찾아야 한다.

2011년 1월 19일 미국과 중국의 정상회담은 세계의 주목을 받았다. 물론 현재의 미국과 중국의 관계는 치열한 긴장과 갈등 관계가 아니라 양국 공히 협력을 강조하고 있는 분위기이므로 대칭점에 있을 때의 정상회담과는 긴장감이 많이 달랐다. 이런 분위기는 물론 우리 한국의 입장에서는 다행스러운 것이다.

오바마 미국 대통령과 후진타오 중국 국가주석은 2011년 1월 19일 백악관에서 정상회담을 마친 후 공동성명을 발표했다. 전체 41개항으로 구성된 성명에서 양국 정상은 상호 존중과 공동 이익을 바탕으로 한 협력적 파트너십의 구축, 21세기 아시아·태평양 지역의 안정과 번영, 한반도 비핵화 등을 위한 노력을 선언했다. 정상회담 공동성명에는 중국의 인권 문제 이외의 사안에 대해 이견이 노출된 분야가 없었다.

미국과 중국은 한반도를 보는 눈에서 크게 차이가 있는 것 같지는 않다. 그러나 이 공동성명은 좋은 말로써 한반도의 정세의 궁극적인 모습을 기술하고 있지만, 지금 상황의 고뇌가 서술되지도 않았고 어떻게 진전되어야 할 것인지에 대한 방법론에는 구체성이 없다. 물론 이런 점이 정상회담에서 발표되는 공동성명의 특색이기도 하지만, 추상적이고 일반론적으로 문제점을 총망라한 것에 불과하다고 아니 할 수 없다.

타이완 문제를 남북한 문제와 비교하기에는 국제적 양해의 내용이 다르지만, 금번 공동성명에서 언급된 타이완 문제의 내용은 앞으로 남북 분단 문제를 다룰 때 염두에 두어야 할 사안이다.

이 공동성명에서 중국 측은 타이완 문제가 중국의 주권 및 영토 통합 문제와 관계돼 있음을 지적하며, 미국 측이 이 문제에 대해 중국의 입장을 이해하고 지지해줄 것이라는 희망을 피력했다. 미국은 이에 대해 지금까지 세 차례의 미·중 코뮈니케를 준수하며 '하나의 중국' 정책에는 변함이 없음을 재확인했다.

나는 언젠가는 다음과 같은 공동성명이 만들어지는 날이 오기를 고대한다.

"미국은 북한 문제가 대한민국의 주권 및 영토 통합 문제와 관계돼 있음을 지적했으며, 중국 측이 이 문제에 대해 미국의 입장을 이해하고 지지해줄 것이라는 희망을 피력했다."

## ❖ 미·중 정상회담 공동성명 요지(2011년 1월 19일)

두 정상은 이번 방문을 통해 2009년 11월 오바마 대통령의 중국 방문 당시 했던 두 나라 간의 긍정적이고 협조적이며 상호 이해적인 관계를 건설하기로 한 약속이 얼마나 진전됐는지를 검토하고 재확인했다. 양국 관계는 아직은 갈등적이 아닌 긍정적이고 협조적이며 상호 이해적인 관계라고 규정했다. 앞으로도 상호 존중과 호혜 관계에 입각해 협력적인 관계를 건설하는 데 함께 노력하기로 했다. 두 나라가 맞닥뜨린 공동의 도전에 대한 중요성을 인식하고, 국제적인 책임을 강조하는 방향으로 노력하기로 결정했다.

미국은 강력하고 번영하며 성공적인 중국이 국제사회에서 큰 역할을 하고 있는 것에 대해 환영하며 중국은 미국이 아시아·태평양 국가로서 평화와 안정, 지역 번영에 기여하고 있음을 환영했다.

두 나라는 인권 문제에 대해서는 중대한 견해차가 있지만 인권 보호 증진에 대한 조치를 이행하기로 했다. 미국은 인권 증진과 민주주의가 외교정책에서 중요한 부분이라는 점을 강조했으며, 중국은 어느 나라의 내정간섭도 있어서는 안 된다는 점을 강조했다.

미국과 중국은 핵 확산과 핵 테러 위협에 대처하기 위해 핵 비확산 국제체제를 강화할 필요성을 인식하고 종국에는 핵무기 없는 세상을 실현하기 위해 노력할 것을 다짐했다. 또한 지난 2005년 9·19 공동성명 및 이와 관련된 유엔 안보리 결의에서 강조됐던 것처럼 한반도의 평화와 안정을 유지해야 하는 중요성에 의견을 같이했다.

양측은 최근 사건으로 인해 한반도에 긴장이 높아진 데 대해 우려를 표시했다. 양측은 한반도 문제와 관련된 사안에 긴밀히 협력하는 노력이 지속해온 것에 주목했다. 미국과 중국은 남북 관계의 개선이 중요하다는 점을 강조하고, 진정성 있고 건설적인 남북 대화가 필수적인 조치라는 데 의견을 모았다.

동북아의 평화와 안정을 유지하기 위해서는 한반도의 비핵화가 매우 중요하다는 점에 공감하면서, 미국과 중국은 비핵화의 목표를 달성하고, 2005년 9·19 공동성명에서 이뤄진 기타 약속을 전면적으로 이행하기 위해 구체적이고 효과적인 조치가 필요하다는 점을 재차 강조했다.

이런 맥락에서 미국과 중국은 북한이 주장하는 우라늄농축프로그램에 대해 우려를 표시했다.

양측은 2005년 공동성명 및 이와 관련된 국제적 의무와 약속에 위배되는 모든 활동에 반대한다. 양측은 이러한 문제와 기타 관련된 문제들을 해결하기 위해 6자회담 프로세스의 조속한 재개로 이어질 수 있는 필요한 조처를 할 것을 촉구했다.

## (2) 중국과의 관계 발전 도모

지금처럼 북·중 관계가 강화되고 그 결과로 한·중 관계가 소원해져 한국의 대미 의존도가 높아지는 경우, 한반도 문제에서 한국의 역할은 축소되고 종속 변수가 될 위험이 있다. 따라서 한반도 문제에 대한 한국의 주도적 입지를 확보하기 위해서는 남북 관계 개선과 한·중 관계 복원이 필수적이다.

### 한·중 관계 발전을 위한 원칙과 방법론

한·중 관계와 관련해서는 몇 가지 원론적인 접근책을 염두에 두어야 한다.

① 안정은 평화와 국제적 사건의 효과적 관리를 말한다. 행동과 반응, 반응에 대한 반응은 점진적 과정을 통해 진행된다. 말하자면 국가들은 각자 서로의 의향을 타진한다. 한 상황이 발전함과 동시에 상황을 규정한다. 국가들 사이에서 조정과 타협은 '고려

사항'의 교환을 통해 이루어진다.

② 평화 시에는 정책이나 협상을 통해 자신들의 위치를 유지하거나 향상시키고자 한다. 그 결과는 국가들의 의지와 능력에 따라 결정된다. 이 과정에서 압력을 받는 약소국들은 조심해야만 한다.

한 · 중 관계 개선을 위한 방법론으로는 다음과 같은 측면을 고려해야 한다.

① 한 · 중 관계 발전에 부정적인 영향을 끼치고 있거나 향후 미칠 것으로 예상되는 장애 요소들을 파악하고, 이를 축소 극복해나가야 한다. 한 · 중 관계 발전의 장애 요소로는 남북 관계 악화, 북한의 대남 도발, 핵개발 등 한반도 정세 불안정화 요인이 있다.

② 한 · 미 군사동맹 공고화는 한국의 안보에 결정적으로 기여하나, 한 · 중 관계 발전에는 장애 요인으로 작동한다. 따라서 한 · 미 군사동맹을 강화시키지 않아도 되는 환경과 구조의 조성이 필요하며, 이러한 환경은 1차적으로는 남북 간 군사 대치 상황이 완화됨으로써 달성될 수 있다.

③ 중국의 대북정책을 북한을 끌어들이기 위한 책략으로만 해석하지 말고 한반도의 안정을 위한 중국의 진심으로 해석할 필요가 있다. 중국 스스로의 중화사상과 대국주의를 일정 부분 인정하는 자세가 있어야 한다.

④ 미 · 중의 동북아에서의 경쟁 관계로 인해 한 · 중 관계는 한 · ·

미 관계와 상호 대립적이 되므로 이 두 관계를 상호 보완적 내지 최소한 상호 부정적인 영향을 미치지 않는 수준으로 발전시키는 것이 한국 외교가 풀어야 할 과제다.

강대국 정치를 활용하는 외교가 필요하다. 한반도 문제를 평화적으로 해결하기 위해서는 전략적 경쟁 관계가 있는 미국과 중국 간 협조가 결정적이다.

서독의 헬무트 콜 총리는 독일 통일을 이루기 위해 소련의 결정적인 영향력을 얻으려고 최대의 노력을 경주했다. 소련에 대한 경제적 지원은 물론 고르바초프에 대한 정치적 지원도 아끼지 않았다. 콜 총리는 통일을 위해 소련의 도움을 얻기 위해서는 더 큰 인물의 협조가 절대적이라고 생각했다. 그가 바로 부시 대통령이었다. 부시는 통일에 대한 독일 사람들의 염원을 가지고 고르바초프를 감동시켰다.

그렇다면 콜 총리는 통일에 반대하는 소련을 어떻게 설득했는가?

1989년 동독이 붕괴하고 있음에도 불구하고 영국과 프랑스는 말할 것도 없고, 소련 역시 독일 통일에 대한 반대 입장은 완고했다. 콜은 고르바초프를 회유하기 위해 정치적 · 경제적 외교에 진력했다. 독일 통일에 반대하는 고르바초프의 태도는 시간이 갈수록 누그러졌으나 여전히 시기상조라는 입장을 견지하고 있었다.

1990년 12월 2일 말타에서 열린 부시와 고르바초프 간의 미 · 소 정상회담에서 부시가 독일인들이 눈물로 통일을 호소한다는 말에 마음이 움직였다는 일화를 돌이켜보면, 독일 통일은 미국 · 소련 · 서독 지도자 간의 인간적 신뢰와 배려가 결정적인 견인차 역할을 한 사례다. 중국 지도자들을 설득시키기 위해서는 미국 지도자의 협조가 중요하다. 한·미 양국 지도자 간의 유대가 그래서 중요하다.

우리는 북한이 동북아에 미칠 영향에 너무 신경을 쓰고 있는지 모른다. 그러나 동북아에 새로운 질서를 형성하자는 흐름이 북한에 영향을 주도록 하는 코페르니쿠스적 전략을 택해야 한다. 그러기 위해서는 중국의 영향력이 필요하다.

# 5

## 중국과 미국, 서로를 학습하다
### 중국이 상기할 초기 미국의 안보정책

세계사를 보면 영국과 미국은 어느 면에서는 공격적 현실주의와 반대되는 행동을 한 것처럼 보인다. 19세기 대부분의 기간 동안 영국은 유럽에서 경제적으로 제일 풍요로운 나라였다. 그러나 영국은 풍부한 경제력을 군사력을 건설하는 데 쓰려 하지 않았고, 지역적 패권을 획득하려고도 하지 않았다. 그래서 영국은 그럴 능력이 있었는데도 불구하고 상대적 힘의 비중을 증대시키는 데 관심이 없었던 것처럼 보였다. 영국이 19세기 중 유럽을 제패하기 위한 시도를 드러내지 않았던 이유는 바다가 힘의 투사를 저지하는 데 미치는 영향력 때문이라고 설명될 수 있다.

미국은 공격적 현실주의에 입각해서 행동했다. 미국은 19세기 동안 아메리카 대륙에서 패권을 추구하기 위해 공격적으로 행동했는데, 이는 적대적 국제정치 속에서 살아남을 수 있는 가능성을 극대화시키기 위해 그렇게 했던 것이다. 그 결과 미국은 성공했고, 현대사에서 지역적 패권의 지위를 성취한 유일한 나라가 되었다.

1800년 이후 100년 동안 이루어진 미국의 경이적 성장은 대체르 현실주의적 논리에 의해 부추겨진 것이었다. 19세기가 끝날 무렵 미국인들은 국제 관계는 감정이나 원칙뿐 아니라 이기적 국가이익에도 의거하는 것이라는 사실을 배우게 되었다. 더 나아가 미국의 지도자들은 미국이 강력해지면 강력해질수록 험악한 국제정치에서 살아가는 데 더욱 안전해진다는 사실을 이해하게 되었다. 프랭클린 피어스 대통령은 1853년 취임 연설에서 이 같은 점을 밝혔다.

"우리의 관할권 밖에 있는 특정 지역을 취득하는 일은 장차 상업적 권리 보존이나 세계 평화에는 필수적이지 않을지 모르나 우리의 국가 방위를 위해서는 대단히 중요한 일이며, 이는 국가로서 우리의 행태나 지구상에서의 우리의 지위에 비추어 은폐해야 할 일이 아니다."

물론 미국이 대륙으로 팽창한 데에는 다른 동기들도 있다. 예를 들어 어떤 이들은 '계시받은 운명(manifest destiny)'이라는 구호로 표현된 강력한 신앙적·이념적 사명의식을 가지고 있었다.

그들은 미국이 세계사에 전례가 없는 도덕적 국가를 건설했다고 믿었으며, 그렇기 때문에 미국 국민들은 자신의 가치와 체제를 더 멀리 확산시켜야 할 도덕적 임무를 가지고 있다고 생각했다.

다른 사람들은 경제적 이익이라는 동기를 가지고 있었고 이는 팽창을 위한 강력한 동기가 되었다. 그러나 다른 동기들이 국가 안보를 위한 소명과 배치되는 것은 아니었다. 사실 이들은 국가 안보의 동기를 보완해주는 것이었다. 경제적 동기의 경우는 특히 그랬다. 경제력은 군사력의 기반이 되기 때문이다. 따라서 미국의 상대적 경제력을 상승시키는 행동은 곧 미국의 생존 가능성을 높이는 일이 되었다. 이상주의적 관점에서 많은 미국인들은 미국의 팽창은 도덕적으로 정당화될 수 있는 것이라는 열정을 가지고 있었다. 이상주의적 논점은 19세기 미국 국력이 엄청나게 증강하는 배후에 놓여 있는 어두운 면을 가리는 데 적절한 가면을 제공하는 것이기도 했다.

미국이 독립을 선언한 1776년 이전에도 북미 대륙에는 이미 세력균형의 논리가 팽배하고 있었다. 특히 프랑스와 영국은 북아메리가 대륙에서 치열한 안보 경쟁을 전개했으며, 잔인한 전쟁이었던 7년전쟁(1756~1763년)도 그 같은 안보 경쟁의 하나였다. 더욱이 미국은 궁극적으로 영국과 전쟁을 치르고, 영국의 최대 경쟁국인 프랑스와 동맹을 맺음으로써 독립을 쟁취할 수 있었다. 제임스 헛슨(James Hutson)은 "미국 혁명의 지도자들이 발견한 세상은 잔인하고 비도덕적인 투기장 같은 곳이었다. 그곳은 무엇보다도 힘 그 자체가 최고인 세상이었다"고 했다. 미국이 독립된 후 수십 년 동안 미국의 국가안보정책을 계획한 엘리트들은 계속 현실주의적 사고에 몰두했다.

1800년 당시 아메리카 대륙의 정치는 미국의 엘리트들에게 지속적으로 세력균형적 관점을 유지하게 했다. 미국은 아직도 위험한 이웃들 사이에서 살고 있었다. 대영제국과 스페인 제국은 미국을 세 방향에서 둘러싸고 있었으며, 미국 정책 결정자들의 공통적인 우려는 미국이 포위될지 모른다는 사실이었다. 영국인들은 미국을 봉쇄할 수 있는 일이라면 어떤 일이라도 하여 더 이상의 미국의 팽창을 막으려 했다. 영국은 실제로 1812년 전쟁(War of 1812)을 통해 미국의 캐나

## ▋ 19세기 중반 미국의 영토팽창론자들의 구호였던 '계시받은 운명'

'계시받은 운명'이라는 표현은 영토팽창론자이며 민주당원이었던 언론인 존 오설리번(John O'Sullivan)이 1845년 〈United States Magazine and Democratic Review〉에 게재한 '영토 합병(Annexation)'이라는 제목의 글에서 처음 사용되었다. 이 글에서 그는 "북미 전 대륙으로 뻗어나가 이를 점유하는 것은 우리의 계시받은 운명으로, 하느님께서는 우리에게 이를 주시고 자유와 자치적인 연방정부를 실험하여 발전시키도록 우리에게 위임하셨다"고 선언했다. 영토 팽창은 1844년 미 대통령 선거에서 최초로 주요 이슈로 등장했으며, 열렬한 영토팽창론자였던 민주당의 제임스 포크가 대통령에 당선되며 미국은 오레곤 영토와 멕시코 영토에 대한 팽창정책을 본격적으로 추진하기 시작하여 이들을 획득했다. 포크 대통령은 작은 키 때문에 '그루터기의 나폴레옹(Napoleon of the stump)'으로 불렸으며, 사람들은 영토 팽창에 대한 그의 원대한 계획과 야심을 보며 그를 '장기 프로그램을 갖고 있는 소인(a short man with a long program)'이라고 했다. '계시받은 운명'은 백인, 특히 앵글로색슨이 북미 대륙 장악에 대한 신의 계시를 부여받았다는 것으로 다분히 백인우월주의에 입각한 인종주의적인 구호였으나, 1840년대 영토 팽창에 대한 미국 내 열기와 맞물려 당시 엄청난 호소력을 가졌었다.

다 정복을 막을 수 있었다. 영국은 미국이 서쪽으로 팽창하는 것을 막을 수 있는 유용한 대안을 별로 가지고 있지 않았다. 그러나 영국은 1807년부터 1815년에 이르는 기간 동안 오대호 연안에 거주하는 미국 원주민들과 동맹을 맺었고, 그 후 잠깐 동안 독립국으로 존재했던 텍사스와도 동맹을 체결했다. 그러나 이 노력은 미국이 태평양 연안까지 도달하는 데 아무런 심각한 위험이 되지 못했다. 미국의 엘리트들은 당시 유럽에서 가장 막강했던 나폴레옹의 프랑스가 북아메리카 대륙에 새로운 제국을 건설할까 두려워했다. 물론 프랑스 제국은 북아메리카에 건설되지 않았다. 실제로 프랑스는 엄청나게 넓은 루이지애나 영토를 1803년 미국에 매각했다.

사실 미국의 팽창을 제어하려는 유럽인들의 노력은 오히려 역효과를 불러일으켰다. 그것은 미국인에게 더욱더 팽창을 운명적으로 생각하게 만들었다. 예를 들어 유럽인들은 1840년 무렵부터 북아메리카 대륙에서 세력균형을 유지해야 한다고 공개적으로 말하기 시작했다. 이는 미국의 팽창을 제어하고 유럽 제국의 상대적 힘을 증강시키겠다는 의미를 내포한 것이었다. 이 주제는 미국이 루이지애나 영토이서 지방으로 팽창하기 이전에 떠오른 주제였다. 물론 미국인들 사이에 이 주제에 대해 완벽한 의견 일치가 있던 것은 아니었지만 이 문제가 즉각적으로 미국 정치의 가장 중요한 이슈가 되었다는 사실은 놀랄 일이 아니다. 제임스 포크 대통령이 "세력균형 개념이 북아메리카 대륙에 적용되도록 허락될 수 없다. 특히 미국에 대해서는 적용될 수 없다. 우리는 이 대륙에 사는 시민들만이 그들 자신의 운명을 결정할 수 있다는 원칙을 견지해야만 한다"고 말한 것은 모든 미국 시민을 대표해서 한 말이다. 1845년 포크 대통령이 위와 같은 말을 한 직후 텍사스는 미국의 한 주로 편입되었으며, 뒤이어 오리건 영토, 그리고 미−멕시코 전쟁 결과 1848년 멕시코로부터 빼앗은 캘리포니아, 뉴멕시코 등이 미국에 편입되었다.

역사학자 프레데릭 머크(Frederick Merk)는 19세기 미국의 안보정책을 다음과 같이 간결하게 기술했다.

## ▐▶ 강력한 국가에 대한 두려움

기원전 2세기 로마의 군대가 마메르티네 용병 부대를 돕기 위해 시칠리아에 처음 상륙했을 때, 로마의 상대적 우위를 인식한 시칠리아의 시라큐스 왕 히에로 2세는 로마가 카르타고를 물리칠 가능성이 더 크다고 판단하고 로마와 동맹을 맺었다. 몇 년 뒤, 히에로 2세는 로마의 영향력 강화에 놀라 이번에는 카르타고를 지원하게 된다. 히에로 2세는 자신의 시칠리아 영토를 지키면서도 로마와 우호적 관계를 유지하고, 카르타고가 소멸하지 않도록 하면서 그보다 강한 세력인 로마가 너무나 손쉽게 궁극적 목표를 성취하지 못하도록 하는 것이 시라큐스와 자신을 위한 일이라고 믿었다. 히에로 2세는 자신의 정당한 권리에 대해서조차 문제를 제기할 수 없을 정도로 압도적인 힘을 가진 국가의 성공을 도와서는 안 된다고 믿었던 것이다. 바로 이 정책이 세력균형정책이다.

세력균형이란 정책 입안자들이 만드는 것이라기보다는 이미 존재하는 현실적 조건으로 인해 정책 입안자들이 선택할 수밖에 없는 것이라고 할 수 있다. 세력균형 현상은 누군가의 감동적 연설로써 사라질 수 있는 것이 아니며, 세력균형의 종식이 가능한 것이라면 그것은 이를 만들어내는 환경의 변화를 통해서다.

"가장 중요한 국방 문제는 영국이었다. 영국의 야심은 미국을 에워싸고 있는 것 같았다. 미국의 변방에 대해 영국은 위험한 잠재적 침략국이었다. 영국을 막는 가장 효과적인 방법은 변방을 미국 스스로 장악하는 일이다. 그것이 바로 미국이 당면한 현저한 운명의 시대의 먼로 독트린이 가지는 의미였던 것이다."

동북아에서 미국과 중국 간에 패권 경쟁이 본격화되면 중국에 접하고 있는 우리 한반도는 미국과 중국 중 어느 한 편에 서야 하는지,

아니면 중립적 지위에 있어야 하는지, 아니 우리가 마음대로 우리의 위치를 정할 수 있을 것인지, 이 모든 의문과 궁금증들은 제기할 만한 충분한 가치가 있다. 우선 이 문제를 다루는 사람마다 편차는 있지만 대체적으로 중국의 부상과 발전은 필연적으로 본다. 경제는 다른 플레이어들이 부상하면 파이가 커지고, 이는 모두에게 유익하다는 '논 제로섬 게임(non zero-sum game)' 이지만, 영향력과 통제력에 관한 투쟁인 지정학 면에서는 경쟁은 불가피하다. 중국의 부상은 국제정치에서 미국이 활동해온 거대한 공간을 불가피하게 줄어들게 만들 것이다. 문제는 대륙에서 특히 아시아에서 중국이 패권적 지위, 예를 들면 아메리카 대륙에서 미국이 가지고 있는 패권적 지위와 같은 성격의 패권을 주장하면 미국은 이를 수용할 수 있을까? 중국이 이런 패권적 지위를 요구한다고 하여 아시아 각국은 순순히 이를 수용할까? 중국의 호전성에 쉽게 굴복할 나라들이 많이 있을 것 같지 않지만, 이 질문은 제기해볼 만한 충분한 가치가 있다. 중국이 그와 같은 길을 걷는다면 세계는 암울한 혼란에 빠지게 될 것을 걱정하기도 한다.

현재적 강대국이나 잠재적 강대국들의 음흉한 행동을 저지할 수 있는 유일한 방법은, 역사적으로 볼 때 동맹 결성이었다. 동북아에서 기존의 동맹이 더 강화될지, 새로운 판짜기의 동맹이 결성될지, 질문들이 제기되고 있지만 우리의 가시권에 있는 미래에 동북아에서 중국 세력에 편승하는 경향보다는 기존의 동맹을 강화하는 경향이 될 것이라고 예상하는 것이 더 현실적이라고 생각하는 사람들도 많다. 중국의 세력이 부상한다고 하여 절대적 힘을 보유하고 있는 미국의 영향력이 급속히 쇠락하여 절대적 영향력도 적어지는 상황은 적어도 반세기 안에는 발생하지 않을 것이기 때문이다. 정치가들은 미래를 설계할 때 50년 앞은 보지 않는다.

# 6

## 네 위치를 알라!

조지 프리드먼의 《100년 후》(김영사)에 부친 추천사(이수혁) 전제

외교에서 한 국가의 정책은 그 국가가 놓인 환경에 지배를 받는다. 그 환경은 곧 지정학이다. 한 국가의 지도자가 운영할 수 있는 외교의 영역은 국가가 놓인 지정학에 의해 결정된다. 아무리 훌륭한 지도자라 해도 그 국가가 약소국이라면 그 국가를 초강대국으로 바꿀 수는 없다. 지정학은 국민들이 가지는 애국심이나 지도자의 미덕이나 탁월한 외교정책과는 무관하게 국가의 운명을 결정짓는, 주어진 환경에 관한 것이다. 지정학은 국가와 국민을 제약하고 일정한 방식으로 행동하도록 강요하는 비인격적인 힘을 갖는다. 섬나라 일본과 반도국가 한국, 그리고 대륙국가 중국은 지정학적인 이유로 독특한 세력 팽창의 구조를 가진다. 한 국가의 성격은 상당 부분 지리에 따라 결정된다.

우리가 사용하는 지리라는 용어는 한 장소의 물리적 특성뿐 아니

라 그 장소가 개인과 공동체에 미치는 영향도 내포하고 있다. 고대에 스파르타와 아테네는 육지로 둘러싸인 도시와 해상 제국이라는 차이 밖에 없었지만 스파르타인과 아테네인은 문화와 정치적으로 상당히 달랐다. 또한 스파르타는 가난하고 험한 시골이었으나 아테네는 부유한 대도시였다.

지정학적 가정을 받아들이면 인간이 서로 천부적인 유대로 연결되고 지리적 위치의 제약을 받으며 특정한 방식으로 행동하는 이유를 충분히 이해할 수 있다. 따라서 면밀한 분석으로 국가의 형태를 만드는 힘을 발견하면 국가가 선택하는 메뉴가 제한적이라는 것을 알 수 있다.

지정학에는 기본적으로 지리적 환경과 파워라는 두 가지 쟁점이 있다. 우선 지리적 환경에 대한 첫 번째 관점은 해퍼드 존 매킨더(Halford John Mackinder)의 견해로, 유라시아 대륙을 지배하는 것이 곧 세계를 지배한다는 것이다. 이러한 생각은 냉전 시대에 영국과 미국의 전략적 기초가 되었고, 이들은 동유럽과 아시아를 에워싸고 압박했다. 하지만 미국의 지정학적 전략가 앨프리드 세이어 머핸(Alfred Thayer Mahan)은 바다를 제패하는 것이 곧 세계를 제패하는 것이라고 주장했다.

역사는 어떤 면에서 이 두 가지 주장이 모두 옳다는 것을 보여준다. 유라시아 지배에 실패함으로써 소련은 붕괴되고 바다를 지배하는 미국이 초강대국이 된 것을 보면 그렇다는 것이다.

지정학적 요인들로 인해 분쟁이 반복된다. 프랑스와 독일은 수많은 전쟁을 치렀으며, 폴란드와 러시아도 마찬가지다. 한 차례의 전쟁으로 잠재된 지정학적 문제가 풀리지 않으면 이들은 다시 싸웠다. 역사적으로 러시아를 침공했던 유럽 국가들은 모두 파국에 이르렀다. 그들은 러시아의 반격으로 패배하거나 러시아와 싸우다가 힘이 소진되어 다른 국가의 공격으로 패배하기도 했다. 때로 러시아는 세력을 서쪽으로 펼쳐 대규모 군대로 유럽을 위협하기도 했다. 어떤 경우에는 러시아가 수동적으로 대응해 무시를 당하기도 했지만, 그런 나라들은 가끔 혹독한 대가를 치렀다.

조지 프리드먼은 《100년 후》에서 "매우 중요한 지정학적 원리가 현대화한다. 그것은 대서양과 태평양을 지배하는 국가가 세계 무역을 지배하고, 우주를 지배하는 국가가 세계의 대양을 지배한다는 점이다. 미국은 우주에서 상대할 만한 적수가 없는 존재로 부상하고, 이에 따라 세계의 대양을 지배할 가능성이 크다"고 지적하며, 중국이 부상하더라도 세계 패권국이 될 수 없는 현대사적 이유를 제시했다.

오늘날의 국제 질서에서는 타협을 미덕으로 생각한다. 타협 없는 외교는 국제사회에서는 발붙이기가 더 이상 어렵다. 어느 나라든지 외교 협상에 임할 때는 양보안을 준비하기 마련이다. 강대국도 완전히 자기 마음대로 할 수는 없다. 외교 협상자는 상대국의 제안에 양보하고 싶더라도 국민 여론이 이를 수용하지 않을 것을 걱정한다. 각국의 내정에서 민주화는 그만큼 일방적 외교의 범위를 축소시키고 있다. 결국 외교의 큰 흐름은 상대국의 힘과 영향력을 존중하고, 그 국가의 두드러진 이해관계도 배려한다는 것을 의미한다. 이러한 포용과 억제 사이의 균형은 외교정책이 해결해야 할 중요한 과제다.

## 100년의 역사를 넘어 인간사 전반을 미리 펼쳐보는 광활한 전망

사회 현상을 예측하는 일은 아무나 할 수 있는 작업이 아니다. 자연 현상의 경우 많은 것이 뉴턴의 선형적 · 결정론적 이론에 따라 예측이 가능하지만, 과학이 발달하면서 뉴턴의 이론으로 설명할 수 없는 현상도 밝혀졌다. 대표적인 예로, 20세기 초반 물리학계에 충격을 가한 하이젠베르크(Heisenberg)의 '불확실성의 원리'는 과학적 정확성과 논리적 분석의 종착점에서 우리가 그 어떤 확실한 것도 얻지 못한다는 사실을 밝혀냈다. 하물며 불확실성, 비선형 논리, 자기 조직적 임계 현상 등의 속성을 보이는 사회 현상의 미래를 예측한다는 것은 얼마나 어렵겠는가.

사회 현상은 정치 현상과 맞물리고, 인류의 역사는 정치 현상이 나비효과나 '초기 조건에 대한 민감성(sensitive dependence on initial conditions)'처럼 초기의 미세한 변동이 과정의 끝에서 거대한 변화를 일으키는 불안정하고 예측 불가능한 현상임을 보여주고 있다. 예측할 수 있는 과정이 우연처럼 예측할 수 없는 방법으로 일어날 때, 그 결과를 예측하기는 불가능에 가깝다.

그러한 어려움에도 불구하고 미국의 사설 정보기관 스트랫포(Stratfor)를 운영하는 조지 프리드먼은 《100년 후》에서 과감하게 미래를 예측하고 있다. 그가 예측하는 모험 대상은 인류 사회의 구조, 체제, 그리고 그 체제 중에서도 가장 규모가 큰 세계정치(혹은 국제정치)다. 더구나 그 기간은 인간의 수명이 간신히 채울까 말까 한 100년이다.

인간사라는 것이 한 치 앞도 내다보기 어려운 법인데, 인간이 만들어가는 정치, 그것도 국내 정치가 아닌 국제정치의 역학 관계 속에서 벌어지는 사건과 질서를 100년이나 미리 펼쳐 보인다는 것은 참으로 대단한 일이다.

언뜻 허황된 작업이라는 생각이 떠오르는 것도 당연하다. 하지만 이 책을 읽다 보면 자연스럽게 저자의 직관과 역사 해석, 그리고 광활한 상상력에 호기심이 일어난다. 프리드먼은 근거 없는 예견이 아니라 역사의 반복을 확인하듯 역사적 사례를 인용해가며 미래를 예측하고 있다. 예를 들어 무정부주의적인 근대 국제정치 구조의 특성을 지적하며 21세기 국가 간에 전개될 평화와 전쟁의 문제를 예측한다. 또한 국제정치가 빚어내는 치열한 경쟁에서 살아남는 국가와 쇠퇴의 길에 들어선 국가들의 행태를 동적으로 보여준다.

프리드먼은 국제 무대에 우뚝 서 21세기의 패권을 움켜쥐고 향유할 국가는 단연 미국이라고 단언한다. 심지어 미국의 부와 군사력, 과학기술을 따라잡을 국가는 21세기에 존재하지 않는다고 강조한다. 반면 사람들이 흔히 우려하듯 G2로 불리며 부상하는 중국의 위력은 조금도 걱정하지 않는다. 중국은 종이호랑이에 불과하며, 정치적 위기에 직면해 2020년대가 되면 일본에 밀린다고 내다본다. 그의 예측에서는 러시아 역시 2020년대에 동력을 잃고 만다.

50년 주기로 위기를 맞는 미국은 2030년에 다섯 번째 위기를 맞고, 이 과정에서 일본, 터키, 폴란드가 지역 강대국으로 등장한다. 이로 인해 전쟁의 기운이 조성되고, 결국 지정학적 이유에서 전쟁은 피할 수 없게 된다.

2050년 11월, 일본과 터키, 폴란드가 아시아와 유라시아, 유럽에서 지역 패권 국가로 등장해 전쟁을 치르지만 이들 연합은 미국의 세계적인 패권에 필적하지 못한다. 미국은 극초음속 미사일 시스템을 구축하고, 이는 잠재적 적국을 목표로 하는 정지궤도 위성에 설치 된 우주사령부가 통제한다. 프리드먼은 이 플랫폼을 '배틀스타(Battle Stars)'라고 부른다. 21세기 중반이 되면 극초음속 미사일이 일본 해 안에 있는 선박이나 만주에 있는 탱크를 30분 만에 명중시킬 수 있 다. 따라서 미국은 배틀스타를 통해 미국에 도전하는 일본과 터키를 패퇴시키고 2060년대의 황금기를 누린다.

하지만 2080년이 되면 유일한 패권국 미국에도 문제가 생긴다. 그 것은 멕시코의 발전과 미국에 이주한 멕시코인들 때문이지만, 멕시 코 역시 미국을 당할 재간이 없다.

21세기 내내 미국이 누리는 특혜는 대서양과 태평양을 장악한 해 군력, 과학기술을 통한 우주 장악력, 신생 에너지 개발, 발달한 로봇 등에서 나온다. 지구상의 어떤 나라도 이런 면에서 미국을 추격할 수 없는 것이 21세기의 환경이다.

저자는 국제정치를 전망하고 예측하려면 상상력이 절실히 필요하 다고 주장한다. "소련이 갑자기 붕괴할 줄 누가 상상이나 했겠는가! 이것은 기존의 정치 분석이 얼마나 상상력의 빈곤 속에서 이뤄졌는 지를 보여준다. 지나가는 구름이 영원할 거라고 생각하는 자세로는 세계 구석구석에서 벌어지는 강력하고 장기적인 변화를 제대로 볼 수 없다."

프리드먼이 국제정치를 해석하고 미래를 예측하는 데 사용하는 틀 은 지정학이다. 현실적인 지정학적 여건 속에서 국가와 정치 지도자 는 당면 목표를 추구한다.

특히 국제정치를 보는 현실주의 시각은 본능적이라는 저자의 말이 매우 흥미롭다. "역사는 분노가 아닌 권력이 만든다. 물론 권력이 분노에 의해 에너지를 공급받기도 하지만, 권력은 더욱 근본적인 실재로부터 나온다. 분명 지리학, 인구학, 기술, 문화 등이 미국의 권력을 규정짓고, 나아가 미국의 권력이 21세기를 규정지을 것이다."

저자는 '안보 딜레마'와 '죄수의 딜레마'를 패권 게임에 잘 적용하고 있다. 이기기 위해 전쟁을 감행할 필요는 없다. 그저 분열을 조장해 상대방이 대항할 힘을 충분히 축적하지 못하도록 하는 것으로 충분하다.

21세기의 세계는 북대서양과 태평양을 다스리는 나라가 세계의 무역 시스템뿐 아니라 국제 경제까지 지배하게 된다. 그 양쪽 대양에 자리 잡은 나라가 바로 미국이다. 사실 양쪽 대양을 휘두를 해군력 구축과 그것을 전 세계에 배치하는 데 들어가는 비용을 감안하면 바다는 강대국이 지배할 수밖에 없다. 그런 의미에서 저자는 최소한 21세기 동안에는 미국이 그 강대국으로 군림할 것이라고 단언한다. 실제로 21세기 초를 살아가는 우리는 세계가 미국을 중심으로 돌아가고 있음을 보고 있다. 저자는 21세기에 대해 단 한 가지 주장만 할 수 있다면 이렇게 말하고 싶다고 했다.

"이제 유럽의 시대는 끝났고 미국의 시대가 시작됐으며, 앞으로 100년간 북미는 미국이 지배한다."

저자의 예측대로라면 일반적으로 회자되듯 미국의 시대는 끝나고 중국의 시대가 오는 것이 아니라 2020년대가 되면 중국은 쇠락한다. 전쟁이 여기저기서 발발하겠지만 21세기는 미국을 중심으로 돌아간다는 이야기다.

역사의 세세한 대목에까지 몰두하는 역사가나 이론정치학자들은 100년 후의 국가 관계를 예측하는 것을 공상으로 치부할지도 모른다. 그러나 평범한 일상에 묻혀 사는 사람들은 그러한 공상이 제법 그럴듯하다고 여기며 즐긴다. 미래를 예측하기 위해 동원되는 과거와 현재의 모습을 돌이켜보는 것도 이 책이 주는 선물이다.

로마 시대의 철학자 루크레티우스는 미래에 대한 사람들의 무관심은 과거에 대한 무관심에서 유래한다며 이런 말을 남겼다.

"우리가 출생하기 전, 즉 우리 앞의 영원한 시간인 과거의 시대가 어째서 우리와 아무런 관계가 없다는 것인지 생각해보라. 과거야말로 우리가 죽고 난 다음 자연히 미래에 속하는 우리를 비춰 보는 거울이다."

관망자는 그저 지켜보기만 하면 그뿐이지만 정책을 결정하는 지도자들은 미래를 전망하는 데 더 많은 사유의 시간이 필요하다. 국가의 존엄한 생존을 위하여.

# chapter 4

# 평화통일의
# 길을 묻다

# 1

## 국제체제의
## 무정부성과 윤리

 

국제정치에서 현실주의 정책은 여러 가지 정의가 있으나, 국제 관계가 무정부 상태라는 특수한 조건에서 안보를 특정 목표로 추구하는 정책이라고 정의하는 것이 무난하다. 대부분의 경우 현실주의 정책이라는 단어는 세력균형 모델과 더불어 연상된다. 현실주의 정책이 하나의 방법론이라면, 세력균형 정치는 이 방법론의 내용을 형성하고 그 작동 방식을 규정한다.

제1차 세계대전의 발발을 이해하려면 모든 관련국들이 갖고 있던 약점과 강점, 야심과 두려움 등이 무엇이었는지 이해해야 한다. 이런 요소들을 설명하려면 국가 지도자와 국가의 속성에 초점을 두어야 한다. 어떤 인물들이 국가의 정책을 결정짓고 있었는가? 이 인물들은 자국의 경제적·사회적·정치적 토대들을 기반으로 어느 정도의 재량권을 갖고 있었는가? 이 인물들은 어떠한 국내의 압력 및 제약으로 인해 어려움을 겪었는가? 어떤 역사적 분석에서나 이들 요소들은 몹시 중요한 것들이다.

하지만 제1차 세계대전 전에 이 요소들이 갖는 영향력에 대한 평가는 당시의 모든 유럽 국가들이 직면해 있던 외부로부터의 압력을 고려하지 않고는 불가능하다.

오스트리아와 독일은 자신들의 동쪽에 위치한 러시아의 경제가 여태까지의 후진적 상태를 벗어나 많은 부분에서 급속한 발전을 이루고 있고, 인구 증가 속도가 자신들의 두 배에 달하고 있으며, 황제의 지위가 불안정하기 때문에 앞으로 발생할지도 모를 위기 상황에서 항상 온건책을 유지할 수는 없을 것이라는 점을 인식했다. 프랑스도 마찬가지로 자국의 동쪽 국경 너머로 시선을 돌렸다. 이런 프랑스의 눈에 들어온 나라는 군국주의적 조직을 갖추고 있고, 카이저는 충동적 성향을 가졌으며, 그 인구와 경제는 이미 오래전에 프랑스를 능가했으면서도 계속하여 도약적인 발전을 이루고 있었다. 한편 대륙의 국가들로 시선을 돌린 영국은 인근 해역에서 독일 해군이 영국의 우월성에 도전하려는 채비를 하고 있음을 인식했으며, 독일이 이미 북해를 '독일의 호수' 로 일컫고 있다는 점, 독일이 지금껏 따라오지 못했던 산업 및 교역 분야의 영국의 지도력에 독일 경제가 도전장을 내밀고 있다는 점, 그리고 전통적으로 영국 안보의 뒷받침이 되어왔던 유럽의 세력균형이 독일의 외교정책으로 인해 붕괴될 위협에 처해 있다는 사실 등을 목도했다.

국가는 상대국가의 의도를 완벽하게 예측할 수 없다. 국제적 무정부 상태라고 해도 상대의 의도를 알 수 있는 경우와 알 수 없는 경우에 국가의 행동은 큰 차이를 보인다. 상대의 의도를 파악할 수 있다면 상대가 앞으로 어떠한 행동을 할 것인지 알 수 있고, 따라서 대비가 가능하다. 상대가 방어적인 의도를 가진다면 상당 부분 안심하고 안보에 대한 투자 수준을 낮출 것이다. 그러나 상대가 공격적인 의도를 가진다면 자신의 군사력을 증강함으로써 안보를 유지하는 것이 가능하다. 하지만 상대의 의도를 파악할 수 없다면, 상대가 앞으로 어떻게 행동할 것인지를 예측할 수 없고 모든 국가를 의심하게 된다. 상대의 의도에 대응한 적절한 대책을 세울 수 없으며, 최악의 상황에 대비한 군사력 증강을 하게 되고, 이는 다른 국가의 불안감을 키우는 악순환을 초래한다.

1990년 존 미어세이머(John Mearsheimer)는 자신의 이론에 기초해 냉전 이후의 세계에 대해서 예측했다. 그는 국제체제의 구조가 냉전 기간의 양극체제에서 다극체제로 변화할 것이라고 진단하고, 강대국 전쟁의 가능성은 1945년 이전의 세계에서처럼 증가할 것이라고 보았다.

그러나 미어세이머의 예측은 결과론적으로 틀렸다. 하지만 이러한 오류는 이론에서 발생한 것이 아니라 국제체제의 구조가 변화하는 방향에 대해 잘못된 진단을 내렸기 때문이었다. 미어세이머는 양극체제가 다극체제로 변화한다면 강대국 전쟁은 증가한다고 주장했다. 역사적으로 다극체제에서 양극체제로 변화하면서 강대국 전쟁의 빈도는 절대적으로 감소했다. 하지만 현실에서 국제체제의 극성은 냉전 이전과 같은 다극체제로 회귀하지 않고, 오히려 미국이 유일한 강대국으로 자신의 위치를 강화하는 일극체제로 변화했다. 물론 지역 무력 분쟁과 지역 전쟁이 있었지만, 이 때문에 국제체제에서 강대국 전쟁의 빈도가 감소하고 안정이 유지되었다. 이러한 현상을 일극체제의 안정성이라고 지칭한다.

특히 주목할 만한 사항은 미어세이머가 핵 확산에 찬성했다는 사실이다. 냉전 이후의 다극체제와 강대국 전쟁이라는 비관적 전망을 제시하면서, 이를 교정하는 방법으로 제한적인 핵 확산을 제안했다. 즉, 핵 확산이 제한적으로, 특히 통일독일에 핵무기를 허용하는 형태로 이루어지면 전쟁이 벌어질 경우 핵무기가 사용될 가능성이 커질 것이므로, 핵무기의 파괴력을 두려워한 유럽 강대국들이 전쟁을 감행하지 못할 것이라는 논리다.

소련이 붕괴하면서 우크라이나, 벨라루스, 카자흐스탄 등은 러시아와 함께 냉전의 유산으로 소련의 핵전력을 상속받았고, 이를 어떻게 '처리'할 것인지가 매우 중요한 정책 사안으로 등장했다. 이에 대해 미어세이머는 러시아라는 강력한 이웃과 과거 원만하지 않은 역사적 경험을 가진 우크라이나는 핵무기를 그대로 보유해야 한다고 주장했다. 이를 통해 동부유럽에서의 안정성이 유지될 수 있다고 보았다. 현실주의 이론가 가운데 가장 논리적인 미어세이머만큼 국제체제의 무정부성이 지닌 의미를 철저하게 분석한 이론가는 없다.

국제체제의 무정부성으로 말미암아 윤리의 역할은 국제 무대에서 더 제한적이다. 윤리가 국내 정치에서보다 국제정치에서 그 역할이 더 작은 데는 4가지 이유가 있다.

첫째, '가치'에 대한 국제적 합의가 약하기 때문이다. 특정한 행위가 정당한가에 대해서는 문화적 · 종교적 관점에 따라 그 답이 다르다.

둘째, 국가는 개인과는 다르다. 국가는 추상적인 존재이고, 비록 국가의 지도자는 개인이라 할지라도 그 행동은 개인으로서의 행동과는 다르게 판단된다. 예를 들어 룸메이트를 구할 때는 대부분의 사람이 '살인하지 말라'라는 계명을 믿는 사람을 원한다. 그러나 그런 사람들도 '어떤 상황에서라도 사람을 죽이는 정책은 택하지 않을 것'이라고 공약하는 대통령 후보에게는 표를 찍지 않을지 모른다. 대통령은 시민의 이익을 보호하도록 시민으로부터 위임을 받은 자이고, 그렇기 때문에 특정한 상황에서는 무력을 사용해야 할 수도 있다. 개인적인 도덕의 차원에서 희생은 도덕적 행위에 대한 최고의 증명이겠지만 지도자가 그의 국민 모두를 희생시켜도 좋을까? 펠로폰네소스전쟁에서 아테네인들은 멜로스의 지도자들에게 "저항하면 멜로스 주민들을 모두 죽이겠다"라고 말했다. 그런데도 멜로스의 지도자들은 저항했고 주민들은 학살당했다. 협상을 해야 했을까? 1962년에 케네디 대통령은 미국도 비슷한 미사일을 터키에 배치해두고 있는 상황에서, 핵전쟁의 위험을 감수하면서까지 소련에게 쿠바에서 미사일을 철수하라고 강요해야 했을까? 위의 질문에 대한 대답은 사람들마다 제각각일 것이다. 핵심은 개인이 국가의 지도자로서 행동할 때는 그들의 행위가 어느 정도 다르게 평가된다는 것이다.

셋째, 인과관계가 복잡하기 때문이다. 물론 국내 문제에서도 어떤 행위의 결과들을 파악하기란 어려운 일이다. 그러나 국제정치에서는 국가 간의 상호 반응 때문에 한 차원 더 복잡해진다. 또 하나의 차원이 결과를 정확하게 예측하는 것을 더욱더 어렵게 만드는 것이다. 1933년 대부분의 영국 학생들은 제1차 세계대전에서 2000만 명의 사람들이 죽었다는 사실을 상기하며 왕과 국가를 위해 다시는 싸우지 않겠다는 결의에 찬성했다. 그러나 히틀러는 민주주의자들은 약하고 싸우려 하지 않기 때문에 그가 원하는 대로 몰아붙일 수 있을 것이라고 결론지었다. 결국 왕이나 국가를 위해 다시는 싸우지 않겠다고 결의한 많은 학생들은 자신들이 원하지도 않았고 예상하지도 못한 제2차 세계대전에서 싸우다 죽었다. 사람들은 선한 의도에도 불구하고 사안의 복잡한 원인들을 파악하지 못하여 그 의도의 결과가 실패하고 마는 경우가 허다하다.

넷째, 국제사회의 제도들이 매우 취약하여 국내 정치에서보다 국제정치에서 질서와 정의 간의 괴리가 더 크다. 질서와 정의는 중요하며, 국내 체제에서는 질서를 당연하게 받아들인다. 그러나 국제정치에서 중앙정부의 부재는 정의에 우선되어야 할 최소한의 질서를 유지하는 것을 매우 어렵게 한다.

# 2

# 전쟁도 멍석이 깔려야 한다
### 구성주의로 보는 한반도 전쟁

국가의 단일성은 국내 정치에서 동원된 자원에 의해 국민의 의견이 통일되게 하는 요인들뿐 아니라 외부의 적에 대한 적대감에 의해서도 강화된다. 국가가 전쟁을 각오하면서 자원을 동원하며 적대감을 부추기려 할 때에는 상황이 심각해진다. 이미 존재했던 적이나 적대감을 자극하면 전쟁 발발의 가능성을 더 높게 만들 수 있다. 적의가 충만한 국민들이 전장에서 희생을 각오하는 연대감이 형성되면 전쟁에서 승리할 가능성이 더 높아질 것이다.

전쟁이란 한 국가가 또 다른 국가를 상대로 일으키는 것이다. 전쟁은 전선에 배치된 군인 개개인의 의사에 상관없이 진행된다. 개인은 국가의 일원이기에 전쟁에 참여한다. 전쟁의 목적은 적대국가를 파괴시키거나 변화시키는 것이다.

전쟁이 상대하는 것은 국가이지 그 국가에 속한 개인들이 아니다.

그러기에 종전 후에 국가들 간의 관계 정상화가 빠르게 진행될 수 있다. 한국전쟁에서 한국인들이 목숨을 걸고 싸웠던 중국과 오늘날 한국이 맺고 있는 협력 관계를 보면 알 수 있다.

침략 전쟁까지 포함한 많은 전쟁의 본질은 적국의 소유물을 탈취하기 위한 것이라기보다는 침략국 자신이 가진 것을 보호하려는 사전 대응책의 성격을 가졌다.

우리의 많은 관심과 우려는 궁극적으로 한반도에서의 전쟁 재발 문제다. 북한의 남침 확률은 얼마나 될까? 북한이 핵을 사용할 가능성은? 북한이 핵을 포기할 가능성은? 김정일이 몇 년 안에 죽을 가능성은? 김정은이 후계자로서 성공할 가능성은? 통일이 10년 안에 될 가능성은? 김정일이 3년 안에 죽고 5년 안에 통일이 될 가능성은 얼마나 될까? 오늘날 북한과 관련된 질문들이다. 회고적으로 위험률을 계산하는 것도 의견들이 제각각인데, 미래의 위험률을 예상하는 것은 정말 어렵다. 너무 어려워서 전문가들에게 물어보아도 확실한 정답은 얻을 수 없다. 차라리 문어에게 물어보면 웃음이라도 얻을 수 있을 것이다.

그러나 우리는 적어도 한반도의 전쟁 가능성만큼은 매우 낮게 매길 수 있다. 한반도에서 전쟁이 나지 않기를 바라는 희망을 이야기하는 것이 아니다. 북한을 포함한 한반도 주변국들의 내외적 상황이 전쟁을 회피하도록 만들고 있으며, 전쟁이 발발할 구조 자체도 갖추어지지 않고 있기 때문이다.

국제 질서의 역학이 국가의 자유를 제한하는 만큼 국가의 행동과 그 행동의 결과들은 예측이 가능해진다. 환경이 전쟁을 일으키기 어

## █▄ 전쟁의 원인으로서 국가의 행위와 구조

한 국가가 가진 의지는 자국을 위해서는 타당한 것일 수 있지만 다른 국가들과의 관계에서는 잘못된 것일 수도 있다. 각 국가의 개별적 의지들로 인해 필연적으로 생겨날 갈등을 방지하고 조정할 상위 수준의 권위체가 존재하지 않는다는 사실은 전쟁의 필연성을 의미한다. 국제 관계에서 서로 다른 특수성들 사이에서의 사고 발생은 우연이 아닌 필연이다. 그리고 이것은 무정부 상태에서는 자연스러운 조화의 성립이 불가능하다는 말을 달리 표현한 것과 다름없다.

국가 간의 관계가 전쟁 상태에 놓인다면 그 원인은 무엇인가? 개별적인 각 국가들의 예측할 수 없는 행위가 원인이 되는 것일까, 아니면 이들 국가들이 존재하는 장으로서의 체제가 원인이 되는 것일까? 어떤 형태의 사회이든지 간에 이를 결속하는 것은 공동의 이익이며, 사회를 분열시키는 것도 이를 둘러싼 분쟁이다. 그러나 분쟁에서 정치적 구조 못지않게 분쟁을 일으키고 무력 사용을 초래하는 행위들 역시 중요한 의미를 가진다. 전쟁의 직접적 원인은 구체적 행위들이며, 구조는 이들 전쟁의 발생이 가능하도록 하는 것이다. 적국이 지닌 이기심, 비뚤어진 마음, 포악한 어리석음을 제거할 수 있다면 평화 수립에 도움이 될 것이지만, 구조를 변화시키지 않은 채 분쟁의 직접적 원인을 제거하려 하는 것은 실현이 어려운 이상주의적 접근 방식이다.

려우면 전쟁의 가능성이 낮다고 예측할 수 있다. 국제 질서 안에서 국가가 차지하는 위치를 분석함으로써 그 국가의 행동을 예측할 수 있는 것이지 그 국가의 내적 특성을 관찰하는 것만으로는 불가능하다.

국가 안보에 대한 염려가 사라졌다고 해서 그것이 분쟁이 사라졌다는 것을 의미하지는 않는다. 이해관계의 갈등은 증폭되지만 분쟁을 해결하기 위해 북한이 힘을 사용하지 않을 것인가? 냉전 종식 후 국제정치의 구조가 바뀌었다. 경제적 방식으로 이루어진 서유럽의 협력을 향한 진보는 국제정치의 변화된 구조에서 발생하는 결과들을 고려해야 이해될 수 있다.

우리는 북한을 이해하기 위해서 미시적 차원에서 북한의 권력자의 정치 행태와 거시적 차원에서 동북아와 한반도의 지역적 구조를 분석한다. 이러한 맥락의 연장선상에서 남북한과 미국 및 중국의 상호작용을 분석한다. 국제정치라는 거대한 판을 제대로 읽어내기 위해서는 단위체에 의존하는 환원주의나 구조를 맹신하는 구조주의에만 의존할 수 없다. 단위체와 구조가 서로 영향을 미치면서 변증법적인 발전 과정을 겪어나가는 동적 메커니즘을 연구하는 구성주의는 한반도 문제를 분석하는 데 많은 시사점을 준다. 국가는 구조 속의 단위체로서, 구조의 영향을 받으면서 동시에 그러한 구조를 만들어간다.

구성주의적 관점에서 한반도를 바라볼 경우 북한과 동북아 구조 사이의 변증법적 통합 과정이 중요하게 여겨진다. 북한은 동북아 질서 속의 구조와 서로 영향을 미치면서 국제정치의 모습을 구성해나가는 '사회적 구성'의 과정을 겪게 된다.

만약 우리가 환원주의적 패러다임에 빠져 있다면, 우리는 한반도의 정치 현상을 설명하기 위해 북한 또는 북한 내 정책 결정자의 속성에 의지해야만 할 것이다. 미시적 단위체들을 더욱 깊이 쪼개어 심리학·생물학적으로 분해할 수 있는 까닭에, 환원의 과정은 아마도 원자와 분자 수준에까지 도달해야 할지 모른다. 결국 한반도 주변의 국제정치 현상을 설명하기 위해 북한을, 북한을 설명하기 위해 북한 국내 정치를, 국내 정치를 설명하기 위해 다양한 정치 세력과 정책 결정자들을, 정치가들을 설명하기 위해 그들의 사회적 · 문화적 · 심리적 · 생물학적 배경과 요소들을 파헤쳐 내려가야만 하는 끊임없는 환원의 반복은 분명 문제를 안고 있다.

인간이 구성하고 있는 집단이 사람의 본성에 따라 좌우된다면 사물의 변이를 예측하는 것이 쉬울 것이다. 그러나 사람이 구성하고 있는 조직은 그 조직체가 구성되고 나면 구성원 개개인 혹은 개개인의 집합과는 다르게 조직체 스스로가 운동 능력을 갖게 된다. 그리하여 조직 자체가 조직원 개개인의 의사와는 다른 방향으로 길을 걷는 경우를 종종 본다. 그러므로 사물을 설득력 있게 설명하기 위해서는 조직원만 가지고 설명하기에는 부족한 면이 있다. 김일성과 김정일이 개인적으로 공격적이냐 수비적이냐 혹은 적극적이냐 소극적이냐 하는 문제들만을 놓고는 국가의 결정을 설명할 수 없다는 이야기다.

한편 우리가 구조주의적 물신화에 빠져 있다면 우리는 동북아에서 국가 간의 모든 상호작용을 이해하기 위해 시간적 · 공간적 구조를 설정해야만 할 것이다. 그래서 한국전쟁을 설명하기 위해 그 당시 국제정치의 구조적 특징을 찾아야 하고, 아마도 그러한 구조가 생성될 수 있었던 또 다른 거대 구조, 예를 들어 생태적 환경 구조나 우주의 질서조차도 규명해야 할지 모른다. 이처럼 한쪽으로 기울어진 논리는 끝없는 반복의 악순환에서 벗어나기 힘들다.

민병원 교수의 《복잡계로 풀어내는 국제정치》에 의하면 이런 점에서 구성주의 사고방식은 사물을 바라보는 관점으로서 설득력을 지니고 있다. 개체와 구조 어느 한 방향으로 기울어지지 않고, 이들 양자의 상호작용을 통한 '사회적 구성' 과정을 중요시하기 때문이다.

국제정치 현상을 이러한 구성주의적 접근 방식으로 이해할 경우 매우 유용한 면이 있다. 국가라는 단위체가 역사적인 배경에서 자연적으로 생성되어온 산물이며, 이들 사이의 상호작용을 통하여 국제정치의 거대 구조가 형성된다고 볼 수 있기 때문이다. 또한 이렇게 형성된 거대 구조는 다시 외부 환경으로서 국가나 하부 단위체에 영향을 미침으로써 전체적으로 구조와 단위체가 상호작용하는 지속적인 사회적 과정을 창출해낸다고 볼 수 있다.

현실주의 이론은 모두 불안정성이 국제 질서의 보편적이고 항구적인 특색이고, 그것은 국제 질서가 영원히 무정부적이라는 성격을 갖는 데에서 생긴다는 가설에서 출발한다. 국제적인 지배자가 나타나지 않는 한 각국은 서로에게 있어 잠재적인 위협이 될 것이고, 그 불안을 없애기 위해서는 어느 나라든지 자위를 위해 무장하는 수밖에 없다.

이 위협감은 어떤 의미에서는 피하기 어려운 것이다. 왜냐하면 어떤 나라가 타국의 방위적 활동을 자국에 대한 위협으로 오해하고, 이번에는 거꾸로 상대편 나라로부터 공격적이라고 오해받을 만한 방위 수단을 강구하기 때문이다. 이렇게 해서 위협은 스스로 목적을 달성하는 예언이 된다. 그 결과 모든 나라가 타국 이상으로 군사력을 증강하려고 하는 것이다. 군비 경쟁과 전쟁은 국제체제에서 피하기 어려운 부산물이며, 그것은 국가 자체의 성격 때문이 아니라 모든 국가 체제 전체가 무정부적인 성격을 갖고 있는 데 따른 것이다.

이 권력 투쟁은 여러 국가의 내부적 성질에는 영향을 받지 않는다. 그 점을 모겐소는 "정치 무대에 올라 있는 배우에게 다양한 이데올로기를 사용하게끔 해서 그 연기의 참 목적을 은폐시키는 것, 그것이

## 🔹 전쟁과 경제적 비용

강대국들에게는 정복을 위한 희생은 크고, 기대되는 이익은 적은 상황이 생길 수 있다. 이 경우, 전쟁을 시작한다는 것은 무모한 일이다. 그러나 정복은 항상 공격국을 파탄 나게 하며 눈에 보이는 아무런 이익도 가져다주지 못한다는 일반적 주장은 정밀한 분석을 할 경우 올바른 주장이 아니다. 칼을 통해 국력을 팽창시키면서도 자국의 경제에 피해를 입히지 않은 국가들의 사례도 많다. 19세기 전반부의 미국, 1862년과 1870년 사이의 프러시아의 정복정책이 그 대표적 사례다. 침략정책은 두 나라 모두에게 상당한 경제적 이익을 가져다주었다. 더 나아가 높은 군사비 지출은 강대국의 경제력을 손상시킨다는 주장을 옹호하는 학술적 연구 결과도 별로 없다. 예를 들어 미국은 1940년 이래 국방을 위해 어마어마한 규모의 돈을 지출하고 있지만, 미국의 경제는 오늘날 세계의 부러움의 대상이다. 영국은 대제국이었고 궁극적으로 영국의 경제력은 경쟁성을 잃게 되었다. 그러나 영국의 경제적 몰락을 영국의 높은 국방비 지출 때문이라고 주장하는 학자들은 거의 없다. 역사적으로 볼 때 영국은 다른 강대국들에 비해 훨씬 적은 돈을 국방비에 지출했다. 엄청난 군사비 지출이 국가의 경제를 파탄시킨다는 주장을 가장 잘 보여주는 사례는 1980년대의 소련이라고 말할 수 있다. 그러나 학자들은 소련의 경제가 붕괴한 원인이 무엇인가에 대해 합의를 이루지 못하고 있다. 높은 군사비 지출이 아니라 경제의 심각한 구조적 문제가 소련을 붕괴시킨 원인이라고 생각할 수 있는 좋은 근거들도 많다.

바로 정치의 본질"이라고 설명하고 있는데, 이때 참 목적이란 권력을 말하는 것이다. 무정부 상태인 국제사회에서 국가 간의 관계는 동맹관계, 우호협력 관계, 적대 관계로 분포되는 스펙트럼이 있다. 이 분포는 상호 이데올로기적 인식, 지정학적 상황, 국제 규범의 존중 여하 등에 따라 결정되고 변화한다.

　중국과 영국은 몇 백 개의 핵무기를 가지고 있지만 국제사회가 북한의 핵폭탄 한 개를 더 우려하는 이유라든지, 20세기에 두 번이나 일어났던 프랑스와 독일 사이의 전쟁이 오늘날에는 더 이상 일어나지 않을 것으로 생각되는 것은 다 스펙트럼의 변화 때문이다.

　미국 남북전쟁을 설명하고자 시도하는 역사가는, 미국이 당시 인구 3100만 명 중 2퍼센트에 해당하는 60만 명의 사망자를 낸 전쟁의 참화를 어떻게 감수했는가 하는 이유를 밝히려 했다. 프랜시스 후쿠야마의 《역사의 종말》에 의하면 경제적 요인만을 주시하는 금세기 대부분의 역사가는 이 전쟁을 공업화를 진행하고 있던 북부 자본가와 전통적인 남부의 대농장 경영자의 갈등으로 해석하려고 했다. 하지만 이러한 해석에는 어딘가 만족스럽지 못한 면이 있다. 원래 이 전쟁은 주로 비경제적인 이유, 즉 북부의 경우에는 연방의 존속이라는 목적, 남부의 경우에는 '특유의 제도' 및 그러한 제도에 기반을 둔 생활양식의 유지라는 목적 아래에서 싸움이 행해졌다. 거기에는 또한 깊은 대립 요소로서 노예제도가 이 전쟁의 원인 중의 하나였다. 북부 사람들의 다수는 물론 노예 해방에 반대하고, 타협에 의한 조기 정전을 바라고 있었다. 그러나 링컨은 최후까지 전쟁을 수행하려고 생각하고 있었다. 그러한 결의는 이 전쟁이 "노예제 250년에 걸친 보상할 수 없는 고역(링컨의 제2기 취임 연설)"의 열매를 다 써버리더라도 전쟁이 계속되는 것을 기꺼이 지켜보겠다고 말한 그의 경고로부터 알 수 있다. 이 결의는 경제적 측면에서의 해석만으로는 설명하기가 어렵다.

## ▶ 국가의 장도

국가는 때로는 극복하기 어려운 국면에 처한다. 인간의 삶도 그렇듯이 국가의 앞에는 순탄한 길만 있는 것이 아니다. 후쿠야마는 《역사의 종말》에서 인간이 조우하는 국면을 다음과 같이 묘사하고 있다.

"인류는 여러 가지 아름다운 꽃을 피우는 무수한 싹이라기보다 오히려 하나의 길을 일관되게 달리는 마차의 긴 대열과 비슷하게 될 것이다. 시원시원하고 신속하게 마을에 접근하는 마차가 있는가 하면, 사막으로 되돌아가 노숙하거나 산을 넘는 마지막 고개에서 도랑에 빠지는 마차도 있다. 마차 중 몇 대는 인디언의 습격을 받고 불이 붙어서 길가에 방치되어 버려질 것이다. 싸움으로 정신이 혼미해져 방향감각을 상실하고 한 순간 엉뚱한 방향으로 내닫는 자도 있는가 하면, 여행에 싫증을 느껴 길의 어딘가에까지 후퇴하여 거처를 찾으려고 하는 사람들도 있는 법이다. 정규 코스와는 다른 길로 들어간 뒤에야 최후의 산들을 넘으려면 모두와 같은 길을 통과했어야 했다고 깨닫는 일행도 있다. 그렇지만 마차 행렬의 태반은 마을을 찾아 느긋하게 여행을 계속하고, 그 대부분이 결국에는 그곳에 도착할 것이다. 포장마차는 어느 것이나 비슷한 형태를 하고 있다. 페인트색과 재료는 다르더라도 어느 포장마차나 바퀴는 네 개이고, 말이 끌며, 마차 안에는 무사한 여행을 비는 가족이 타고 있다. 각각의 포장마차가 놓인 상황의 차이는 반드시 거기 타고 있는 사람들의 차이에 언제까지나 좌우된다고는 생각할 수 없다. 오히려 그것은 여행 도상에서 조우한 국면의 차이에 불과한 것이다.

# 3

## 제2 한국전쟁의 가능성은?

　1990년대부터 2010년대까지 북핵 위기를 경험한 생존자들은 이후의 많은 시간을 20년이라는 그때의 위기 기간을 회상하면서 보낼 것이다. 그리고 당시 살고 있었든지, 아직 태어나지 않았든지 간에 이 위기에 대하여 조금이라도 아는 사람들은 그 당시를 한민족 역사상 가장 큰 위기에 근접한 시기였다고 말할 것이다. 분단된 한반도에서 북한이 핵실험을 두 차례 감행하고, 장거리 미사일을 세 차례 실험했다는 명확한 사실이 있기 때문이다. 그럼에도 불구하고 한반도 정세가 핵전쟁에 근접했다는 종말론적 비관론이 쏟아지지는 않았다.

　한반도의 역학 구조를 구성주의 속에서 보면 북한의 대남 위협이나 군사적 도발은 세계적 차원에서 큰 의미가 있는 것은 아니다. 남북한의 안보가 그들 자신보다는 미국과 중국의 정책에 궁극적으로 의존하게 된다면, 비록 쉽지는 않지만 협력이 이루어질 수 있다.

북한의 핵 보유라는 결과가 원인이 되어 또 다른 행동을 유발한다. 이런 연속의 행동이 한국과 미국의 반응을 일으키고, 그 반응은 다시 북한에 영향을 준다. 이 상호작용이 창출해내는 상황은 다시 당사국들에게 영향을 준다. 상호작용은 어느 한 국가의 행동과 결정에 의해서는 통제할 수 없는 조건을 만들어낸다. 남북한은 행동하고, 상대에 대해서 반응한다. 자극과 반응은 정책의 구성 부분이다. 남북한은 하나의 게임에서 함께 행동하는데, 서로의 행동에 동기를 부여하고 행동을 결정한다. 그들은 각각 게임을 하지만 한편으로는 함께 게임을 하고 있는 것이기도 하다. 그들은 서로서로에게, 그리고 그들의 상호작용이 창출해내는 긴장에 반응한다.

예를 들어 2009년 북한의 우주비행체(로켓) 발사 실험은 북한이 노린 효과를 달성하지 못했다. 2009년 4월 5일 오바마는 프라하에서 '핵무기 없는 세계를 만들겠다'는 주제로 연설을 준비했다. 그러나 그가 아침에 일어나자마자 보고받은 것은 북한의 로켓 발사 소식이었다. 그래서 애초의 연설 원고에 없었던 "지금 바로 이 순간에 북한이 로켓을 발사했다"는 대목과 북한에 대한 비판을 담은 한 문단이 추가되었다. 핵무기에 관해 역사적 연설을 목전에 둔 미국 대통령에게 날아온 첫 뉴스가 북한의 로켓 발사라니, 오바마의 기분은 짐작이 가고도 남는다. 그렇게 볼 때 북한의 로켓 발사는 잘못된 것이었다. 부시 행정부 때의 대북 접근 방식은 '죄와 벌'이었다. 그러나 북한의 로켓 발사 실험으로 인해 북한을 고립시키고 봉쇄해서 체제 전환을 모색한다는 '적대적 무관심' 전략은 오바마 행정부에서도 바꾸기 어려운 상황으로 만들어가고 있었다. 조지 케넌의 봉쇄 전략은 소비에트 공산주의가 최종적으로는 소비에트 내부에서부터 붕괴해가는 것을 전제로 했다.

2010년에는 천안함 사건과 연평도 사건으로 남북 관계가 급속도로 냉각되고, 심지어 전쟁 위기까지 거론되고 있었다. 한국 사람들이 가지는 상상 속의 공포가 현실화된 것처럼 느껴졌다. 2010년 5월 29~30일 제주 국제컨벤션센터(ICC)에서 열린 제3차 한·일·중 정상회의에서 이명박 대통령은 한반도에서의 군사적 긴장 고조에 대한 중국 측의 우려와 관련해 "우리는 전쟁을 두려워하지도 않지만, 전쟁을 원하는 것도 아니다. 전쟁할 생각이 없다. 하지만 북한이 잘못된 길에서 벗어나 바른 길로 가기 위해서는 적당히 넘어가서는 안 된다"고 강조했다.

우리는 북한의 태도에 대해 놀랄 필요가 없다. 만일 우리가 놀라야 하는 일이 있다면 그것은 북한이 의존하고 있는 복잡하고 우연적인 요인을 우리가 이해하고 있다고 생각하는 우리의 자부심이다. 외부의 위협은 때로는 국민을 통합시키고 영웅적인 행위를 하도록 자극한다. 그러나 외부의 위협이 반드시 국민의 단결을 가져오는 것은 아니다. 히틀러의 위협으로 인해 프랑스 지도자들은 분열되고 국민들은 혼란에 빠져 결국 프랑스는 함락되고 말았다.

천안함 사건이 당시 한국 내의 정치적 상황을 감안할 때, 소위 북풍이라는 공작으로 남한이 조작하고 북한의 소행으로 몰아가 남한의 유권자들에게 북한 증오심을 유발하여 정부 여당에 유리한 여론을 조성하려 한 음모라는 주장은 그럴듯하다. 그러나 한국 사회는 이미 그런 공작이 탄로되지 않고 숨겨진다는 것은 생각할 수 없는 개방된 민주사회가 되었다. 공작이란 그토록 위태로운 지경까지 각오하는 전술이 아니다. '내가 행동하느니 상대방의 실수를 기다려라' 라는 말이 공작에서는 진실일 때가 많다.

우리가 미래를 예측하려면 철저한 분석에 따라야 한다. 희망적인 생각을 바탕으로 미래를 예측하는 것은 무지개를 쫓는 것과 같다.

한반도 문제는 단지 지정학적인 문제 또는 핵무기 문제가 있는 지역의 경쟁이 아니다. 분단된 민족이 어떻게 한 국가를 이룰 수 있느냐 하는 세계사적인 문제다. 독일 통일 사례와 견주는 민족사의 또다른 사례가 되는 것이다.

한반도에는 주기적으로 위기가 닥쳐온다. 따라서 한반도는 위기에서 벗어나지 않았다고 평가되기도 한다. 한국에서는 남북 협력이라는 새 정신과 정책이 시행되어 위기의 빈도와 깊이에 한계선을 긋고자 했지만 북한의 핵무기 개발과 무력 도발은 이런 노력을 좌절시키고 말았다. 1960년대로부터 1980년대까지 계속된 북한의 무력 도발은 1990년대 말부터 줄어들어 일촉즉발의 위험성이 훨씬 줄어들었다. 이는 주요한 성과였다. 북한은 은밀하게 핵을 개발하면서 외양적으로는 핵 계획을 폐기할 듯 협상을 하며 군사적 도발도 자제하여 평화적 모습으로 위장하는 데 성공했다. 남북한 간의 접촉 강화와 다자협상체의 유지는 위험한 상황을 예측 가능한 체제로 전환시키자는 목적에 충실한 것이었다. 그러나 남북 간의 접촉이나 6자회담 같은 다자협상체는 내용적으로는 북한의 전략적 의도를 강화시키는 기회로 이용되기도 했다. 남북한 접촉과 협상의 설계자들은 남북한 간의 이데올로기적 대결을 화해와 협력의 한반도로 전환시키자는 희망을

## 승수 법칙

광범위한 현상에 걸쳐 일어나는 복잡성의 밑바탕에는 놀랄 만큼 단순한 패턴이 존재한다. 어디서나 존재하는 승수 법칙(power-law)이다. 이 법칙은 사건의 빈도가 강도에 반비례한다는 것이다. 인간은 보통 리히터 규모 2보다 작은 지진은 잘 느끼지 못하는데, 전 지구적으로 규모 2 이하의 지진은 하루에 약 8000건 발생한다. 규모 2.0~2.9의 지진은 하루에 약 1000건 발생한다. 규모 3.0~3.9의 지진은 인간은 자주 느끼지만 피해는 입히지 않는데, 1년에 약 4만 9000건 발생한다. 규모 4.0~4.9의 지진은 방 안의 물건들이 흔들리는 것을 뚜렷이 관찰할 수는 있지만 심각한 피해는 입히지 않는 상태다. 1년에 약 6200건 발생한다. 규모 5.0~5.9의 지진은 좁은 면적에 걸쳐 부실하게 지어진 건물에 심한 손상을 입히는 에너지를 방출한다. 1년에 약 800건 발생하는데, 2008년 미국 로스앤젤레스에서 발생한 치노힐(Chino Hills) 지진의 규모가 5.5에 해당한다. 규모 6.0~6.9의 지진은 최대 160킬로미터에 걸쳐 건물들을 파괴하며, 1년에 약 120건 발생한다. 1989년 미국 샌프란시스코 만에서 발생한 지진의 규모가 6.9로 336킬로톤의 TNT 폭발과 맞먹는 에너지를 방출한다. 규모 7.0~7.9의 지진은 넓은 지역에 걸쳐 심한 피해를 입히며, 1년에 약 18건 정도 발생한다. 1976년 중국 당산에서 발생한 지진이 규모 7.8로 24만 명이 사망한 것으로 추정된다. 규모 8.0~8.9의 지진은 수백 킬로미터 지역에 걸쳐 심한 피해를 입히며, 1년에 한 건 정도 발생한다. 2011년 3월 일본에서 발생한 지진은 규모 9였다. 이렇게 큰 규모의 지진은 매우 드물게 일어난다는 사실은 다행한 일이다.

이런 패턴은 수학적으로 표현할 수 있을 만큼 일관성을 갖는다. 지진의 방출 에너지를 2배로 늘리면, 그 빈도는 대략 4분의 1배로 줄어든다. 재미있는 것은 동식물의 멸종이나 산불에서부터 주식시장 붕괴와 전쟁 사상자 숫자에 이르기까지 광범위한 현상에 걸쳐서 이 승수 법칙이 적용된다는 것이다. 이를 이용하면 제국의 흥망, 전쟁의 발발과 종전, 사상과 기술의 확산, 질병과 기근의 발생, 다른 사람들에게 영향을 주었던 위대한 인물의 출현 등등의 발생 가능성도 예측할 수 있다. 그러나 언제 최고 강

> 도의 상태, 즉 전쟁이나 혁명이 일어날 것이냐를 예측하기란 불가능하다.
> 서로 얽힌 변수들은 오직 과거의 자취 속에서만 재구성할 수 있다.

가지고 있었다. 하지만 변화를 위험시하는 분위기는 여전하다. 그동안 북한의 핵 개발 계획의 추진과 무력 도발 등을 볼 때 북한의 속내에 대한 의심과 회의는 쉽게 극복될 수 없는 상황이다. 이것은 매우 위험하게 작용할 수 있다. 국가들은 대항하는 국가의 신뢰성과 국력을 평가할 때 자국에 대한 평가보다 틀릴 가능성이 많다. 경쟁국에 대한 불확실성과 오산은 국가들로 하여금 조심스럽게 행동하고 평화를 촉진하도록 하기보다는 전쟁을 야기하는 기능을 한다. 평화는 조건을 정의해야 하고, 전쟁은 원인을 찾아내야 한다.

# 4

## 안보에 대한 정부의 책무
### 정부는 왜 국민을 안심시키지 못했나

전략은 '여기'에서 '거기'로 움직이는 것을 뜻한다. 북한의 전략은 공히 전면적 전쟁('거기')에는 이르지 않으면서 한국에게 공포심을 유지하는 것으로 보인다. 전쟁을 회피하는 최선의 방법은 전쟁 준비는 신뢰할 만하게 하면서도 전쟁의 전망은 상대국을 그야말로 소름 끼치게 만드는 것이다. 효과적 대응이란 상대방이 그 대응을 무력화시키기 위한 방법을 찾아낼 수 없을 때 가능하다.

2010년 3월 천안함 폭파 사건과 11월 연평도 포격 사건으로 한반도는 일순 전쟁의 위기로 미끄러지는 상황이 되는 듯했다. 정부의 대응을 놓고 많은 비판이 쏟아졌다. 우리의 보복은 없었다. 확전되지 않도록 한 지침 문제로 한동안 소란이 벌어지기도 했으나, 결과적으로 확전은 되지 않았다. 이 두 사건을 일으켜 북한은 내부적으로 권위를 다시 세우고, 위기 시에 한·미 군사 동맹의 한계와 한·미 동맹에 대한 중국의 부정적 영향력을 부각시켰다. 선전포고나 다름없는 북한의 공격에 대해 한국 정부가 실효적인 보복 조치를 취하지 못하는 현실로 인해 우리 국민들은 무력감을 경험했다.

천안함과 연평도 사건 처리 과정에서 우리 정부와 국민들은 북한을 지원하는 중국의 태도에 놀랐다. 중국 정부는 한국인들이 이 사건에 부여하는 엄청난 심각성과, 그 문제가 한국 정부에 얼마나 고통스러운지를 알고 있었다. 그러나 중국이 그 모든 것을 알면서도 북한편에 선다는 사실은, 중국이 북한에 대한 미국의 어떠한 개입도 물리치겠다고 단호히 결심했다는 것을 의미했다. 이러한 상황에서 북한에 대한 한국과 미국의 군사적 모험은 상상하기가 거의 불가능했다.

천안함과 연평도 사건의 결과는 북한이 의도하거나 예상하지 않은 결과를 낳았다. 비록 중국은 우리가 불쾌한 방식으로 북한과 협력하는 자세를 취했지만, 북한으로서는 잃은 것이 많았다. 우선 한국 내에서 북한에 대한 경각심이 높아지고 국민이 단합되었다는 점이다. 또 한·미 동맹에 대한 신뢰도 높아졌다. 심지어 한·미·일 3국 군사협력 문제도 제기될 정도였다.

천안함과 연평도 사건 당시 우리에게는 불안해야 할 이유가 충분히 있었다. 북한에 대한 한국의 우위가 이러한 위기 상황에서는 크게 할 수 있는 일이 없다는 사실 역시 충격이었다. 한국의 입장이 유엔에 제대로 반영되지 못했다. 문제는 국민이 불안해하지 않도록 왜 사전에 대비하지 못했는가 하는 것이었다. 정부가 문제의 본질에 대해 국민에게 설명한 것은 미흡했다. 정부는 지난 3년간의 대북정책이 북한의 무력 도발과 국민들의 희생을 감내할 만한 가치가 있었던 것이라고 말할 수 있어야 했다.

북한이 추가 도발을 못하게 하기 위해서라면 비군사적 방법도 많이 있을 것이다. 대북정책은 미래를 위한 정책이 되어야 한다. 정책은 설명력과 예측력을 가져야 한다. 또한 정책은 무엇을 기대하고, 왜 그것을 기대해야 하는지를 말해주어야 한다.

적극적인 국가의 능란한 외교정책은 다른 국가들을 적대시하지 않고, 놀라게 해서 반발하는 행동으로 이어지게 하지 않으면서도 자국의 이익을 확보하는 정책이다. 지도자는 문제를 한계까지 밀어붙일 수 있어야 하지만 적들이 연대하지 않게 해야 한다.

어떤 충격적이고 적대심을 극대화시킨 충돌 사건을 겪고 나면 다시는 상종도 하지 않을 것 같지만 때가 되면 정치와 외교에서는 이 갈등을 해결하려는 움직임이 생기기 마련이다. 문제는 그때까지 걸리는 시간일 뿐이다.

정보는 정책을 결정하는 데 결정적으로 필요한 기본 재료다. 한국이나 미국은 북한의 비밀을 파악하기 위해 온갖 노력을 하고 있다. 북한의 정치·군사 기밀을 수집하는 데에 전통적인 첩보 활동은 그다지 큰 역할을 하지 못한다. 정보화 시대임에도 불구하고 북한은 폐쇄 사회이므로 공개된 자료에서 정보를 발굴하는 데 한계가 있다. 더욱이 스파이를 심어두는 일은 거의 불가능하다. 북한의 군·당·정부 내에 하위 비밀 공작원조차 심어두기가 어렵다. 중국 역시 같은 문제로 북한의 동향에 대한 첩보 부족으로 고민을 하고 있다. 2006년 10월 9일 북한의 1차 핵실험 때 중국은 실험 불과 몇 시간 전에야 북한의 통보로 실험 예정임을 알게 되었고, 한국과 미국은 중국의 통보에 의해 실

## ▪️ 예상치 못한 결과

어떤 행동(결정)이 야기한 결과가 의도하지 않았던 경우들을 많이 경험한다. 이런 경우 앞을 내다보지 못했다고 후회한다.

스탈린은 북한에게 남한을 침공하도록 푸른 신호등을 켜주었으나 남침의 결과는 스탈린이 전혀 예측하지 못한 것이었다. 미국의 군사 개입뿐 아니라 동맹국 소련에 대한 마오쩌둥의 환멸—중국에 제공하기로 약속했던 군사 원조에 대한 스탈린의 인색함으로 인한—을 불러왔다. 이후 마오쩌둥은 소련의 지원에 대한 중국의 의존을 우려하기 시작했으며, 모스크바의 권위에 대해서도 예전 같지 않은 태도를 보이게 되었다.

스탈린의 경솔함이 야기한 결과는 아시아에만 국한되지 않았다. 트루먼 정부는, 비록 사실이 아니었던 것으로 판명됐지만, 북한의 남침이 유럽 또는 중동에 대한 소련의 대규모 군사 공세를 암시하는 전조라고 판단하고, 국방 예산의 3배 증액을 권고한 NSC-68을 실행에 옮기게 되었다. 트루먼 정부는 또한 스탈린이 가장 두려워하던 조치, 즉 서독의 재무장을 행하기로 했으며, 아울러 유럽에 미군을 영구히 주둔시키기로 결정했다. 스탈린이 김일성의 남침 계획을 승인했을 당시 그가 의도했던 바와 이러한 경솔한 행동이 산출한 결과들 간에 어떠한 관계가 있었는지는 알기 어렵다.

천안함 사건도 마찬가지다. 북한이 서해에서 남한의 함정을 폭파시킨 행동에 대한 한국과 미국의 대응 조치, 그리고 이런 조치들이 초래한 결과는 북한이 예상했던 결과와 괴리가 없을까? 9·11 사건에서 알카에다에 대한 미국의 대응 조치는 알카에다가 예상했던 결과의 범위 안에 있는 것이었을까? 예측했던 결과와 예측하지 못했던 결과 사이의 괴리가 적을수록 합리적 정책 선택이라고 할 수 있다.

험 직전에야 알게 되었다. 이처럼 북한에 관한 첩보 수집의 어려움은 한·미·중 3국이 가지고 있는 문제다.

천안함 사건에서 한국으로서는 자신의 영해에 대한 통제력을 상실했다는 점이 굴욕적이었다. 북한이 휴전 중에 한국의 영해를 침범하여 군함을 폭파시킨 전쟁 행위를 감행했다는 점은 받아들이기가 어려웠다. 이 사건은 북한의 군사 동향에 관한 한·미 양국의 첩보 수집 능력의 한계를 보여주었다.

2010년 9월 29일 북한의 당 대표자 회의의 개최 과정과 회의 내용은 북한이 발표한 후에나 한국 국민들은 알 수 있었다. 김정은의 얼굴이 김일성의 청년 시절과 꼭 닮았다는 것도 당 대표자 회의 후 북한이 그의 사진을 공개한 후에야 알 수 있었다.

북한의 핵무기가 한반도에서 전쟁을 막았다는 북한의 주장은 보편적으로 받아들여지고 있지는 않지만 오래되고 익숙한 것이다. 국제적으로 수용되지 않은 북한의 핵무장은 한반도에서 미군에 의한 전쟁 발발을 억지하는 수단이면서, 동시에 한국이 북한의 무력 도발에 대한 적절한 응징을 어렵게 만드는 응징 억지 수단이 되고 있다고 북한은 주장한다. 다른 때였으면 커다란 무력 분쟁을 야기했을지도 모를 위기 상황들이 다른 파국으로 비화되지는 않았다. 북한의 핵무기가 이러한 억지 효과를 가졌다면 이는 핵 보유가 안고 있는 부정적 측면의 반전이다. 그러나 그것이 지불할 만한 가치가 있는 것이라고는 해도 여전히 지불해야 할 대가가 있다.

1945년에는 미국과 소련의 이데올로기가 한반도에서 힘의 진공 상태를 채웠고, 한국전쟁 후에는 북한의 군사력과 한·미 동맹의 군사력이 한반도를 채웠다. 한반도에서 대립 구도는 한반도의 정치·군사적 리스크를 증대시켜 한반도의 안정적 관리를 어렵게 하고 있다. 더욱이 핵을 가진 북한의 모험주의를 자극하여 남북 간에 무력

## ▌ 첩보의 순기능

흐루시초프는 미·소 정상회담을 위해 파리로 가기 전 모스크바에서 회담 자료를 준비할 때는 U-2기 사건에 대해 아이젠하워의 사과를 요구하지 않기로 했다. 그러나 그는 파리로 비행하는 중에 입장을 바꾸어 아이젠하워에게 사과를 받아내기로 했다. 실무자들의 면밀한 검토 후에 결정된 사안을 흐루시초프가 독선적으로 변경한 것이다. 아이젠하워는 사과하지 않았다. 이 정상회담에서 흐루시초프는 얻은 것이 없었다. 당시 외무장관이던 아나톨리 도브리닌은 이 정상회담이 실패였다고 규정했다. U-2기를 통해 소련의 군사적 능력이 당초 흐루시초프가 주장했고 미국이 판단했던 수준보다 훨씬 적다는 사실이 밝혀졌다. 이 정보에 의해 미국은 군사 예산을 삭감했고, 그 결과로 소련도 국방 예산을 감축할 수 있었다. 소련의 허세는 결국 미·소 모두에게 영향을 주었고, 항공 및 위성 정찰에 의한 실상 파악은 결국 미·소 양국에 도움이 되었다. 정확한 정보는 상황 인식을 정확하게 하고, 바른 정책의 기초가 된다. 북한에 대해서도 정확한 정보는 한국뿐 아니라 북한에게도 도움이 된다. 과장과 허세가 불러온 소련의 행태가 국제정치에서 중요한 교훈이 되었다.

분쟁이 벌어질 위험을 노정하고 있다.

전쟁은 어떻게 일어나는가? 역사학자들은 전쟁의 직접적 계기가 된 사건에 초점을 맞춘다. 반면 국제정치학자들은 전쟁의 방아쇠 역할을 한 사건보다는 전쟁이 불가피하게 되는 세력 구조에 더 관심을 갖는다. 예측하기 어려운 사건과 예측이 가능한 정책의 연속은 국가 관계의 구조를 형성하고, 그 구조는 다시 사건이나 정책에 영향을 미치는 순환 고리의 역할을 한다. 이 과정에서 국가 간의 세력 구조가 형성되고, 새로운 세력 구조는 전쟁의 유혹을 불러온다.

그러나 적대적인 인접국가라도 기회가 있을 때마다 상대방을 붕괴시키는 데 전력을 다하지는 않는다. 싸움에는 이익도 있지만 동시에 손실이 있기 때문이다. 더욱이 그것은 시간과 에너지의 손실만 있는 것은 아니다. 함부로 경쟁자와 전쟁을 하는 것은 뚜렷한 이익이 없다. 크고 복잡한 경쟁 시스템 속에서는 눈앞의 경쟁자를 없앤다고 해서 반드시 좋은 결과만 오는 것은 아니다. 한 경쟁자의 죽음 때문에 당사자보다 다른 경쟁자가 이득을 볼 수도 있기 때문이다.

　그러나 어떤 특정한 경쟁자를 선택하여 죽이거나 싸우는 것은 좋은 계획일지도 모른다. 전쟁을 하여 정복할 수 있다면 그렇게 하는 것이 좋을지 모른다. 그러나 전쟁을 하여 승리한다 해도 손실과 위험이 따르기 마련이다. 경쟁자는 자신을 위하여 반격할 것이고, 가치 있는 재산을 지키려 할 것이다. 만약 전쟁을 할 경우 남한을 공격하는 북한이 패배할 수도 있고, 남한이 패배할 수도 있다. 어쩌면 도전하는 북한이 패할 확률이 더 높을 수도 있다. 전쟁에서 도전자인 북한이 이겨 남한을 차지하더라도 북한은 상처투성이가 되어 이익을 얻을 수 없을지도 모른다. 또한 싸움은 시간과 에너지를 소모하므로 당분간 축적해두는 것이 더 좋을 수 있다. 한동안 싸움보다는 먹는 것에 전념하고 분쟁에 말려들지 않도록 조심하면 장차 강대해질 것이다. 언젠가는 통일을 위하여 남북한이 전쟁을 할 수도 있겠지만, 당장 서두르기보다는 조금 기다리는 편이 결과적으로 승률을 높일 수 있다고 판단하는 사람도 있을 것이다.

　싸울 것인가 싸우지 않을 것인가의 결단에 앞서 무의식적으로라도 복잡한 손익 계산이 앞서야 한다. 싸워서 확실히 이득을 볼 때도 있

### ■ 특이원인과 일반원인의 구분

연평도 포격 사건을 두고 그 원인에 대해 논쟁이 있다. 등산가가 절벽에서 추락한 사건을 생각해보자. 추락사고의 원인이 등산로가 절벽의 가장자리에 위치한 것, 산의 융기, 중력 때문인 것은 분명하지만, 그렇다고 등산하는 모든 사람이 추락하지는 않는다. 여기서 등산로의 위치, 산의 존재, 중력 등은 사고의 일반원인에 해당한다. 일반원인은 추락사고 발생의 필요조건이지만, 사고 발생을 설명할 수 있는 충분조건은 되지 못한다. 그렇기 때문에 등산가의 실족에 초점을 맞춰야 하는 것이다. 인과관계상의 충분조건은 필요조건에 종속되어 있다. 다시 말해서 등산로에서 발을 헛디디는 것이 풀밭 한가운데에서 발을 헛디디는 것보다 더 위험하다. 발을 헛디딘 장소의 규명 없이 실족 자체만 이야기하는 것은 진주만 폭격의 배경을 규명하지 않는 것과 같다. 원인이 되는 사건은 언제나 그 맥락이 있으며, 따라서 원인을 알려면 반드시 맥락을 이해해야 한다. 충분조건이 필요조건에 종속된 것을 가리켜 '맥락(context)'이라고 정의한다. 특이원인은 일반원인에 종속된다. 맥락은 결과가 되는 사건을 직접 일으키지는 않지만, 결과의 폭을 확실하게 결정해준다. 풀밭에서 실족했을 때 가장 심한 경우인 발목이 부러지는 것과 절벽에서 실족했을 때 가장 경미한 경우인 목이 부러지는 것의 차이를 만들어주는 것이 바로 맥락이다.

지만, 싸울 때마다 그만큼의 이익이 있는 것은 아니다. 마찬가지로 싸우는 동안 그 싸움을 확대시키느냐 진정시키느냐 하는 전술적 결단에는 각각의 손실과 이득이 있기 때문에 이들을 분석해야만 한다.

# 5

# 천안함 사건이
# 전쟁으로 가지 않았던 이유

지금 한반도에서는 전쟁이 일어날 수 있는 구조가 만들어지고 있는가? 만일 그런 경향을 보이고 있다면 연평도 포격 사건은 전쟁의 방아쇠 역할을 하기에 충분했다. 전쟁 가능 구조하에서는 전쟁이 필요하면 방아쇠 역할을 할 만한 사건을 음모할 것이다. 많은 사람들은 우리가 전쟁을 할 준비를 해야 할지, 아니면 전쟁을 막을 준비를 해야 할지를 결정해야만 하는 지점에 이르렀다고 지적했다.

한반도에서 전쟁 가능 구조는 형성되고 있는가? 이는 한국, 북한, 중국, 미국 4개국의 정세와 입장의 복합적 상관관계를 고려해 분석되어야 한다. 그러나 이 질문에 대한 답을 먼저 말하면, 현재 한반도 구조는 전쟁 가능 구조가 아니다. 왜 그런가?

북한은 전쟁을 각오할 상황이 아니다. 김정일은 전쟁을 두려워한다. 북한은 전쟁이 일어나리라고 생각하지 않으면서도 종종 전쟁이 일어날 것처럼 협박을 한다. 더 크고 야심적인 규모로 연기를 할 수 있다는 확신을 갖고 있다. 북한은 미국과 싸우는 것이 돌이킬 수 없는 재앙적 실수일 것이라고 생각한다. 북한은 단지 몇 개의 핵폭탄만을 보유한 반면 미국은 거대한 핵무기 병기고를 보유하고 있지 않은가. 북한의 도발은 국내용 성격이 강한 제한적 도발이다. 물론 대남 경고의 성격도 없지 않으나 이는 부수적이다. 현재 북한에게는 경제 갱신과 세습이 최우선이다. 이를 위해서는 북한 주민의 단결이 필스적이다.

중국 입장에서는 북한을 도와 전쟁을 일으키게 하는 것은 국익에 배치된다. 물론 북한이 전쟁에서 승리할지도 확신할 수 없다. 중국은 미래에 동북아에서 패권을 위해 노력을 할 것이지만 아직 미국과 일전을 각오할 상황은 아니다. 당분간은 경제 발전에 진력해야 하며, 이를 위해서는 미국과의 협력이 절대적이다. 중국은 한반도를 향해 영향력 팽창의 욕구를 집중하고 있다. 그러나 이 입장은 지분 확보를 위한 것이다.

한국 역시 전쟁을 할 상황이 아니다. 전쟁은 그동안 세계의 찬사를 받으며 이뤄온 눈부신 정치적·경제적·문화적 성과와 민족 미래의 꿈을 송두리째 깨버릴 것이다. 남한 주민들이 가장 두려워하는 것은 전쟁으로 인한 파괴다. 대한민국 국민과 지도자는 민족의 미래를 위해 해야 할 일이 많다. 한국은 전쟁에 대해 두려움을 갖고 있다. 그래서 북한과의 갈등과 대결에서는 어디서 멈추어야 하는지의 문제가 있다.

하지만 만약 핵을 사용하겠다는 미국의 경고에도 불구하고 북한이 주저하지 않고 남한을 공격한다면 미국은 무엇을 할 것인가? 평양에

원자탄을 투하할 것인가? 이 문제에 대해서만큼은 아무도 확고한 대답을 할 수 없다. 미국이 동북아에서 중국과 군사적 대결을 하는 것은 상상하기 어렵다. 미국은 중국의 부상으로 중국과 범세계적으로 갈등을 빚을 요소가 많지만, 미국의 쇠락이 절대적이 아닌 상대적인 문제라고 보고 중국과 협력적 관계를 유지하는 데 정책의 방향을 두고 있다.

중국과 미국은 한반도에서 군사적 충돌을 원치 않으며, 전쟁이 필수적이라고 보지도 않는다. 그들은 단지 외과수술적 방법만을 시행하고 싶을 뿐이다. 국가 간에 능력의 불균등이 클 때 큰 능력을 가진 국가는 작은 국가의 귀찮은 행동에 신경을 덜 쓴다. 한반도를 둘러싼 국가들이 남북한 어느 한쪽과의 형제애적 유대에도 한계가 있다. 남한이나 북한을 위해 죽을 수 있다거나 크게 희생할 가능성이 있다는 것은 베이징뿐 아니라 워싱턴에서도 매력적인 일이 아니다. 자국 국민들을 설득시키기가 어려울 것이다.

제2 한국전쟁의 가능성에 관해 논쟁할 때, 한국인들의 머릿속에는 만일 전쟁이 일어나면 북한이 몇 개의 원자탄으로 서울을 쓸어버리는—북한식 표현으로 서울을 '불바다'로 만드는—악몽이 떠오를 것이다. 이것이 가지는 심리적 결과는 추측하고도 남는다. 사실 남한을 파괴하려면 몇 기의 미사일이면 충분할 것이었다. 서울을 심리적 불바다로 만들기 위해서라면 한 발이면 충분할 것이다. 서울이 실제 온통 불바다가 될 것이 무서워 한국과 미국은 보복할 입장에 있지 못하다고 북한은 판단할 것이다.

한반도에서의 전쟁 발발은 남북한이나 미국, 중국 모두의 국익에 배치된다. 그러나 한반도에서 전쟁은 우발적 사건 또는 의도하지 않았던 사건에 대한 과잉 대응에서 생길 수 있다. 북한은 '전쟁은 일어나지 않는다'는 전제하에 국지전을 도발할 수 있는 위험이 있다. 이것이 대한민국이 안고 있는 딜레마다.

연평도 포격 사건을 거치면서 남북한 모두가 서로 불안감에 무력을 증강해야 하는 '안보 딜레마'에 빠져 있다는 것을 재삼 확인했다. 또한 서로가 상대는 자기 이익만을 계산하고 있을 거라고 생각하고, 이 같은 상대에 대한 불신 때문에 결국 자신에게 최선이 되는 길을 선택하지 못하고 비합리적으로 결정을 내리게 되는 '죄수의 딜레마'를 상기시키기도 했다.

한국은 전쟁 가능성을 배제할 수 없다. 어떠한 전쟁의 전망도 가능한 한 무시무시하게 만들어서 모든 전쟁을 회피한다는 클라우제비츠적인 아이디어를 반영해야 한다. 그것은 유효한 전략이다. 그리고 북한이 협력하지 않더라도 한국은 혼자 힘으로 전쟁의 위험들을 줄이려고 시도해야 한다. 한국의 해결책은 북한보다 갈등에 덜 의존하는 것이어야 하고, 반면에 북한의 군사적 도발에 대하여 더 현실적으로 전쟁도 불사한다는 의향을 표시해야 한다. 이것은 그 자체로서 하나의 연극, 즉 거칠게 보이려는 연극이면서도 그 자체로서 위험을 지니고 있는 것도 사실이다. 전쟁 회피에 강조점을 두면서도, 어떻게 실제로 전쟁을 수행할 수 있을 것인가로 강조점을 이동하는 양면 전략을 취해야 한다. 이 전략은 결코 작지 않은 변화다.

한국은 '대격변의 경우'를 상정하고 전면전의 가능성 속에서 살고 있다. 북한은 있을 수 있는 규모가 작은 경우에 필요한 무력보다도

'있을 것 같지 않은 궁극적 위기 상황'에서나 필요한 무력, 즉 핵무기에 기반을 두고 군사적 계산을 하고 있는 것 같다. 가장 좋은 무기는 쓸모가 없으며, 그러므로 북한에게 특별히 유리한 점은 없게 된다. 그렇지만 북한의 핵무기가 핵을 갖지 못한 남한에 쓰인다면 어떻게 될까? 이때도 가장 강력한 나라들의 가장 좋은 무기는 가장 쓸모가 없는 것이 될까? 대량 보복의 능력을 갖춘 미국은 그 능력을 쓸 기회를 찾게 될까? 그 경우 우리는 핵에 의한 대량 보복을 허용해야 할까? 만약 감염된 손가락에 대한 유일한 치료가 팔을 절단하는 것이라면, 행운을 기대하면서 병을 치료하지 않고 놓아두고 싶어지지는 않을까? 군수창고에 있는 모든 무기를 한꺼번에 동원함으로써만이 효과적으로 움직일 수 있는 국가는 자신이 만들어낸 위협은 잊어버리고 이전에 참을 수 없다고 표현된 상황에서도 조용히 있을 수밖에 없게 되지 않을까? 작은 문제들을 처리하는 데는 사용될 수 없는 상당히 위험하면서 파괴적인 수단들은 큰 문제가 발생할 때까지는 소용이 없다. 그러나 필수 이익의 방어를 위한 주 공격력의 사용이 이번에는 심각한 보복의 위험을 안게 된다.

한반도에서 무력 분쟁이 생기면 승패를 결정하는 것은 보병이 아니라 '로켓과 핵폭탄'일 수 있다는 경고를 듣는다. 북한은 마지막 지옥행을 감수하고라도 핵무기로 최후의 일격을 준비할 것이라는 주장이다.

한반도에서 장기적이고 희생이 큰 전쟁을 야기할 수 있는 가능성은 남북한으로 하여금 서로의 문제를 이해하고 타협과 조정안을 찾도록 노력하게 한다. 국가 간 갈등이 서로에게 피해가 큰 전쟁을 유발시킬 수도 있다는 가능성은 노사 관계에서의 파업과 비슷한 역할을 함으로써 온건한 결과를 가져올 수 있다. 국가는 다양한 목표를 추구하는데, 그 목표는 때때로 모호하고 막연하며 지속적이지도 못하다. 국가는 국내 정치의 변화 흐름에 따라 변동을 일으키며 정치 지도자의 일시적 기분 변화에 따라 휩쓸리기도 한다. 또한 관료적 갈등의 결과에 영향을 받기도 한다. 남북한이 현재 겪고 있는 정책의 혼란상이 이를 입증한다.

천안함과 연평도 사건이 초래한 갈등을 해결하기 위한 노력은 미·중 협력의 유망한 사례로 손꼽힐 수 있다. 외양으로는 유엔에서 중국이 미국의 주장을 제어하고 서해에서 한·미 해상 훈련에 반기를 들었으나, 결국 미국과 중국은 이 사건을 주변적인 사건이라고 간주한 것 같다. 천안함과 연평도 사건으로 미국과 중국은 적어도 안보·군사 문제에 관한 한 남한과 북한에 대해 더욱 강해진 영향력을 가지게 되었다. 이 점에서 미국과 중국은 실익을 거두었다. 미국이나 중국의 동의 없는 한반도의 군사적 긴장 고조는 거의 불가능하다는 것을 보여주었다. 2011년 1월 19일 오바마 대통령과 후진타오 주석 간의 미·중 정상회담은 한반도에 대한 양국의 정책 방향을 가르는 분기점이었다. 연평도 사건 후 긴장된 한반도 정세를 이들 두 나라가 누그러뜨리는 역할을 한 것이었다.

천안함과 연평도 사건은 한반도의 지정학적 측면에서 엄청난 연극적 효과를 가져왔다. 그 사건은 한반도에서 불길한 예감의 분위기를 만들어냈고, 냉전의 분위기로 고정시켰다. 남북 관계의 문제는 정치인들로 하여금 배우가 되기를 요구했다. 성공과 실패는 그들이 실제로 하고 있었던 것보다는 하고 있는 것처럼 보였던 것에 달려 있었다.

## ▶ 천안함 폭침 사건 관련 북한 외교부 가상 일지

2010년 3월 29일 우리 북조선은 서해에서 새로운 대결을 감행했다. 그것은 "남조선을 붙잡아놓고", "우리 공화국이 말뿐만 아니라 행동으로 남조선을 각성시킨다"는 것을 증명할 대결이었다. 천안함 공격에 대해 물론 중국에게 어떠한 통고도 없었다. "우리 북조선 동지들은 한반도 문제의 해결은 북조선의 국내 문제일 뿐이라는 입장에 기초하여, 중국 정부에는 그 계획에 대해 미리 알려주지 않았다"고 평양 주재 중국대사관은 우리 북조선의 입장을 베이징에 보고했다. 사태가 통제할 수 없게 될 것을 염려하여 후진타오는 경위를 파악하도록 긴급 지시를 내렸다. 평양 주재 중국대사는 우리 외교부를 찾아와 설명을 들었다. "이번 공격의 목적은 남조선 본토를 공격하는 것이 아니었고, 조선인민민주공화국은 강력하고 대담하여 미국을 두려워하지 않는다는 점을 미국인들에게 증명하려는 것이었다"고 설명했다. 우리는 우리의 행동이 남조선과의 국지전을 야기할지도 모른다는 점을 알고 있었으며, 도시들의 파괴를 포함하는 강력한 타격을 감수할 준비가 되어 있었다. 물론 남조선이나 미국이 상황을 확대시킨다면 우리 공화국은 명백히 전면적인 반격으로 응답할 것이지만, 그렇지 않다면 중국은 관여할 필요가 없었다. 우리는 미군을 분쟁에 끌어들인 후 전력을 다하여 섬멸시킨다는 전략을 계획하고 있었다. 새로운 서해 위기를 야기하기로 결정하고 나서 사실 매우 신경이 날카로워진 지도자 동지는 잠을 못 이뤘다. 그러고는 어뢰를 발사한 후에 절대 발각되지 않도록 하라고 재삼 강조했다. 서해는 마음대로 남조선에 긴장을 가했다 풀었다 할 수 있는 해역이다. 올가미는 공화국이 만들었지만, 반대쪽 끈을 남조선에 던져줘서 움켜잡게 하는 것이었다. 그래서 남조선의 자작극으로 보이게 하는 전략이다. 천안함이 격침된 후 워싱턴의 격렬한 반응에 우리는 놀랐다. 김정일 장군님은 말씀하셨다. "나는 남조선과 미국이 충격을 받으리라고 생각했소." 그러고 나서 전쟁에 관한 견해를 명확히 하셨다. "첫째, 우리는 어떠한 전쟁도 반대한다. 둘째, 그러나 우리는 전쟁을 두려워하지 않는다. 핵무기를 사용하는 전쟁은 많은 사람들이 죽을 것이기 때문에 당연히 비참할 것이다. 불행히도 그러한 전쟁은 우리가 결정할

수 없다. 제국주의자들 이 전쟁을 결정한다면, 우리는 만반의 준비를 해
야 한다."

※ 마오쩌둥은 1958년 8월 23일 금문도를 포격했다. 타이완 해협에서 새
로운 대결을 감행한 것이다. 마오쩌둥은 금문도 포격 후 핵무기에 관한
자신의 견해를 다음과 같이 밝혔다. "첫째, 우리는 어떠한 전쟁도 반대한
다. 둘째, 그러나 우리는 전쟁을 두려워하지 않는다. 우리는 바로 지금 겨
우 수류탄과 감자를 쥐고 있을 뿐이다. 원자탄과 수소탄을 사용하는 전쟁
은 많은 사람들이 죽을 것이기 때문에 당연히 비참할 것이다. 불행히도
그러한 전쟁은 우리가 결정할 수 없다. 제국주의자들이 전쟁을 결정한다
면, 우리는 만반의 준비를 해야 한다."

# 6

북한 핵 위에서 평화통일은 없다

통일, 순환논리를 벗어나려면

　한반도 분단사는 특정한 시점, 즉 1945년 제2차 세계대전의 종료와 38선 획정에서 시작됐지만 끝나는 특정한 시점은 알 수 없다. 분단의 기원과 경과에 대해서는 학문적 논쟁의 대상이 되지만, 분단의 결과에 대해서는 추측만이 가능하다. 전쟁사의 확실성은 역사가들이 전쟁이 끝날 때를 기다렸다가 쓰기 시작하기 때문에 가능한 것이다. 시작과 끝과 그 영향은 그때까지는 분명해지기 마련이다. 따라서 지금의 한반도 분단사는 분단이 진행 중에 있기 때문에 분단의 결과가 분명하지 않은 게 당연하다.

　남북한 간의 생존 경쟁에 대해 말한다면, 국제적 현실주의 원칙에 따라 남북한은 서로 경쟁하여 어느 쪽은 승리하고 다른 한쪽은 멸망하게 될 것이다. 다른 측면에서 보면, 북한과 같은 정치체제가 생존 경쟁에서 승패가 갈리지 않고 국제적 관계에서 보호막이 생겨 남북한 간에 경쟁이 제로섬이 아닌 논 제로섬, 즉 윈윈의 환경이 이루어져 상당 기간 생존을 유지해가는 경우도 상정할 수 있다. 이때는 남북 관계가 통일의 길 대신 북한이 잘 적응하고 중국이 생존을 보장함으로써 분단이 그대로 이어지게 될 것이다. 또 한반도 분단이 그 외의 다른 경로로 진행될 가능성도 당연히 존재한다.

그러나 이렇게 한반도 분단사는 아직 끝나지 않았는데, 호사가들은 분단의 역사를 끝내려고 한다. 분명한 결과가 없음에도 이미 한반도 분단 종료에 관한 역사를 기술하려 한다는 뜻이다. 이런 학자들의 조급증은 충분히 이해할 수 있다. 제1차 세계대전은 4년이 걸렸고, 제2차 세계대전은 6년이 걸렸다. 그리고 그 철옹성 같던 냉전도 45년 만에 무너졌다. 그러나 한반도 분단은 65년이 넘었다. 그러나 지금 한반도 분단사를 쓴다는 것은 한계가 있을 수밖에 없다. 입수 가능한 자료는 편향되고 불완전하기 때문이다.

예를 들어 분단사에 관해 1970년이나 1990년에 쓰인 역사서가 있다면, 그것들은 우리가 기대한 분단사가 아닐 것이다. 이 책들은 분단이 종료된 이후가 아니라 그 도중에 쓰인 역사서이기 때문이다. 엄밀하게 말하면, 어떤 이야기를 '역사적'이라고 간주하는 것은 무엇보다도 이후에 나온다는 특성 때문이다. 또 학자들이 누가 분단에서 승리할 것인지를 결정하려는 의도를 미리 가지고 있다면, 공정하게 예측할 수 없을 것이다.

실체로 많은 저서들은 앞서 가정한 양차 세계대전에 대한 역사서들과 비슷했다. 그들은 남북한의 문서들을 동등하게 이용할 수 없었고, 분단이 어떤 결과에 이를지 모른 채 썼다. 다양하고 또 상이한 해석에도 불구하고, 한반도 분단을 연구하는 모든 학자들은 전통주의, 수정주의, 후기수정주의, 조합주의, 국제주의, 문화주의, 혹은 탈근대주의라는 그들의 입장에 관계없이 분단 이후가 아니라 자신들이 선택한 기간 내에서 연구한다. 분단 연구가들 사이에서 공통된 성격은 역사적 시대를 반영할 뿐 그것에서 벗어난 초연함은 보이지 못한다. 결국 균형 있는 관점은 결여된다. 비판이든 칭송이든 대부분의 학자들은 그들의 고객에게 초점을 맞춘다. 그러면서 상대방이 안고 있는 현실은 가급적 무시한다.

이러한 결함에는 여러 가지 이유가 있다. 뛰어넘을 수 없는 물리적 차단의 분단이 너무 오래 지속되어 어떠한 전문가도 다른 체계를 경험해보지 못했다. 그 결과 시간과 공간을 가로지르는 비교가 없다. 북한은 그들 역사의 대부분을 완벽하게 숨겼기 때문에 남한에서는 이를 경시해왔다. 남한에서도 어떤 자료들을 일상적으로 이용할 수 있도록 공개하는 데 망설인다.

우리는 북한 내부에서의 막후 책략에 대해서는 거의 추측 이상으로 설명할 수 없다. 우리는 분단을 다루면서 관념을 진지하게 고려해야 한다. 북한의 현실은 이제는 관념이라는 관점에서 이해되어야 한다. 북한은 군사적 패배나 경제적 붕괴보다는 정당성의 붕괴가 문제의 요체다. 사람들이 보는 것과 가지는 것에서의 문제보다는 사람들이 생각하는 방식에서의 문제가 그 사회를 더욱 복잡하게 만든다.

관념에 주의를 기울이는 역사관은 전통적이다. 북한의 오늘날 현실은 비정상적인 분단의 산물이다. 시간이 지나 분단이 현재의 우려들 중 가장 위협적인 것으로부터 또 하나의 멀고도 무미건조한 역사의 기억으로 기나긴 순항을 완성할 때, 우리는 분단의 실상에 대해 확실히 더 많이 알게 될 것이다. 우리는 아직도 역사로서의 분단이 아니라 현실로서의 분단의 범주에 속해 있다.

한반도 분단 극복은 한국 역사와 세계 역사가 부여받은 가장 어려운 과제다. 1945년 남북 분단의 시점으로 거슬러 올라간 우리의 눈길은 미래에 대한 어떤 예측보다는 현재의 분단 상황이 과거의 분단 상황과는 다르다는 것만 아는 불완전한 것에 머물러버린다. 북한의 내부 사정과 남북 관계를 이해하는 데 있어서 과거의 패러다임은 이제 더 이상 적절하지 않으며, 우리는 새로운 패러다임을 필요로 한다. 소용돌이치는 난류와도 같은 새로운 상황의 흐름을 이해하기 위해서는 기존의 것을 넘어서는 제3의 렌즈가 필요하다.

우리의 대북정책의 목적은 분단의 갈등을 종결하는 것이다. 한반도의 분단사를 비관적으로 보는 사람들이 우리의 목적을 오만한 야망으로 표현해도 좋다. 북한은 남한 내에서 계급투쟁과 같은 자생적인 혁명이 발생하여 사회주의가 한반도 전체를 지배하는 이데올로기가 될 것이라는 기대는 더 이상 할 수 없게 되었다. 설사 김정일이 사회주의 통일을 포기하고 싶지 않더라도 역사는 김정일이 원하는 대로 만들어지지 않을 것이다.

역설적이게도 핵실험과 서해 도발 등의 북한의 행동은 자기 확신이 아닌 자기 회의를 반영하는 것이다. 북한은 핵 보유에 대해 오히려 초조해하고 있다. 북한이 추구하는 국가정책의 목표는 통일보다는 자력갱생이다. 북한은 체제 유지와 경제 회복에 집중하고 분단의 영속화를 꾀하면서 통일 문제에 대해서는 냉담한 자세로 돌아섰다.

이러한 결론은 '북한은 설득될 수 없으며 단지 고립될 뿐'이라는 강경한 주장을 보완하는 것이다. 장차 북한의 예기치 않은 도발 행동은 한국과 미국으로 하여금 힘의 논리에 따라 북한을 고립·붕괴시키려는 계획을 추진하게 할 것이며, 냉전의 이데올로기적·전략적 사고로 회귀하게 할 것이다.

경쟁은 일반적으로 습성, 체질, 구조에 있어서 서로 가장 가까운 것 사이에서 가장 치열하다. 북한에게는 그 체제가 스스로 붕괴하거나 한국과의 경쟁에서 패배하는 것이 가장 큰 두려움이다. 북한이 쇠락의 길로 들어서고 남북한 경쟁에서 패배하여 결국 남한식 정치·경제제도로 흡수통일되는 과정에서는 남한의 시장경제와 자유민주주의의 성공과 남한 지도자들의 민주적 통치에 충실한 지혜와 국민의 자각 등이 중요한 기여를 한다.

"통일이 가까이 오고 있다. 통일에 대비해야 한다. 북한에도 긍정적인 변화가 일고 있다. 주시해야 할 것은 주민들의 변화다. 국민의 변화를 거스를 수 있는 어떤 권력도 없다. 한국과 미국을 한 편으로, 북한과 중국을 한 편으로 놓고 편 가르기를 하는 것은 바람직하지 않다."

이명박 대통령의 발언 모음이다. 비록 여섯 문장으로 인용을 제한했지만 이 내용은 오늘날의 남북 관계, 한·미 관계, 한·중 관계에 대해 두루 생각하게 한다.

① 북한에 일고 있다는 긍정적인 변화는 무엇인가? 주시해야 할 북한 주민들의 민심 변화는 무엇일까? ② 김정일 정권에 대한 북한 주민들의 민심 변화는 통제 불능의 상태이고, 정권을 붕괴시킬 정도

로 악화되어갈 것인가? ③ 통일이 가까이 오고 있는가? 그렇다면 어떻게 통일에 대비해야 하는가? ④ 통일에 대비하기 위해 한·미 동맹은 왜 더 강화되어야 하는가? ⑤ 한·미 동맹 강화로 북·중 혈맹 관계는 더 강화되지 않겠는가? ⑥ 중국을 위한 북한 정권의 가치, 미·중 관계(협력 관계든 갈등 관계든) 등 국가이익과 지정학적 입장에서 중국은 한반도 통일에 반대 또는 비호의적 입장을 가지고 있지 않을까? ⑦ 이럴 경우 한반도 분단은 영구화되지 않을까? ⑧ 결국 통일 과정에서 한·미 동맹은 재평가되지 않을까?

이 8가지 질문을 정리하면 다음과 같은 고리들로 연결된다.

① 북한의 민심 변화 → ② 김정일 정권 붕괴 조짐 → ③ 통일 근접 → ④ 한·미 동맹 강화 → ⑤ 북·중 혈맹 관계 강화 → ⑥ 중국의 한반도 통일 반대 또는 비호의적 입장 → ⑦ 분단 고착 → ⑧ 한·미 동맹 재평가.

당위론적 통일관을 주장하는 것은 정책의 세계를 버리고 기적의 세계에 발을 들여놓는 것이다. 북핵 폐기 문제도 같은 논리의 연장선 상에 있다. 북핵은 폐기되어야 한다면서 어떤 정책으로 유도해야 하느냐는 문제에 대해서는 몇 번의 순환 고리를 이야기하다 보면 더 이상 연결할 수 없는 지점에 도달한다. 북한이 핵을 포기하면 경제 지원을 얻게 되어 생존할 수 있을 것이라 한다. 그러나 북한은 핵을 포기하는 순간 북한 정권이 외부의 힘에 의해 붕괴된다고 믿고 있다. 우리는 우리를 불신하는 북한에게 우리를 믿어야 한다고 한다. 하지만 불신 관계에서는 이런 순환논리는 설득력이 약하다.

# 7

# 왜 통일인가?

    통일에 부정적인 생각을 갖는 많은 사람들은 통일한국의 사회가 가지는 문제점이 자유의 문제가 아니라 평등의 문제로, 사회가 여간 긴장하지 않을 것이라고 두려워한다. 번영된 민주주의 국가에서의 빈곤의 문제는 자연의 욕구를 채운다는 수준에서 인식의 문제로 옮아갔다. 저소득자와 무주택자들에게 진정으로 상처를 주는 것은 생활고라기보다 오히려 그 존엄이 무시당하고 있는 점이다. 부와 재산을 갖지 않은 인간은 사회로부터 제대로 대접을 받을 수 없다. 정치가는 그들의 기분을 살피려고 하지 않고, 경찰과 사법제도도 그들의 권리를 필사적으로 지키려 하지 않는다. 아직 자조의 정신을 존중하는 사회에서 그들이 직업을 얻는 것은 불가능하다. 어떻게든 직업을 발견했다손 치더라도 그것은 비천한 것으로 느껴진다. 그들에게는 교육을 통해 출세하거나 다른 방법으로 자신의 잠재된 힘을 만개시킬 기회는 거의 주어지지 않는다. 부자와 빈자의 차별이 존재하는 한, 또 직업에는 귀천이 있다고 간주되고 있는 한, 어느 정도 물질적으로 풍요롭게 되었다고 하더라도 이러한 상황을 시정하거나, 살림살이가 열악한 사람들의 존엄이 매일 침해받고 있는 현상을 극복하는 것은 불가능하다. 자유주의 사회에서 사회적 불평등이 존재한다는 사실은 사회의 토대를 이루는 자유와 평등 사이에 실은 끊임없는 긴장 관계가 있다는 것을 말해준다. 긴장 관계의 원인인 불평등이 퇴치 불가능한 것처럼, 토크빌은 자유와 평등의 긴장 관계는 "필연적인 동시에 박멸 불능인 것"이라고 말했다. 아마도 통일한국의 사회가 지금보다 더 냉엄하게 부딪힐 문제는 자유와 평등 간의 긴장 관계일 것이다.

이제는 한반도의 미래에 대한 대안적 비전이 제시되어야 한다. 미래에 대한 비전은 통일을 위한 결심이 그 결심을 가능케 하는 조건들의 형성보다 앞서가야 한다는 점에 기초해야 한다. 지금 남북한 간에는 너무 많은 문제점이 해결되지 못한 채 남아 있다. 북한 문제를 이해하는 데는 중대한 어려움이 많이 있다는 것을 부정할 수 없다. 통일을 위해서는 단지 장벽을 넘어설 능력을 갖추기만 할 것이 아니라, 60년 넘게 격리된 채 우리와 이질적인 정치 환경에서 살아온 북한 주민들을 끌어안을 수 있는 훨씬 더 중요한 능력을 갖추어야 한다.

한반도에서 남북 관계는 무한하게 많은 결합 고리를 가지고 있다. 모든 변화는 매우 서서히 일어난다. 공기가 지표를 붕괴시키는 힘이 파도의 힘보다 훨씬 크다. 지질학 시대의 길이는 큰 개념을 가진다. 지표의 붕괴 작용에서 300미터의 견고한 바위가 점차 깎여나가서 없어지는 데는 600만 년이 걸린다고 한다. 그러나 그 소요 기간을 300만 년이라고 하거나 150만 년이라고 하더라도 놀라운 것은 마찬가지다. 우리 가운데 100만 년이란 숫자가 정말로 무엇을 의미하는 것인지 알 수 없다.

65년이 된 한반도 분단은 아직도 진행형이다. 42년의 분단을 겪은 독일은 분단을 끝내고 통일된 지가 20년이 넘었다. 65년이라는 연수는 긴 시간인가 짧은 시간인가? '벌써'라는 부사를 숫자들 앞에 써야 하는가? 불행하게도 우리는 통일에 얼마나 긴 시간을 요하는지 예측할 수단을 갖고 있지 않다. 그러나 우리는 시간이라는 문제로 돌아가지 않으면 안 된다. 분단된 기간을 햇수로 계산하면 길게 느껴질지도 모르겠으나, 삼국 통일 이후 단일국가로 존속해온 기간에 비하면 짧은 기간이다. 지금으로서는 통일의 전망이 밝게 보이지 않지만 그동안의 남북관계에는 전진적 단계가 있었다.

쿠바 미사일 사건 후 냉전 기간 중에 학자들은 냉전을 '장기 평화'라고 불렀다. 그러나 그 '장기' 평화는 20여 년에 불과했다. 한국전쟁 이후 한반도에 풍전등화 같은 일촉즉발의 전쟁 위기가 있었던 것은 아니다. 어떤 사람들은 이를 한반도에서의 장기 평화라고 부를지도 모르겠다. 그러나 장기 평화가 영구 분단이 되어서는 안 된다. 아마도 특별한 외교적 노력이 없으면 그런 경향으로 역사는 만들어질지도 모른다. 이 점에서 우리의 의지가 중요하다. 분단으로 인해 생긴 기이하고 부자연스러운 현상들 중에 적지 않은 것은 분단의 반절도 이르기 전에 익숙해졌다.

## 분단으로 인한 국가의 3대 요소 왜곡

통일이 왜 필요하느냐는 질문을 많이 듣는다. 일제 식민지배로 잃어버렸던 우리의 민족자결은 분단으로 아직도 미완인 상태로 남아 있다. 아시아와 아프리카에서 식민지배를 받았던 많은 나라들이 득립하며 민족자결을 성취했으나, 패전 일본의 식민지배를 받았던 으리는 전승국인 미국과 소련에 의해 분단됨으로써 전 민족 단위의 자결을 성취할 기회를 갖지 못했다. 분단으로 국가의 3대 요소, 즉 극민·영토·주권이 왜곡되어왔다. 분단으로 인해 물적자원(국토)과 인적자원(국민)이 합리적으로 이용되지 못하고(국토와 자원의 비효율적 이용, 국민 개병제로 일정 기간 군복무 등), 전쟁에 대비해야 하는 관계로 전시작전권과 같은 주권적 문제도 겪고 있다.

근대 국제정치의 행위자는 국가이며, 그 국가는 민족을 단위로 하는 것이 보편적 현상이었다. 국제정치의 행위자인 근대국가는 민족국가지만 우리 민족은 하나로 통일된 민족국가를 아직 이루지 못하고 있다. 이런 이유에서 우리의 통일은 민족사적 과제다. 통일한국은 국민의 기본권과 3권 분립이 보장되는 자유민주주의 국가여야 한다. 우리는 다른 대안을 생각할 수 없다.

독일 통일 과정에서 안보 문제를 다루었던 4+2 협상은 관련국의 안보 우려를 해소하고 보장하는 협상 전략이었다. 이 이중 접근 정책으로 서독은 내부 문제의 자주적 결정에 대해 4대국의 동의를 받아낼 수 있었다.

대한민국은 국제사회에 대해 분명한 정책을 가지고 있어야 한다. 북한의 정치체제는 자주적 결정에 따르되 자유민주주의 체제로 발전되어야 한다. 통일 과정에서는 중국을 위시한 어떤 나라도 한반도 주민의 자주적 결정과 자유민주주의 정치체제 수립에 간섭해서는 안된다는 점을 분명히 천명해야 한다. 즉, 내부 문제 불간섭 원칙이다. 그러나 동북아 구성국의 안보와도 직결된 세력 구조나 질서와 관계된 정치·군사 문제들은 한국이 참여하는 다자협상체에서 논의되는 것에 반대하지 않는다는 정책을 가져야 한다. 이것이 외부 문제의 한국 참여 다자협의 원칙이다. 이를 위해서도 6자회담은 지속되어 평화체제 문제까지 논의하는 협상체로 진화·발전해야 한다.

한반도의 통일을 위해서는 남북한 당사국뿐 아니라 관련국들의 열쇠도 중요하다. 언젠가 어떻게 해서든 그러한 열쇠들이 동시에 돌려질 수 있을 것이라는 전제에 기초해서 통일정책이 마련되어야 한다. 수개 국가들이 각각 그 열쇠들을 잡고 있다. 그리고 그 열쇠들이 돌려지는 것을 방해하는 요소들이 이들 나라에서 만들어지지 않도록 해야 한다.

프러시아, 이탈리아, 냉전 종식 이후 독일의 경우처럼 통일된 국가는 새로운 목표와 행동의 동기를 가진다. 국가의 통일은 국가 권력을 보완하고 강화시키는 목표인 것이다. 1871년 통일된 독일은 프러시아보다 훨씬 막강했다. 한반도 통일에 대해서 말한다면 인구 7000만의 인적자원이 막강한 국가가 된다. 통일한국의 군사력과 경제력 또한 분단 때와 다를 것이다.

한반도 통일에 투영하는 미국과 중국의 이익은 무엇일까? 국제정치 현실에서 볼 때 G2로 부상한 중국은 한반도 통일을 분단보다 더 위험한 것으로 볼 수 있다. 분단은 균형과 안정성을 전제했다. 중국

## 📑 비스마르크의 통일 전쟁과 세력균형 외교

비스마르크는 1862년부터 1870년까지 세 번의 전쟁을 통해 독일 통일을 이루었다. 그러나 그는 통일 전쟁 과정에서 강대국인 러시아나 영국과는 전쟁을 하지 않기 위해 주도면밀한 전쟁 외교를 수행했다. 통일이 이루어진 후 비스마르크는 독일이 능력 이상으로 독일어를 사용하는 지역을 최대한 확보했다고 자평하고 세력균형 외교를 전개했다. 이로써 강대해진 독일에 대하여 영국·프랑스·러시아가 두려움을 갖지 않도록 했다. 그러나 1890년 빌헬름 황제는 비스마르크를 해임하고, 다시 유럽에서 패권을 얻기 위한 공격적 정책을 취하여 결국 제1차 세계대전이 일어났다. 독일은 유럽을 제패하기는커녕 큰 재앙을 얻었다. 인류사에 큰 오점을 남긴 것이다.

의 입장에서는 통일한국은 현재의 분단보다 더 균형적이어야 할 것이다. 그러나 현실주의적 관점에서 보면 동북아에서 미국과의 외교적·군사적·경제적 경쟁은 피할 수 없다.

남북한과 미국, 중국 이 네 나라가 이루는 양자 관계들이 궁극적인 통일에 미치는 영향은 다음과 같이 정리된다.

① 통일에 대한 중국의 영향력은 미·중 관계가 갈등적일 때보다 협력적일 때 더 클 것이다.
② 미국과 중국이 갈등 관계라면, 양국은 분단 지속을 택할 것이다. 이런 경우 통일은 요원해진다.
③ 그러므로 통일의 필요조건은 미·중의 협력 관계다.
④ 물론 남북 관계는 통일의 충분조건이다.

# 8

# 한반도 콘서트
피처링은?

1800년대에 유럽 국가들이 국제회의를 통해 주요 국제 문제를 해결했던 체제를 '유럽협조(Concert of Europe)' 체제라 했다. 콘서트(concert)의 사전적 의미는 합주와 협조다. 합주는 모든 연주자들이 협조하여 연주해야 한다. 이 말은 유럽에서 1830년대부터 사용되기 시작하여 1870년대에 크게 유행했다. 이 용어가 사용되기 전에 이미 나폴레옹전쟁 말기에 유럽 문제는 유럽 국가들 간의 합의로써 해결해야 한다는 국제정치 관행이 성립했다. 유럽 국가들의 회의 개최는 정치적 관행을 넘어 국제법적으로 규정되었다. 나폴레옹전쟁을 끝낸 빈회의(Congress of Wien) 후 1815년 11월 체결된 4국동맹조약(나폴레옹전쟁의 승전국인 영국, 러시아, 오스트리아, 프러시아)에는 "체약국들은 …… 정기적으로 회의를 소집하여 그들의 공동 이해를 협의하고……"라는 규정이 들어갔다. 이 조약의 정신은 실제로 이행되었다. 유럽회의체제는 프러시아의 비스마르크 재상이 전쟁에 의한 독일 통일 정책을 추진한 1870년까지 지속되어 중요한 분쟁들을 해결하곤 했다.

　한국과 북한, 그리고 미국과 중국 등 4개 국가 중 한반도의 평화와 통일의 주역 국가는 어느 나라이고 협찬 국가는 어느 나라인가? "이런 질문이 어떻게 가능한가!"라는 질책이 있을 수 있다. 당연하다. 주연주자는 당연히 남북한이고, 미국과 중국은 반주자다. 그러나 현실도 그런가? 남한은 미국이, 북한은 중국이, 함께 주연을 담당해야 마음이 놓이는 형국은 아닌가? 또 다른 측면에서는 미국과 중국은 당연히 남북한이 주연이고 자신들의 역할은 조연이라고 표명한다. 하지만 현실에서는 미국과 중국이 주연인 것처럼 행동하는 것을 본다. 우리도 그런 것처럼 이야기를 하고, 그런 기사를 많이 보기도 한다. 언론매체들은 6자회담 협상 과정에서 한국 대표의 발언보다는 미국과 중국 대표의 발언에 더 무게를 두고 보도를 했다. 한국 외교부장관의 발언보다는 미국 국무장관의 발언이 더 크게 보도되었다. 이렇게 길들어진 국민들이 미국과 중국의 정책이 우리의 정책보다 더 중요하다고 생각하는 것은 당연하다.

　이렇게 인식되어간다면 한반도의 평화와 통일을 이루는 콘서트에서 남북한과 미국, 그리고 중국은 모두가 주연이 아니고 조연이 될지도 모른다. 이 4개 국가들의 어느 나라도 다른 나라가 주연이기를 거부한다면 결과적으로 모두 조연이 된다.

# chapter 5

# 국가이익과
# 치국(治國)

# 1

# 국가와 정부, 국가이익,
# 그리고 지도자

 

 

국가는 정치체(political body)로서 국민의 이익 보호와 이상 실현을 목표로 한다. 이런 목표의 성공과 실패에 따라 영고성쇠의 변화가 있기 마련이다. 정부는 국가의 주권적 독립을 유지하며 국민의 복지와 평화 증진을 구체적으로 추진한다.

우리나라의 국가이익은 우리 정부가 우리나라의 목표와 다른 나라의 부(富) 및 국력 간에 존재하는 관계의 인식으로부터 규정된다. 국익은 국제정치에서 국가의 결정과 행동을 지배하는 규범체계다. 국가 간의 국익은 충돌하기도 하고 일치하기도 한다. 각자의 국익을 추구하다 보면 비록 가장 가까운 문화와 국민성을 가진 국가들이라 하더라도, 양자 관계는 때때로 경쟁적이기 마련이다. 국가 간에는 영토 보전, 자원, 경제적 이익, 존경, 명예, 영향력, 이데올로기 주도권 등을 확보하기 위해서 경쟁과 협조는 불가피하다.

국가이익의 우선순위는 ① 최고의 국가이익, ② 중대한 국가이익, ③ 전략적 국가이익, ④ 전술적 국가이익으로 나눌 수 있다.

최고의 국가이익은 국가의 생존과 국가를 탄생시킨 국체를 유지하는 것이다. 국가는 다른 모든 이익을 희생하고서라도 가용한 모든 수단과 자원을 동원해서 독립을 유지해야 한다. 국민은 많은 비용을 들여서라도 그들의 문화와 인종적 정체성을 유지해야 한다. 그러기에 국가의 생존과 정체성을 위협하는 도전은 전쟁으로 직결된다.

중대한 국가이익은 국가의 생존을 위협하지는 않더라도 국가의 중대한 이익에 영향을 미치는 사안이다. 안보, 복지, 그리고 국내의 평화가 바로 중대한 국가이익이다. 이러한 이익들이 '중대하다'고 하는 것은 바로 이 이익들이 국민들이 국가를 수립하고 유지하고자 하는 목적에 직결되기 때문이다.

국가는 중대한 국가이익의 보호를 위해 최고의 국가이익인 생존을 위태롭게 하지 않고서도 전쟁을 감행할 수 있다고 판단하면, 보다 덜 중대한 이익의 희생과 전쟁의 큰 피해를 각오해야 한다.

국가의 중대한 이익은 ① 국경의 안전한 테두리 안에서 국가 통합 유지, ② 전략적 이익 수호, ③ 잠재적 적들에 대한 방위, ④ 국력과 복지에 필수적인 자원에 접근, ⑤ 협박으로부터의 자유, ⑥ 타국에 의한 국가 전복으로부터의 자유, ⑦ 국내 문제 간섭으로부터의 자유 등에서 찾을 수 있다.

국가는 외교관과 군인을 활용하여 국가의 중대한 이익에 대한 외부로부터의 위협을 좌절시키고, 또는 외부를 향한 위협을 진척시킬 수 있는 기회를 장악해야 하는 긴박감을 가지고 있어야 한다. 이 점이 '국가 존재 이유'의 중요한 목표다.

전략적 이익은 국가 안보, 복지, 그리고 국내 평화 유지에 즉각적 영향은 없지만 주의하지 않으면 중대한 국익이나 이 이익을 증대시키거나 보호할 수 있는 능력에 직접적 영향을 미칠 가능성이 있는 사안이나 사건에서 구현된다.

국가가 번영하려면 외부 환경의 전략적 경향에 대응하고, 최대의 이익을 얻거나 손실을 최소한으로 줄이도록 상황을 돌려놓아야 한다. 이러기 위해서는 국가의 정책과 외국과의 관계는 수시로 조정되어야 한다. 이 필요성이 곧 국가의 전략적 이익에 관한 정의이기도 하다.

전략적 이익이 발생하는 상황은 ① 적국이나 동맹국의 국력 강화나 약화, ② 국제적 제휴와 영향력 양상의 변화, ③ 새로운 자원과 기술의 발견, ④ 국제체제와 체제 내에 확립된 규범적 제도의 변화, ⑤ 새로운 독트린과 이데올로기 출현, ⑥ 경제 발전과 무역의 새로운 양상 출현, ⑦ 해외 거주 국민과 재산의 지위와 대우에 대한 도전 등이 발생할 때다.

국가의 전략적 이익은 독립의 보전에 유리한 국제 질서와 국가체제, 그리고 공통 관심사 논의에 있어 타국과 협조할 수 있는 능력을 배양하고 강화하고, 광범위한 국가이익을 효과적으로 증진시키며 지킬 수 있는 능력을 유지하는 데 있다.

통치자의 능력은 전략적으로 중요한 상황을 변경하고 이용하거나 자국에게 불리한 상황을 반전시키는 정책을 신중하게 수립하는 데 있다. 이를 위해서는 군사력 과시, 전쟁 이외의 군사 행동, 군사적 충돌 감행 등이 필요할 수 있다. 그러나 전략적 이익과 관련된 사안에 대해서는 강압이나 무력 사용보다는 비용이 적게 드는 설득외교를 해야 한다. 강압이나 무력 사용이 실패하면 치명적 결과를 가져올 수 있기 때문이다.

전술적 이익은 국가기관이나 민간단체의 특정 이익에 독립적 형태로 영향을 미치는 분쟁 사안에서 발생한다. 이런 분쟁은 국가와 정부에 전술적 도전이 된다. 전술적 이익의 분쟁들이 제대로 처리되지 못하면, 국가 건설의 목적을 실행하는 국가의 능력에 대한 국민들의 존중은 잠식되고 정부의 권위가 실추되기 마련이다. 전술적 이익의 문제를 제대로 처리하지 못하면 전략적 이익의 문제로 발전하고, 마침내 보다 전반적이고 고비용의 조치가 필요한 경우가 된다. 당장 큰 영향을 미치는 것이 아닌 사안이더라도 자국의 몫에 대한 타국의 적절한 인정을 보장받기 위한 것이라면 국가의 단호한 행동은 정당화된다.

전술적 이익은 국가와 재외국민의 모든 활동 영역에서 발생한다. ① 다자 및 양자 간 합의된 무역, 재정, 여행, 사기업과 재외국민의 활동에 관한 규범에서 일탈하는 경우, ② 국내법, 제도, 국경에 대한 외국의 존중, ③ 선박과 항공기의 국제 운항, ④ 외교관, 군인, 그리고 국가 자산에 관한 지위, ⑤ 정부와 국민 간의 대화, ⑥ 국가의 주권이나 존엄 존중 문제 등이 전술적 이익과 관련된 분야다.

이상의 모든 국익의 방어가 곧 외교의 일상을 구성한다. 외교의 수장인 대통령과 모든 외교관이 해야 하는 일이다.

## 투키디데스의 정책 제안

투키디데스가 《펠로폰네소스 전쟁사》에서 주장하고 있는 여러 가지 정책적 제안들은 우리의 이론적 구성과 일관되게 일맥상통하는 면을 보인다. 투키디데스는 "이웃 국가들 간의 적대감은 각국의 독립 유지를 위해 언제나 있어야 할 조건이다"라고 말했다.

① 우리는 스스로의 이익을 위해 전쟁을 치르며, 평화가 이익에 부합하는 듯 보일 때는 평화를 추구한다. 이는 '인간사를 논하는 데 정의의 문제는 이를 실천할 수 있는 역량이 있을 때에만 제기된다는 것'을 모두가 알고 있기 때문이다.

② 국가들은 서로 '법적 관계로 맺어져 있는 것이 아니므로' 무엇이 정의로운 것인지를 고려 대상으로 삼을 수 없으며, 의로운 자에게 상을 주고 죄지은 자에게 벌을 내리는 것이 그들의 목표가 될 수 없다. 우리에게 잘못을 저지른 국가에 대해 우리가 고려해야 할 타당한 질문은 '그들의 죄가 무엇인가?'가 아니라 '무엇이 우리의 이익을 위한 것인가?'이다.

③ 모든 참가국의 이익을 기반으로 하지 않는다면 연맹 결성은 어리석은 일이다. 사실상 서로에 대한 두려움이 연맹 결성의 유일하게 확실한 기반이다.

④ 각 국가는 자국의 안보와 번영을 위해 필요한 것이 무엇인지를 스스로 해석한 바에 기초하여 행동하므로 국가는 반드시 다른 국가들의 의도를 예측해야만 한다. 따라서 전쟁을 개시해야 하는 상황에서 평화를 유지하는 것은 많은 경우 대단히 위험한 행동일 수 있다.

⑤ 인간이란 보다 강력한 국가의 침략을 앉아서 기다리지는 않는 존재이므로 먼저 선수를 치게 된다.

## 국민적 관심 사안과 이데올로기

국민의 수준은 국가의 문화와 정체성을 규정한다. 무엇이 옳고 그

르며, 무엇이 품위 있고, 무엇이 모순되는 것인지에 관한 국가적 가치의 근본 원리를 구성한다. 한 사회의 가치는 국가의 이데올로기에 표현된다. 이데올로기는 국가가 국제적으로 달성하고자 하는 목표를 구체화하고, 국가의 임무인 국익의 증진과 보호를 도모한다. 이데올로기는 국민적 관심 사안을 만들기 위하여 이익과 결부되어 있다. 국민적 관심 사안은 국민의 관심을 결집하는 사안을 말한다. 이데올로기로 획득된 정치적 가치는 국가이익에 국민감정을 주입하여 국가의지에 생명력을 고취한다. 정치적 가치는 이익을 추구하는 열정의 수위를 결정한다. 따라서 통치자는 국익을 진척시키거나 방어하는 데 직결되는 정책을 지탱할 수 있는 국민적 관심사를 만들기 위해서 정치적 가치를 추구한다. 정치적 가치는 국익과 별개지만 국가가 바른 행위를 통해 가치를 고수하는 것은 국내의 조화를 위해서 필수적이며, 복지를 위해서도 중요하다. 정치적 조화와 복지의 유지는 어느 국가에게나 전략적 이익의 문제다. 타국이 자국의 가치를 존중하는 것은 국가의 자존심 문제다. 그렇기 때문에 종종 한 개인이 자신의 신념을 다른 사람에게 설득하려고 노력하는 것처럼, 국가 또한 다른 국민들에게 자국의 이데올로기를 보급하기 위해 노력한다.

지도자는 국내·외의 정치적·외교적 이유에서 자신의 신념을 주장하면서 도덕적 지도력을 확장하려고 노력한다. 흔히 강대국은 국민들의 도덕적 합의를 대외적으로 확장하려고 한다. 이러한 정책의 동기는 공동체 의식과 국내에서 자국민이 향유하는 가치를 타국과 타국 국민들에게까지 확대하겠다는 신념에서 나타나는 욕구에 있다.

국제정치에서 공통의 원칙의 보편적 수용이 가능한가? 국제적 갈등의 원천을 제거하고 국가들 사이의 공평한 협조를 증진하는 일은 가능한가? 역사는 이 가정보다 오히려 반대인 경우가 많았다. 그러나 국가 간에 문화와 이데올로기의 유사성과 가치의 공유는 상호 오하와 편견을 감소시키고, 국가 간에 대화를 용이하게 한다. 공통의 이데올로기는 공통의 이익을 만들지는 않으나 상호 이익의 창출을 용이하게 하고 분쟁을 감소시킨다. 또한 가치의 공유는 국익을 둘러싼 갈등을 아예 없애지는 않지만 협상에 의한 갈등의 해결을 촉진한다.

요즘 우리 외교는 많은 국가들과 전략적 관계를 만드는 데 열중하고 있다. 이 전략적 관계에서 으뜸은 전략적 동맹 관계다. 전략적 동맹은 공유하고 있는 가치와 공통의 이익을 결합하는 것이다. 전략적 동맹 관계를 맺고 있는 국가 사이에 공동의 관심사가 발생하면 각국은 국익 추구 과정에서 조절된 행동을 보이려고 노력한다. 전략적 동맹은 양국 관계에 강력한 정서적 버팀목을 제공한다. 하지만 이데올로기와 가치의 공유만으로 공동 행동의 기초가 되는 것은 아니다. 측정 가능한 공통의 이익이 존재해야 한다. 전략적 동맹 관계에 있는 국가들 간에 공통의 이익이 가능하려면 전략적 동맹을 맺고 있는 국가를 위해 구체적으로 희생할 수 있어야 한다. 가치는 도덕적 추상개념이지만 국가는 타국의 공격으로부터 국가의 가치관과 이데올로기를 보호하기 위해 많은 희생을 각오해야 한다. 하지만 가치관과 이데올로기의 추구는 국익과의 관계가 명백해야 한다. 국가는 그들의 이익에 의해 정당화된 기준치보다 더 높은 가치관과 이데올로기에 관해 약속하기가 어렵다.

## 교조적 외교의 문제점

원칙과 관념을 선전하는 데 집중하는 외교정책은 상대국의 이익을 현실적으로 수용하려는 데 인색하여 외교가 원만치 못하고, 외교적·군사적 갈등을 초래하기 십상이다. 특히 이데올로기적인 신념은 국가 간의 관계를 도덕적 신조로 평가하여 관계를 갈등 관계로 발전시키기 쉽다. 특히 갈등 관계에 들어서면 타협을 추구하는 행위는 부당하고 비도덕적인 것으로 인식하는 경향이 생긴다. 미·소 냉전 시대 이데올로기에 기반을 둔 정책은 상대국의 국내 정치, 사회 구조, 정통성 등을 문제 삼아 국제 투쟁의 무대를 확장했다. 이런 상황하에서는 국가 간 차이점의 평화로운 조정과 양립은 생각하기 어려웠다.

## 지도자의 '치국'

외교를 뜻하는 'diplomacy'를 서양에서는 '치국(statecraft, 국가 경영)'이라고 부르곤 했다. 국제정치의 행위자(actor)로서 국가(state)가 전통적으로 차지하는 압도적 지위를 강조하기 위해서였다. 치국은 국익 확보를 위한 국력의 사용에 있어 국가이익의 우선순위와 국가의 가치에 대한 명확한 인식에서 출발한다. 국익이 명확하게 규정되지 않거나 순위가 정해지지 않는다면 치국책은 자해적인 혼란과 지리멸렬을 자초한다. 치국책은 상대국으로부터 도전을 받는다. 그러나 도전 저지에 실패하고 국익에 대한 평가와 우선순위 결정에 실패하면, 그 국가의 운명은 도전하는 적대국의 행동에 좌지우지되기 마련이다. 국익의 증진을 위한 전략을 고안하려면 통치자는 자국민과 상대국이 사안에 대해 가지는 관심의 성격과 우선순위를 확실하게 파악해야 한다.

여기에서 국가적 관심의 균형이 중요하다. 연계되어 있는 개별 사안의 상대적 중요성의 측정 문제가 제기된다. 즉, 상대국의 저항을 측정하고 저항의 경계를 결정하는 문제다. 협상 의지를 결정하고 상호 합의의 잠재적 영역과 상대방과 화해에 도달하기 위해 갈 용의가 있는 거리를 설정하는 일은 통치자가 적대적 상대국과의 협상에서 항시 염두에 두어야 할 일이다. 여기에서 생기는 외교의 과제는 상대국이 도전하는 우리의 국익이 그들의 국익과 조화롭게 양립될 수 있다는 비전을 하나의 틀로 전환하는 것이다. 우리의 국익에 유리하나 상대국에게도 수용될 수 있는 합의를 고안하는 것을 의미한다. 이것을 성취하기 위해서 통치자는 자국의 모든 영역의 국력을 바탕으로 전문적 외교술을 활용해야 한다.

# 2

# 지도자(至道者), 지도자(指導者)

　우리에게 필요한 지도자는 至道者, 즉 도에 이를 정도의 높은 식견과 경륜과 철학을 보유해야 하며, 지도자로서 국민에게 앞으로 나아갈 길과 방향을 제시해주는 사람이어야 한다. 나는 지도자가 갖추어야 할 역사인식과 정치철학을 말할 때, 1818년 카스파르 다비드 프리드리히(Caspar David Friedrich)의 작품 〈안개 바다 위의 방랑자(The Wanderer above a Sea of Fog)〉와 마키아벨리의 저서 《군주론》, 투키디데스의 《펠로폰네소스 전쟁사》에 관한 설명을 즐겨 쓴다.

　존 루이스 개디스(John Lewis Gaddis)는 그의 저서 《역사의 풍경》에서 프리드리히의 〈안개 바다 위의 방랑자〉를 다음과 같이 감상했다. "검은 코트 차림의 사람이 정상에 올라 앞에 전개된 풍경을 보고 있다. 등을 보이고 있어 그의 표정은 알 수가 없다. 기다란 지팡이를 가지고 있다. 펼쳐진 풍경은 엄청난 바위와 안개와 산들이다. 물론 평

카스파르 다비드 프리드리히, 〈안개 바다 위의 방랑자〉(1818년)

원도 보인다."

　홀로 서 있는 사람이 앞으로 헤쳐나갈 풍경을 보고 있는 이 강렬한 이미지가 지도자의 이미지다. 지도자는 앞으로 가야 할 먼 풍경에 몰입하지 않고 풍경 위에 서 있다. 풍경을 압도한다. 가능한 한 유리한 위치를 찾아 자신이 어디로 가야 하는지에 주의를 집중하는 것이 자신이 할 일이라고 생각한다. 지도자는 짙은 안개 속에서도 형체를 감지할 수 있고, 그것의 중요성을 추측할 수 있으며, 때로 그것이 무엇인지 확신해야 한다. 중요함과 사소함 간의 구별, 스스로 크게도 느껴지고 작게도 느껴지는 긴장의 권력, 일반화와 특정화의 조절, 추상적 묘사와 사실적 묘사 간의 절묘한 선택의 능력을 간파해야 한다. 안개 속에서 경험을 추출하고, 사실을 설명하고, 갈 길을 안내하는 결단력을 상상해보라. 경외감이 들지 않는가.

한 인간으로서든 정치가로서든 자신의 정체성이 존재하기 쉬운 곳은 이런 상태일 것이다. 자기 의심은 언제나 자기 확신을 선행해야 한다. 그러므로 자기 확신을 가지고 도전하고, 그런 도전에 길들여지는 것을 중지해서는 안 된다.

역사의 이미지는 자동차의 백미러 이미지와 같다. 운전자는 앞만 보지 않는다. 수시로 백미러를 본다. 〈안개 바다 위의 방랑자〉에 묘사된 풍경이 백미러에 보이는 모습이라고 생각해보자. 운전하는 내가 백미러에 나타난 뒷모습을 보는 것이다. 앞으로 가는 우리가 미래의 길을 안전하게 가기 위해 백미러로 지나온 길을 보듯이 말이다.

## 역사로부터 배우는 지도자

마키아벨리는 《군주론》 서문에서 자신의 후견인인 로렌초 데 메디치에게 "신분이 미천한 자가 감히 군주의 정치에 대해 논술하거나 규범을 칭하는 것"을 어떻게 생각하는지 물으면서 스스로 답했다. "지형도를 그리려는 사람은 산이나 고지의 특성을 관찰하기 위해 평지에도 내려가 봐야 하고, 평지의 풍경을 알기 위해 산 위에도 올라가 봐야 한다. 마찬가지로 백성을 이해하려는 이는 군주의 입장이 되어봐야 하듯이 군주의 본질을 잘 알려면 백성의 지위에 서봐야만 하는 것과 비슷한 이치다."

이 자질을 겸비한 마키아벨리는 "제가 오랫동안 많은 고생과 위험의 대가로 익히고 알게 된 것을 전하께서 짧은 시간에 이해하실 수 있게 하는 것 이상의 선물은 없다고 생각합니다"고 자신만만하게 로렌초 데 메디치에게 말하면서 《군주론》을 집필했다. 마키아벨리의 목적은 추출이었다. 그는 큰 덩어리의 정보를 간결하고 사용 가능한 형태로 '포장해서' 그의 군주가 빨리 터득할 수 있도록 했다. 150여 쪽에 불과한 《군주론》으로 마키아벨리가 제공한 것은 개인의 경험을 넓힐 수 있는 역사적 경험의 압축이었다. "사람들은 대체로 타인의 발자취를 따르므로 현명한 사람은 늘 가장 **빼**어난 자를 닮으려 해야 한다. 그렇게 하다 보면 비록 그들과 똑같아지지는 못하더라도, 최소한 그 향기의 얼마만이라도 얻을 수 있다."

이것은 역사의식의 용도에 관한 최고의 요약이다. 우리가 노력을 하든 안 하든 역사는 우리가 가진 유일한 데이터베이스이므로, 우리는 역사로부터 배울 수밖에 없다.

에드워드 카(Edward H. Carr)는 《역사란 무엇인가》에서 인간의 뇌 용량과 사고 능력은 500년 전 사람들보다 더 크다고 할 수 없지만, 그때처럼 사는 사람은 거의 없다고 했다. 인간 사고의 효용성은 여러 세대의 경험을 배우고, 그것을 자기 경험과 결부시킴으로써 몇 배나 커졌다. 획득한 성격의 계승은 생물학에서는 가능하지 않을지 몰라도 인간사에서는 작용한다. 역사는 획득한 능력을 세대에서 세대로 전승함으로써 이루어지는 진보다.

역사 앞에서 우리는 겸손해야 한다. 시간적 의미에서 지금의 어려움은 세월이 지나면 별것이 아니다. 공간적 의미에서 내게 중요한 것이 전체적으로는 별것이 아니다. 시간과 공간에 따라 중대성은 변한다. 그 의미도 변한다. 조선시대 사색당파로 장례 절차에 관한 궁중 싸움을 현재 관점의 망원경으로 보면 어이가 없듯이 말이다. 존 루이스 개디스의 《냉전의 역사》에는 다음과 같은 구절이 있다. "이는 마치 남극 관광객이 바다 위에 떠다니는 빙원 위에 구별할 수도 없는 펭귄들이 서로 다투는 광경을 보는 것과 같다. 그러나 역사 흐름의 원인이 되는 조류는 특정한 의미를 띨 것이다. 이들은 앞으로 닥쳐올 일을 부분적으로 형성할 것이기 때문이다. 닻을 올리고, 키를 잡고, 그리하여 현재 위치에서 가고 싶은 곳에 이를 수 있는 방법을 떠올리는 유랑자들도 그럴 것이다."

역사를 안다고 하여 미래를 예측하는 능력을 갖게 되는 것은 아니다. 그러나 역사를 통해 경험을 확대함으로써 미래를 대비하기 위한 기술과 능력, 지혜를 증가시킬 수 있다. 마키아벨리가 말했듯이 "운은 인간 행위의 반만 주재하고, 나머지 절반은 우리가 주재하도록 남겨둔다. 신은 모든 일을 다 하려고 하지 않는다".

지도자는 운이나 신이 관여하지 않는 미래의 반을 주재하는 법을 역사로부터 배워야 한다. 지도자는 어떻게 역사적 경험을 제시해야 하는가? 지도자는 흔히 과거의 사례를 들어 그 사례가 시사하는 바를 제시하려 한다. 지도자는 사안이 시공의 제약을 받는 특수성과 시공을 떠난 보편성 사이의 균형 인식을 가져야 한다.

## 특수와 보편을 동시에 읽는 지도자

기원전 411년 《펠로폰네소스 전쟁사》를 쓴 투키디데스는 특수성과 보편성을 동시에 발견했다. 투키디데스는 독자를 기원전 425년 아테네인의 필로스 공격 상황으로 인도한다. 그의 서술은 너무나 생생하다. 플라타이아인이 펠로폰네소스 성벽을 공격하는 장면에서 병사들이 진흙에 미끄러지지 않기 위해 왼발에만 신발을 신고 전진하는 광경이나, 지붕의 타일이 우연치 않게 떨어질 때 병사들이 놀라는 모습 등을 생생하게 묘사하고 있다. 그는 동료나 가족이 보이면 소리 높여 외치고, 동료의 목에 매달리며, 힘이 다할 때까지 쫓아가고, 힘이 다하면 신에게 호소하는 비통한 소리와 함께 방치된 병들고 부상당한 시칠리아 섬의 아테네인의 모습을 들려준다. 상세한 내용에는 역시 확실성이 있다.

특수 상황의 설명과 함께, 투키디데스는 사건을 일반화시키는 의대한 능력을 가진 역사가였다. 그는 인간사에서 과거와 똑같지는 않더라도 비슷하게 전개될 미래의 해석에 도움이 되고자 과거의 정확한 지식을 열망하는 탐구자들을 위해 이 책을 썼다고 말한다. 그는 시대를 넘어 일반화를 유지시켜주는 것이 배경에서의 분리라고 할 수 있는 추상화라는 것을 알고 있었다.

투키디데스는 아테네인에 대항해 반란을 일으킨 멜로스인에게 시대를 넘어선 원칙을 말했다. 즉, "강한 자는 자기가 하고 싶은 일을 할 수 있고, 약한 자는 그것을 감수해야 한다"는 것이다. 아테네인은 남자들을 죽이고, 여자와 아이들은 노예로 팔았으며, 500명의 아테네인을 그곳으로 보내 살게 했다. 그러나 투키디데스는 어떤 규칙이든 예외가 있다는 것도 보여준다. 미틸레네인이 반란을 일으키고 아테네인이 그들을 정복했을 때, 아테네 지휘자는 갑자기 생각을 바꿔 두 번째 배를 보내 약자를 살육하고 노예로 만들라는 원래 명령을 철

국가 간의 비밀 유지로 인한 가장 커다란 손해는 양국 정상이 거짓말을 해야 할 필요성이 있다는 점이다. 흐루시초프는 공식적인 채널을 통해서나 KGB 요원인 볼샤코프(Georgi Bolshakov)를 통해서 쿠바에 있는 공격무기의 존재에 대해 케네디를 속였는데, 그때까지 두 지도자는 아주 민감한 사안에 대한 의사소통을 위해 볼샤코프에 의존해왔다. 소련의 외무장관 그로미코는 1962년 10월 18일 케네디를 마주 보고서도 거짓말을 했는데, 그때 케네디는 이미 무슨 일이 일어나고 있는지 알고 있었다. 쿠바의 미사일 배치는 그 시작부터 실패의 씨앗을 잉태하고 있었다. 배신을 당한 케네디는 분노하였고 미국과 소련 간에 신뢰는 무너져 모든 관계의 경로는 차단되었다. 그런데 신뢰는 흐루시초프가 희망했던 바였다. 그는 케네디가 미사일의 존재를 알면 미·소 관계가 진전될 것이라고 믿었다. 그러나 흐루시초프에게 기만책은 전혀 새로운 것이 아니었다. 그는 소련의 대륙 간 탄도미사일 능력에 대해서도 수년 동안 속이고 있었다. 케네디가 쿠바에 배치된 소련의 MRBM과 IRBM에 대해서 그렇게 빨리 대응한 것은 이 미사일이 수사적인 것이 아니라 실제적인 위협이었기 때문이다. 미국 주재 소련대사 도브리닌은 쿠바의 미사일 이야기를 흐루시초프나 외무장관 그로미코가 아니라 미 국무장관 데나 러스크로부터 들었고, 그 시점은 케네디가 세계에 그 존재를 발표하기 겨우 1시간 전이었다. 흐루시초프는 워싱턴이 경악하기를 원했다. 그러나 그의 비밀 계획이 알려졌을 때 결국 놀랐던 사람은 도브리닌이었다. 그는 그렇게 현장에 있으면서도 본국 정부로부터 비밀접근을 허용받지 못했다.

회한다. 투키디데스는 권력의 속성을 일반화했다.

지도자는 메시지를 전달할 때 이런 특정화와 일반화 사이의 긴장을 유지해야 한다. 특정 시대와 장소에 한정된 사례를 추상화할 경우, 복잡한 사실을 과도하게 단순화하여 진실을 왜곡시키지 않도록 유념해야 한다.

지도자는 개인이라 할지라도 그의 행동은 개인으로서의 행동과는 다르게 평가된다. 지도자는 국민의 이익을 보호하도록 국민에게 위임받은 사람이기 때문에 특정한 상황에서는 무력을 사용한다. 자신의 영혼만 구하고 그의 국민을 보호하는 데 실패한 지도자는 훌륭한 수탁자가 아닐 것이다.

# 3

# 매력적인 언어 소통

외교에서는 언어가 매우 중요하다. 나는 외교관은 부정어법을 사용하지 않고 에둘러 말하는 재주를 가진 사람들이라고 생각한다. 나폴레옹 시절에 프랑스 외무장관을 지낸 탈레이랑은 "외교관의 'Yes'는 'Maybe'이고 'Maybe'는 'No'다. 'No'라고 말하는 외교관은 외교관이 아니다"라고 했다. 이 인용문은 외교관의 자질을 위한 훈육적 지침이 되었다. 그러나 국익의 경합에서 치열한 논쟁을 해야 하는 사안에서 언어의 모호성은 도움이 되지 않는다. 정교함을 요하는 사안에서 오해의 여지를 두는 어법은 장려될 수 없다.

지도자의 매력적 언어는 사람들을 의미론의 함정에서 구해준다. 즉, 유능한 지도자는 '화자가 이런 뜻으로 말했겠지' 하며 청취자가 화자의 의도와는 다르게 제멋대로 해석하고 마는 함정에 빠지지 않게 하는 언어를 구사한다.

우리가 보고 듣는 대상은 여러 의미를 가진다. 상황과 맥락에 따라 대상의 의미는 변한다. 화자(話者)의 말을 피화자(被話者)가 화자와 같은 내용과 맥락으로 이해해야 내 뜻이 전달되는 것이다. 하나의 상황이나 맥락에서 대상의 의미는 하나로 결정될 수 있다. 이 경우 진리는 하나라고 주장한다. 화자는 자신이 한 말의 의미를 피화자가 제대로 알아들었는지는 그 말을 듣고 보여주는 피화자의 반응이나 행동에 의해 확인된다. 피화자가 다른 의미로 받아들일 때는 오해와 불화가 생긴다. 지도자는 많은 사람을 상대로 하기 때문에 그들의 이해관계를 가급적 다 아우를 수 있는 언어를 구사하고픈 유혹을 받게 되는데, 그럴 경우 언어는 모호해질 수밖에 없다.

화자는 자신을 오해로부터 방어하기 위해 애매성이 일어날지 모를 여러 가능성을 고려하여 말을 할 때 의미론의 함정에서 벗어날

---

### ⬛ 진리는 실천에 의해서 확인된다

우리는 일상에서 다른 사람의 말을 잘못 알아듣고 행동하는 경우가 허다하다.

예를 들어 내가 방에 누워서 "시계!" 하고 외친다. 내 방에 함께 있던 사람은 내 외침에 대한 반응으로 ① 시계를 가져다주거나, ② 시간을 알려주거나, ③ 선반에 위태롭게 놓여 있는 시계를 안전하게 놓거나 할 것이다. 이 셋 중 어느 한 경우에 따라 행동을 하면 "시계"라고 외친 사람은 반응을 보인다. 자기가 의도한 바에 맞으면(진리) 고개를 끄덕일 것이고, 그렇지 않으면 "그게 아니고!"라는 반응을 보일 것이다. 말을 들은 사람은 말한 사람의 반응을 보고 진리 여부를 알게 된다.

수 있다. 상대방을 의미론의 함정에 빠지지 않게 하는 언어가 매력적이고 설득력이 있는 말이 된다. 지도자는 매력적인 언어를 구사해야 한다.

# 4

# 우리의 미래 비전
### 준비를 선도하는 지도자

**역사 교훈에서 미래를 설계하는 지도자**

정치는 현재의 이익을 위해서가 아니라, 역사관을 가지고 미래의 이익을 추구해야 한다. 국가정책은 지도자가 생각하는 대로 만들어 낼 수 있는 경우도 있고, 그렇지 못할 경우도 있다. 지도자는 정책 선택으로 국가의 형질을 변화시킬 수 있다. 지도자의 카리스마는 국민들에게 그가 원하는 생명을 불어넣을 수 있는 마법의 지팡이다. 마치 벽에 백묵으로 그림을 그려놓고, 그것을 실물화시키는 것과 같다.

레닌, 트로츠키, 스탈린 같은 인물은 단순히 다른 사람들과 동등한 존재가 되기 위해 한 인간으로서 고난의 길을 선택한 것은 아니다. 만약 그렇다면 레닌은 사마라(퀴비세프의 옛 이름)를 떠나지 않았을 것이고, 스탈린은 타빌리시 신학교의 학생으로 남아 있었을 것이다. 혁명을 일으켜 전혀 새로운 사회를 건설하려면 비범한 엄격함과 비전,

냉혹함 그리고 지성을 지닌 인물이 필요한데, 그와 같은 성격을 이들 초기의 볼셰비키들은 충분히 갖추고 있었던 것이다. 그러나 그들이 노력하여 건설하고자 한 사회는 그들 자신의 야심과 개성을 부정하려고 한 사회였다. 볼셰비키는 물론이고 중국의 공산주의자에 이르는 모든 권위적 좌익 운동이 지도자에 대한 '개인숭배'를 둘러싸고 결국에는 위기에 직면한 이유도 필경 거기에 있었다. 평등주의의 사회를 구성하는 대등 욕망과 그와 같은 사회를 만드는 데 필요한 우월 욕망 사이에는 긴장 관계를 아무리 해도 피하기 어려운 것이다.

## 미래로서 통일 비전을 가진 지도자

우리의 지도자는 통일의 당위성을 잊지 않도록 국민을 계도해야 한다. 독일의 경우에서처럼 한국 사람들이 눈물을 글썽이며 통일 문제를 이야기하는 모습을 세계가 목격하고 인정하게 해야 한다. 통일 염원의 불꽃이 사그라지면 우리의 통일을 지원해줄 나라는 없다. 통일은 가시적이 아니더라도 끊임없이 추진해야 할 민족의 역사적 소명이다.

남북한의 통일은 남한 주민과 북한 주민의 염원에 의한 민족자결의 문제다. 아직도 민족자결 원칙은 국제정치와 국제법에서 유효하다. 민족자결 원칙에 의해서 한 국가가 원하는 정치체제를 갖는 데에 간섭하지 말라는 주장을 주변 국가를 포함한 국제사회가 동의하고 수용하는 것이다.

분단의 지속이 중국에게 무슨 불이익이 있을까? 오히려 강대국이 되는 남북한 통일이 중국에게는 더 위험하다고 볼 수 있는 요소는 없을까? 그렇더라도 우리가 민족자결 원칙에 따라서 통일하는 것을 받아들일 수밖에 없게 만들어야 한다. 분단이 통일보다 오히려 중국에게 불이익이 되는 현실을 만들어주어야 한다.

철학과 역사인식을 가진 지도자가 필요하다고 하여 미래의 모든 남북한의 지도자들이 장점들을 완벽하게 구비해야 한다는 유토피아적 기대를 주문하는 것이 아니다. 그 지도자들에게 개인적 인성보다는 중지를 모으고 국민의 단결을 호소할 수 있는 조직의 지혜를 주문하는 것이다. 국제사회는 훨씬 복잡하게 엉켜 있고, 해결하기 위해서는 세련된 감각과 지혜와 철학이 필요하다. 지도자의 직관과 상식만으로 국제 문제를 분석하고 판단하고 결정하는 것은 뒤늦은 후회를 가져오기 마련이다. 현재의 외교 · 안보정책은 과거 정책과 단절되어 완전히 다른 것으로 새롭게 창안된 것이 아니라, 과거 정책의 계속적인 발전에 의해 태어난 정책이어야 한다. 정책의 선택은 우연한 현상이 아니다. 기적적인 과정이 아닌 진화적 과정이다. 지도자는 선입견 때문에 눈을 멀게 해서는 안 된다.

한반도의 새로운 질서를 조성하는 것은 역사의 거대한 계획들 중 하나다. 한반도에 통일의 기운이 돌아 이를 강력히 추진해야 할 때 한반도 주변 국가들에 포진한 지도자들의 개성, 철학, 역사관, 남북한에 대한 인상 등이 통일의 방향과 속도에 지대한 영향을 끼칠 것임을 독일통일 과정을 보며 깨닫게 된다.

한국은 민주화에 성공하고 경제를 발전시키며 눈부신 성장을 기록한 국가다. 그러나 정치는 매우 역기능적인 문화를 키워왔다. 무엇보다 융통성이 결여된 정치 시스템이 문제가 되고 있다. 돈과 특별한 이해관계, 선정적 정치 공세, 이념적 공격 등이 한국 정치 시스템을 점령했다. 그 결과 사소한 것을 놓고 끝없이 이어지는 맹렬한 논쟁으로 정치는 연극무대가 되어버렸으며, 여기에 실질적인 내용이나, 타협, 행동을 찾아보기는 어렵다. 문제 해결보다는 당파적 싸움이 목적이 된 정치 프로세스에 빠져버린 것이다. 특정 이해관계·로비·출신 선거구의 이익을 위한 특혜 등 그 어떤 면에서 보더라도, 정치 프로세스는 당파적이고 무력해졌다. 대립적인 정당정치를 선호하고, 높이 평가되어야 할 초당적 협력을 거부한다. 한국의 정당정치가 이념적으로 순수하고 엄격한 원칙을 가진 정치로 발전하고 정당들은 정강(政綱)으로 경쟁하길 기대한다. 그러나 각 정당에 중도파들이 점차 줄어들면서 그 결과는 심각한 당파적 대립으로 귀결되곤 한다.

유럽의 의회제도는 당파적 정당과 함께 훌륭하게 작동한다. 영국 총리는 야당의 지지를 필요로 하지 않는다. 내각책임제 영국 총리에게는 집권당의 과반 의석 확보가 보장되기 때문이다. 현재의 보수당과 자민당의 연정은 예외적인 경우다. 대조적으로 대통령책임제인 한국 의회제도는 권력의 공유, 중복되는 기능, 견제와 균형을 특징으로 한다. 앞으로 나아가기 위해서는 양당은 물론 소속당의 반대 입장을 가진 세력들도 포용하는 광범위한 협력을 필요로 한다. 여하튼 우리는 통일 문제와 대북정책에 대해서는 좀 더 근본적인 문제를 가지고 여당과 야당 사이에 선을 긋는 정강으로 경쟁하기를 바란다.

톨스토이의 소설 《안나 카레니나》의 첫 문장은 이렇게 쓰였다. "행복한 가정은 모두 엇비슷하고, 불행한 가정은 불행한 이유가 제각기 다르다." 결혼생활이 행복해지려면 수많은 요소들이 성공적이어야 한다는 것이다. 서로 매력을 느껴야 하는 것은 가장 중요하지만 성격, 재산, 자녀 문제, 종교, 가족 관계 등등의 중요한 문제들에 대해 수긍할 수 있어야 한다. 행복에 필요한 이 중요한 요소들 중에서 어느 한 가지라도 어긋나게 되면 그 나머지 요소들이 모두 성립하더라도 그 결혼은 불행하게 된다.

이 법칙을 확대하면 결혼생활뿐 아니라 국가 관계의 많은 부분을 이해하는 데에도 도움이 된다. 우리는 흔히 성공에 대해 한 가지 요소만으로 할 수 있는 간단한 설명을 찾으려 한다. 그러나 실제로 어떤 중요한 일에서 성공을 거두려면 수많은 실패 원인들을 피할 수 있어야 한다. '안나 카레니나의 법칙'은 한반도 통일에 대해서도 설명해준다. 통일을 위해서는 수많은 조건들이 맞아떨어져야 한다. 어느 조건 하나만으로는 통일이 될 수 없다. 합의되지 않은 단 하나의 조건이라도 그것이 통일을 불가능하게 하는 원인이 될 수 있다.

그러나 지도자는 자신뿐 아니라 국민들도 '사소한 차이에 대한 나르시시즘(narcissism of minor differences)'에 빠지지 않도록 이끌어야 한다. 특히 지도자가 '사소한 차이에 대한 나르시시즘'에 빠지기만 하면 다행이지만 큰 문제에 독선을 부리고 전문가의 의견에 귀를 막는다면 치명적인 오류로 이어질 수 있다. 많은 참모들이 "그 당시 지도자의 주장에 무엇을 했는가?"라는 질문에 대하여 그들은 "그 말에 나는 말문이 막혔다. 나는 욱하는 생각을 가다듬고 결정이 내려질 때까지 한동안 물잔만 만지작거렸다"고 말할 것이다.

# 5

## 제도로서의 민주주의
미국의 성공 정책 사례에서 나온 교훈

2010년 우리 사회는 세종시 처리 문제를 둘러싸고 정치와 정책 면에서 비관론이 보편화되었다. 제2차 세계대전을 승리로 이끌고, 원자탄을 만들고, 달에 인류를 보냈던 미국에서도 의료보험 개혁 문제로 1년여의 논쟁과 상호 비난, 편 가르기 등으로 힘든 과정을 겪었다. 한국에서나 미국에서나 야심 찬 사업을 추진하는 것이 얼마나 위험하고 복잡한 일인지를 보여주었다. 누구는 보수주의자를 비난하고, 누구는 진보주의자를 비난했지만, 제도를 비난하는 사람도 많았다. 즉, 대의 민주주의가 당파성으로 실패했다는 것이다.

윌리엄 에거스(William D. Eggers)와 존 올리어리(John O'Leary)는 2010년 3월 21일자 〈워싱턴포스트〉에 기고한 칼럼에서 "문제는 제도가 아니다. 민주주의는 방향을 바꾸는 데 속도가 느리게 설계된 것이다. 그래서 새로운 아이디어는 항상 오랜 논쟁을 거치게 되어 있다"

고 지적했다. 그들은 《If We Can Put a Man on the Moon: Getting Big Things Done in Government》에서 제2차 세계대전 후 미 행정부의 중요 정책 75개를 연구하여 패턴과 교훈을 찾아보고자 대성공의 사례와 잊지 못할 실패의 사례를 조사했다. 맨해튼 프로젝트로 원자탄을 만든 바로 그 국가가 어떻게 '타도 인플레이션(Whip Inflation Now)' 정책으로 물가 폭등을 억제할 수 있을 것이라고 생각했는지를 이해하고자 했다. 1974년 포드 미국 대통령은 인플레이션 퇴치 캠페인으로, 정부 정책과 병행하여 개인의 예금 장려와 소비 억제를 위한 시민운동을 위해 인플레 억제 정책을 지지하는 사람들은 'WIN'이라고 새겨진 배지를 달고 다니자고 제안했다. 'WIN'은 'Whip Inflation Now'의 약자였다. 포드 대통령은 의회 연설에서 인플레는 "공공의 적 1번"이라고 선언하고 미국 국민들에게 인플레 퇴치를 위한 10가지 제안들을 자신에게 보내줄 것을 요청했다. 연설 시 포드 대통령은 'WIN' 배지를 달고 나왔다. 그러나 이 배지는 순식간에 미국의 웃음거리가 되었다. 일부 사람들은 이 배지를 거꾸로 달고 다녔다. 'WIN'을 거꾸로 놓으면 'NIM'이 되는데, 이는 'No Immediate Miracles', 'Nonstop Inflation Merry-go-round', 'Need Immediate Money' 등을 뜻하는 것이었다. 미국인들이 불평한 이유는 간단했다. 시급히 해결해야 하는 국민적 관심사에 관한 정책에 대해 국민의 지지를 얻기 위해 구호성 홍보 캠페인을 전개하려는 포드 대통령의 포퓰리즘적인 태도에 대한 항의였다.

## ▪️ 성공한 정책의 원칙

윌리엄 에거스와 존 올리어리의 공저 《If We Can Put a Man on the Moon: Getting Big Things Done in Government》에는 목적이 좋았던 정책들이 실패한 이유는 많지만 성공한 정책에는 몇 가지 중요한 요소들이 있었다고 분석하고, 큰일을 성취하기 위해 필요한 능력을 함양하는 데 도움이 되는 5가지 원칙을 제시했다.

① 나와 다른 의견을 이용하라
나쁜 아이디어가 같은 생각을 가진 소수의 지지자들끼리만 모여 외부의 비판에 노출되지 않고 밀실에서 만들어지면 문제가 생긴다. 다른 의견에 대한 열린 자세, 즉 관련 없는 분야로부터도 아이디어를 얻다 보면 풀리지 않는 문제에 대한 새로운 해결책을 찾을 수 있다. 열쇠는 아이디어를 창출하는 과정에서 새로운 목소리를 받아들여 편견에서 벗어나는 것이다.

② 국회가 아닌 현실 세계를 보고 정책을 설계하라
미국의 의료보험 개혁 논쟁에서 보듯 입법 과정의 불가피성으로 의회에서 통과될 수 있는 법안이 만들어져야 하는데, 이럴 경우 실제 작동되기 어려운 법안이 만들어질 수 있다. 이런 문제를 피하려면 완전히 새로운 해결책보다는 현실 세계에서 이미 증명이 된 접근법을 모방하는 것이 훨씬 좋다는 것을 깨달아야 한다.

③ 공개적인 논쟁을 포용하라
'마셜플랜(Marshall Plan)'은 20세기 미국의 외교정책 중 가장 성공적인 것 중의 하나다. 그러나 이 플랜이 제안되었을 때 많은 미국인과 대부분의 상·하원 의원들은 시큰둥해했다. 미국인들은 제2차 세계대전 후 미국의 경제에 대해 불안해했다. 고립주의 주장도 막강했다. 상·하원에서 다수당인 공화당의 정강정책은 '작은 정부, 개입주의 반대, 보수적 재정'이었다.
그러나 결과적으로는 마셜플랜은 의회에서 압도적 다수로 통과되었고, 국민의 강력한 지지를 받았다. 트루먼 대통령과 조지 마셜 장군 등은 어떻게 이런 일을 해냈을까? 그들은 미국인에게 마셜플랜의 이점에 대해 교육을 시켰다. 미국 역사상 평화 시 가장 대규모의 정보 홍보 캠페인을 시행했다. 진지한 토의가 아니면 일반 국민들은 정치인들이 무언가 숨기는 것이 있다는 의문만 조장한다.

④ 실패를 심각하게 받아들여라

공인 생활은 모든 것이 보기보다 어렵다. 우리는 흔히 대통령이 정책에서 몇 번 실패를 하게 되면, 정치적 발언을 할 때 자신이 없어질 것이라고 생각한다. 그러나 사실은 그렇지 않다. 정치 지도자들은 지지율이 낮아지더라도 문제를 해결하겠다고 자신만만하게 말한다. 이런 지나친 자신감은 결과적으로 일을 더 어렵게 만들 뿐이다. 지나친 낙관주의는 대안이 없다는 것을 의미한다.

⑤ 정치인과 관료들 간에는 대화를 배워라

아폴로 계획과 1964년 알래스카 지진 사건, 이라크 증원군 파견에는 공통점이 있다. 각 사건의 성공의 요체는 '교량 역할자'가 있었다는 것이다. 정치 세계와 관료 세계를 왕래하는 인물을 만드는 것이 바로 성공의 요체다. 이 흔하지 않은 교량 역할자는 관료들의 언어를 정치인들에게 바꿔 말해줄 수 있고, 정치 지도자들이 상도에서 벗어나면 이를 지적할 수 있는 사람이어야 한다.

# chapter 6

# 가설을 반전시키는
# 정책 대안

# 1

# 외교에서 갈등의 속성

## 갈등의 이유를 찾는 것보다 어려운 갈등의 해결

역사의 변화는 인간의 '비사교적 사회성'으로부터 발생한다. 칸트의 정확한 관찰은 여기에도 나타나고 있다. 칸트는 인간 간의 협조가 아니라 오히려 대립이 인간으로 하여금 사회생활을 영위하게 하고, 그 사회의 가능성도 더 충분히 발휘되도록 한다고 논했다.

우리는 한반도 문제를 생각할 때 '기존의 모든 가치에 대한 재평가'를 목표로 설정해야 한다. 니체와 같은 고민을 해야 한다. 진실은 아무것도 없다고 생각하고, 지금까지 우리가 믿어왔던 도덕적 가치에 대해 회의를 해야 한다. 하나의 틀에 끼워진 가치에 대해서도 회의해야 한다. 창조성의 궁극적인 형태는 새로운 가치의 창조다. 이는 지금의 가치를 회의한다는 점에서 위협이다. 그러나 기존 가치의 속박으로부터의 해방은 기회라고 니체는 주장했다.

우리는 남북 접촉의 빈도와 그것이 가져오는 효과를 영속적인 관계 발전으로 이끄는 인내심을 지나치게 과소평가해온 것 같다. 확실한 상호주의 또는 맞대응이 북한을 변하게 하는 가장 확실한 방법이라는 것도 아직은 가설이다. 설혹 그럴 가능성이 많다 하더라도 그것만이 유일한 방법은 아니다. 물론 맞대응 전략은 북한 내에 온건주의를 북돋고 강경분자를 제어하는 데 유용한 전략임은 틀림없다.

남북 관계에서 일어나는 매우 사소한 우연적인 변화들은 하나하나 주시해야 한다. 또 다양한 조건 속에서 어떤 방법으로든, 또 어떤 정도로든 전보다 발전된 관계를 만드는 변화를 주의 깊게 선별해야 한다. 외교정책은 다른 국가와의 관계에 변화를 낳고 역사의 시간은 이 변화를 축적하며 증가시키면서 관계의 친소(親疏)를 정의한다. 연평도 사건을 겪은 후 한 · 중 관계에 변화를 가져오는 정책을 통해 한 · 중 관계가 조속히 개선되어야 한다는 주장이 강력하게 제기되고 있다.

부시 대통령 시절의 미 행정부는 공화당의 이데올로기에서 연유된 이유에서뿐만 아니라 이라크와 같은 전제주의 국가들에 대한 환멸, 그리고 이란과 같은 핵 확산 시도 국가, 테러 지원국에 대한 증오 등의 이유로 북한을 '악의 축'이며 지상에서 사라져야 할 국가로 보았다. 그러나 2008년 대통령 선거에서 민주당 후보인 버락 오바마가 대통령으로 당선되자 북한은 큰 기대를 했다. 오바마는 후보 시절에 북한과 대화를 약속하지 않았던가. 그러나 오바마가 집권을 하고서도 미 행정부의 대북정책은 온정을 찾아보기 어려웠다. 부시가 김정일을 신뢰하지 않았다면, 오바마가 김정일을 신뢰할 이유는 없었다. 의회에서 민주당의 승리도 미국과 북한 간의 관계에 개선을 가져오지는 않았다. 기대가 이루어지지 않을 때 배신감은 더 증폭되는 것이었다. 한국 정부 역시 이명박 정부가 들어서면서부터 이전 정부가 북한과 한 약속을 부정하기 시작하였다. 북한의 경제 사정은 악화되고, 김정일의 건강으로 후계자 문제까지 초조해지기 시작했다. 미국과 한국의 대북정책은 점점 북한을 중국의 품으로 밀었다. 김정일은 정말 미국과의 관계 개선을 진지하게 생각했을까? 그렇다면 북한의 태도는 달라져야 하지 않았을까? 북한의 여러 태도는 미국과 한국과의 진정한 관계 개선을 위한 것이라기보다는, 시간을 벌고 미국의 대북한 무력 사용의 가능성을 차단하기 위한 것으로 보였다. 결국 미국은 북한을 믿지 않았다. 김정일도 미국을 믿지 않았다.

북한 정세의 불확실성이 외교정책을 결정하는 데 있어서 모든 사람들의 건전한 주의를 환기시켰다. 북한과 갈등의 이유를 찾는 것은 매우 쉽지만, 그러한 갈등 종식의 방법을 찾는 것은 너무 어렵다.

국제 관계 또는 외교 관계에서 갈등은 항시 존재해왔다. 현실적으로, 그리고 궁극적으로 정치가 지향하는 것은 갈등의 말소가 아니라 갈등의 완화다. 《역사의 종말》의 저자 프랜시스 후쿠야마가 니체를 인용하며 분석한 것처럼, 인간에게 '우월 욕망'이 있는 한 갈등과 투쟁은 불가피하다. 상대국이 강력해지면 안보 불안을 느끼고, 결국 동맹을 맺어가며 적국에게 힘을 행사하려는 성향은 2400여 년 전 투키디데스가 《펠로폰네소스 전쟁사》를 쓸 때나 지금이나 마찬가지다. 생존을 위한 안보정책은 국가의 으뜸가는 정책이다. 국가가 소멸하면 더 이상 아무것도 얻을 게 없게 된다. 완전히 잃지 않기 위해 가지고 있는 것으로 무력을 키우고 싸울 태세를 취한다. 오늘의 북한이 보이는 적나라한 태도다.

미끄러진 바위를 산 정상으로 굴려 올리는 일을 끝없이 반복하는 시지프의 신화 같은 일이 한반도에서 벌어지고 있는 것은 북한도 우리와 정반대에서 '국가 생존'이라는 목표를 추구하고 있기 때문이다.

# 2

# 이론과 정책

이론과 정책의 차이는 무엇인가? 정책이 이론에 기초를 두고 있지 않는다든가, 또는 이론이 정책을 뒷바라지하지 않는다든가 하는 비판이 있다. 이론과 실제, 즉 학문과 현실 간의 간극을 지적하는 것이다. 그러나 이론은 어떤 특정 정책을 설명하고자 만들어진 것이 아니다. 세력균형 이론은 개별 국가들의 구체적인 정책들을 설명하지 않는다.

그리스와 이탈리아의 도시국가들, 그리고 유럽의 민족국가들은 자국의 힘이 다른 국가들을 능가하려는 위협을 보일 경우 저항에 부딪히게 되리라는 사실을 예상할 수 있었다. 그러므로 이들 국가들의 균형 형성 과정은 매우 정밀하고 섬세한 것이어야 했다. 다수의 거의 대등한 국가들이 존재하는 혼전 양상 속에서라면 국가들 간의 경쟁은 치열하고 세력균형을 이루어가는 과정도 매우 복잡했다. 이러한 현실은 이들 국가들이 서로에 대한 견제 과정을 즐겼기 때문이 아니라 다른 국가와의 상대적 권력 관계가 모든 국가들에게 생존을 위한 결정적 열쇠였기 때문에 발생했던 것이다.

국제정치에서 승패에 따라 좌우되는 것들은 다른 어느 분야에서의 승패와는 비교할 수 없는 중요성을 갖는다. 또한 국제정치에서는 물리력의 사용이 결과에 영향을 끼치기 위한 수단 중 하나로 받아들여진다. '승리를 위해서는 무엇이든 하라'는 것이 국제정치의 가장 기본적인 규칙이다. 어떤 국가가 이 법칙에 따라 행동하거나, 그렇게 할 것으로 예상된다면 우리나라도 이에 맞추어 전략을 변화시켜야 한다. 무력의 사용이 가능하다는 사실, 또한 때로는 무력 사용이 필요하다는 사실이 국제정치에서의 세력균형과 국내 정치에서의 세력균형 사이에 차이를 만든다. 이 두 가지 경우에서 권력이란 '바라는 결과를 만들어낼 수 있는 능력'이라고 정의할 수 있다. 이용할 수 있는 능력 중 하나인 물리력이 국내 정치에서는 일반적으로 국가에 의해 독점된다. 국제정치에서는 무력의 사용을 실질적으로 제한할 수 있는 권위체가 없다. 국가 간 세력균형이란 국가가 자국의 목표를 추구하는 과정에서 이용하려고 선택하는 물리력을 포함한 모든 역량들의 균형과 동일한 의미가 된다.

세력균형 정치는 무정부 상태의 국제 관계 속에 있는 국가의 생존에 대한 염원에 근거하는 것이다. 세력균형은 국가가 정책 목표로 삼고 있기에 존재하며, 다른 국가들의 주도권 추구에 대해 일부 국가들이 대응하면서 생기기도 한다. 서로 대립하고 있거나 대립하게 될지도 모를 국가들이 전쟁 발발의 가능성을 염두에 두고 행동하리라는

## ᕃᐧ 국가들의 동상동몽

1500년대 초 프랑스의 프랑수아 1세는 어떤 견해차로 인해 매제인 스페인의 카를로스 1세와 끊임없는 전쟁을 벌이는 것인지에 대한 질문을 받고 다음과 같이 답했다. "의견의 차이는 전혀 없으며, 두 사람은 완벽히 일치된 생각을 갖고 있다. 우리 두 사람 모두 이탈리아를 지배하고 싶어 한다."

점은 야구팀들이 왜 매년 춘계 훈련을 실시하는지를 이해하는 것만큼이나 쉽게 이해할 수 있다.

우리 정부가 서해에서 추진하려던 한·미 해상 훈련 계획을 중국의 불만 표시로 중단했다. 우리 정부가 이 같은 결정을 내린 이유를 이론에서 찾을 수는 없다. 이론이 그러한 문제에 답을 주어야 한다고 기대하는 것은 마치 만유인력 이론이 바람에 흩날리며 떨어지는 낙엽의 궤도를 설명할 수 있어야 한다고 주장하는 것과 같다. 어떤 일반화 수준을 가지는 이론은 구체적 현상을 완전히 설명하지는 못한다.

국가 내에서 무력이 사용되고, 국가들 사이에 무력 사용을 위협하고 실제 무력을 사용하는 것은 사람들이나 국가들이 악하기 때문일까? 다툼을 해결하기 위해 착한 사람도, 선량한 국가도 때로는 무력을 사용한다. 이렇듯 전쟁은 국가들의 선악 여부에 상관없이, 국가들 간에 발생하는 분쟁 때문에 일어나는 것인가?

'사악한 국가는 전쟁을 두려워하지 않는다'라는 명제는 역사어서 많이 배워온 것이다. 이에 대한 반명제는 '선량한 국가는 평화를 선호한다'인데, 우리는 이렇게 교육을 받아왔고 또한 이것을 사실로 믿고 있다. 이 명제에서 보면 이라크의 쿠웨이트 침공이나 북한의 남침 등은 사악한 행동이었다. 그러나 엄밀히 보면 국가의 행태가 '사악하다' 혹은 '선량하다'고 하는 것은 자국의 이익과 '부합하느냐' 혹은 '부합하지 않느냐'의 관점이 작용한 것이다. 강대국이 약소국에 주장할 때, 혹은 피비린내 나는 경쟁을 해야 하는 경쟁국가에 대해서 색칠하는 주홍글씨가 바로 '사악한 국가'인 경우가 많다.

선함과 악함, 의견의 일치와 불일치가 언제나 전쟁으로 이어지는 것은 아니다. 그렇다면 국가 간 전쟁을 무엇으로 설명할 수 있는가? 루소는 전쟁이란 이를 방지할 것이 없기에 발생한다고 했다. 사람들의 관계에서처럼 국가들 사이에서도 이해관계가 저절로 조율되는 것은 아니다. 그러므로 결정적 권위체의 부재 상황에서는 분쟁이 무력으로 해결될 가능성이 항상 존재한다.

국가 간 관계에 존재하는 무정부 상태의 상황, 즉 각 국가가 자국의 번영을 지키기 위해 스스로의 수단과 방법에 의존해야 하는 상황이 국가들의 정책과 행위에 어떤 영향을 미쳤는가?

무정부적 국제사회에서 국가들이 자국의 안보와 번영을 보호하기 위해 가장 빈번하게 의존해온 정책은 세력균형정책이었다. 세력균형은 정치생활의 현실이며, 정치 현실을 설명하는 과학적 법칙이다. 투키디데스는 페르시아의 왕 티사페르네스의 정책이 '서로 경쟁하고 있는 강대국, 즉 아테네와 스파르타 사이의 균형을 대등하게 유지하는 것'이라고 설명했다.

세력균형 이론이 특정 정책을 설명하지 못한다는 비판은 적절하지 않다. 어떤 이론이든 모든 문제를 포괄할 수는 없다. 세력균형 이론은 국가들의 조정되지 않은 행위가 가져오는 국제적 결과에 대한 이론이다. 이 이론은 국가들의 이해관계와 행위의 동기를 설명하려 하지 않는다.

이론은 특정한 행동이나 현상과 관련된 법칙들의 모임 혹은 집합을 일컫는다. 하지만 이론은 법칙의 단순한 집합이라기보다는 법칙을 설명하는 진술이라고 할 수 있다. 이론은 법칙과 질적으로 다른 것이다. 법칙은 변수 간의 상관관계를 지적한다. 이론은 왜 그러한 상관관계가 형성되는지를 보여준다. 그래서 이론은 현실을 설명하기 위해 도입된 사변적인 과정들이다. 경험적 결과들은 영원하다. 그러나 이론은 아무리 잘 확증된 것이라도 지속되지는 않는다. 법칙은 그대로지만 이론은 변화한다. 완전한 서술은 최소의 설명력을 가지며 고아한 이론은 최대의 설명력을 가진다. 칸트는 이론과 실제가 동일하다는 생각을 품지 말라고 경고한다. 이론은 실제의 일부를 설명하는 것이다. 이론은 어떤 요인들이 다른 요인들보다 더 중요하다는 사실을 지적하고, 그들 사이의 관계를 상술한다. 실제 세계에서 모든 것은 다른 모든 것들에 관련되어 있고, 한 영역은 다른 영역들로부터 분리될 수 없다. 이론은 한 영역을 지적으로 다루기 위해 그것을 다른 영역들로부터 고립시킨다. 참의 문제는 이론의 영역에 있는 것이 아니라 법칙의 영역에 있는 것이다. 좋은 이론도 더 나은 이론에 의해 대체된다. 자유낙하하는 물체의 가속도 공식은 그 물체가 어떻게 낙하하는지에 대해 설명해주지는 않는다.

이론은 단순화를 통해 구성된다. 단순화는 필수적인 요소들이 어떻게 움직이는가를 보다 확연히 관찰할 수 있도록 해주고, 원인과 상호 의존의 필연적 관계들을 지적해준다. 이론을 구축하기 위해 우리는 현실로부터 추상을 해야만 한다. 즉, 우리가 보고 경험하는 것의 대부분은 제쳐두어야만 한다. 이론은 행위의 규칙성을 설명하며, 상호작용하는 단위들에 의해 창조된 결과들이 특정한 범위 안에서 발생할 것들을 예측하게 한다. 이론은 설명력과 예측력을 가진다. 이론은 또한 고아함을 가진다. 사회과학 이론에서 고아함이란 설명과 예측이 일반적인 것이 될 것이라는 의미다. 예를 들어 국제정치 이론은 전쟁이 왜 되풀이되는지를 설명하고, 또 전쟁을 더 빈번히 발생시키거나 혹은 덜 발생시키는 몇몇 조건들을 지적한다. 그러나 그것이 특정한 전쟁의 발발을 예견하지는 않는다. 체계 내에서 이론은 계속성을 설명한다. 그것은 무엇을 기대하고 왜 기대해야 하는지를 말해준다. 체계 내에서 이론은 순환과 반복을 설명하는 것이지 변화를 설명하는 것이 아니다.

한 이론을 지지하는 수많은 확인이 이루어져도 단 하나의 반증 사례에 의해 그 이론은 부정된다. 좋은 이론은 다양한 가설을 제시한다. 하나의 이론은 그것에서 추론되는 다양한 가설들이 성공적으로 검증된 이후에 비로소 타당성을 인정받게 된다. 이론은 하나의 일반적 설명체계로서, 특수하고 구체적인 현상에 대한 설명을 목적으로 하지 않는다.

동물의 눈에는 사람의 눈처럼 완전하고 복잡한 눈에서부터 매우 불완전하고 단순한 눈에 이르는 무수한 단계가 있다. 그러나 우리는 불완전한 눈보다 발달한 눈이 더 유용하다고 말할 수 없다. 물속에 사는 상어의 눈이 토끼의 눈을 필요로 하지는 않을 것이며, 하늘을

나는 매의 눈이 물고기의 눈을 가져서는 생존하기가 어려울 것이다.

우리가 사용하는 지도를 생각해보자. 처음으로 뉴욕을 여행하는 사람이 있다고 하자. 그 여행자는 우선 서울에서 뉴욕까지 날아가는 항공기의 운항 코스를 알고 싶을 것이다. 아마 제일 좋은 지도는 지구의일 것이다. 그러나 수원에 살고 있는 그가 인천공항까지 가는 길을 보기 위해서는 한국전도(全圖)를 보든지, 더 세밀하게 보려면 10만 분의 1 지도가 좋을 것이다. 그리고 인천공항에 도착해서는 축척드가 더 큰 지도를 가져야 정확한 출국장의 위치를 알 수 있을 것이다. 이렇게 목적에 따라 축척(스케일)이 다른 지도를 보는 것이 필요하다. 지구의를 보고 수원에서 인천으로 갈 수는 없다. 또 서울에서 뉴욕까지의 항로를 보기 위해서 내비게이션에서 쓰는 척도를 사용해서는 안 된다.

적절성의 원칙과 관련하여 또 다른 예를 들 수 있다. 남해안의 해안선 길이를 측량한다고 생각해보자. 한 사람은 킬로미터를 단위로 하는 측량을 하고, 다른 한 사람은 센티미터를 단위로 측량한다. 아마 이 두 사람의 측량 결과는 큰 차이가 있을 것이다. 그래도 우리는 아마도 킬로미터 단위로 측정을 한 사람이 좀 더 정확한 수치를 제공할 확률이 높다고 추정할 수 있다. 해안선을 센티미터로 측량하는 것은 그만큼 측량 시에 오차를 범하기 쉽기 때문이다. 정밀하게 한다는 것이 오히려 부정확한 결과를 가져오는 폐단이다. 실제 해안선의 길이는 측량의 단위와는 관계가 없다. 일정치 않은 것은 우리가 채택한 측정의 방법일 뿐이다. 묘사의 방법이 묘사하는 모든 것을 결정하게 된다.

정책도 마찬가지다. 정책은 시공과 사안에 따라 복잡성의 정도가 달라야 한다. 지구적으로 접근해야 할 사안을 국내 내부적 사안을 대하듯 접근해서는 유용한 정책이 만들어지지 않는다. 또한 통일과 같은 미래를 헤아리는 문제는 아마도 우리의 생애보다 더 긴 시간 척도를 사용해야 할지 모른다.

지도자는 어떤 정책을 입안할 때 염두에 두고 있는 목표가 있다. 이럴 때 자신의 직감에 의지하지 않으면서 길을 찾아내도록 노력해야 한다. 다른 사람의 일반화된 경험을 참고하는 것이다. 각각의 목적에 맞는 다양한 지도를 제작하는 경우와 같다. 정책의 성공을 증명하는 것은 전적으로 상대적이다. 그것은 지도 제작자가 지도의 대상이 되는 지형과 지도를 필요로 하는 수요자의 욕구 사이에 얼마나 적절한 정도의 맞춤을 이루어내느냐에 달려 있는 것과 같다.

해안선의 정확한 길이를 측정하는 것이 불가능하므로 그것은 존재하지 않으며, 따라서 제멋대로 항해해도 좋다는 생각은 선원의 입장에서 매우 현명치 못한 판단이 될 것이다. 마찬가지로 시간과 공간을 측정할 수 있는 그 어떤 절대적인 근거가 없다는 사실 때문에 그 안에서 일어난 어떤 일도 알 수 없다고 생각하는 것은 적절하지 않다.

남북한 공히 남북한을 포괄하고 있는 국제정치와 외교의 현실에는 스스로 독자적으로 할 수 있는 일이 많지 않음을 절감하고 있다. 양측의 정치가들은 역사가 자신들 편이라고 확신하면서, 완전히 서로 다른 역사관과 함께, 그 역사의 진행 방향에 대해서도 완전히 서로 다른 인식을 가지고 있다.

이 시각, 남북한의 공통된 도착지는 60년이 넘는 분단 속의 대립이다. 남북한이 이 사실을 미리 알았더라면 경악했을 것이다. 남북한 간에 존재해온 갈등의 이슈들은 2010년대에 이르러서도 대부분 미해결 상태에 있다. 사실 이러한 미해결의 상태는 남북한뿐만이 아니라 국제정치에서도 익숙한 것이어서, 때로는 완전히 일상적인 것으로 여겨진다. 한반도 분단사는 독일 분단보다 더 오래 지속될 수 없다고 여겨진 분단이 어떻게 그토록 오랫동안 지속되었는가에 관한 이야기이며, 또한 대립과 협력이 어떻게 첨예하고 지속적인 경쟁으로부터 전개되었는가에 관한 이야기다.

한반도 문제의 원인을 진단하고 문제의 해결책을 처방하는 데는 일관 작업이 필요한 것은 아니다. 해결책은 원인의 정확한 진단에 기초해야 하지만, 진단이 꼭 처방을 필요로 하는 것은 아니다. 진단만 있고 처방이 없다고 하여 진단이 엉터리라고 하지 않는다. 처방이 없는 진단도 많다. 처방이 없더라도 진단만 정확하면 여러 가지 노력을 하게 된다. 운이 좋았든 스스로의 노력이 주효했든 원인을 정확히 알면 즉효의 처방이 없더라도 해결책을 찾을 가능성이 높아진다. 한반도 문제가 복잡하다고 하여 진단조차 포기하면 해결책은 나올 수 없다. 어떤 한 원인으로는 충분히 설명할 수 없다는 주장이 그 원인이 아예 상관없다는 것을 의미하는 것은 아니다.

한국은 북한과 대결과 경쟁 관계 과정에서 때로는 정책 실패의 비난을 받았지만, 북한의 이데올로기적 비전에 대해 지속적으로 반대하여 북한을 긴장시켜왔다.

대북정책은 단순히 본질적인 목적이 아니라 통일을 위한 수단이 되어야 한다. 그동안 남북 접촉사는 북한의 어떤 행태가 남북 간의 화해를 조성하는지 혹은 한반도의 미래를 위협하는지, 또는 한국의 어떤 정책이 북한에 영향을 미치고 협력을 증진시켰는지를 보여준다.

대북정책이나 통일정책에는 이성적으로뿐만 아니라 감성적으로도 받아들일 수 있는 확장되고 발전된 관점이 있어야 한다. 사회 현상을 바라볼 때 우리는 자신이 가진 사유체계에 의해 분석하고 판단하는 자기만의 특정한 관을 가진다. 그러나 그 사유에 고정시키다 보면 얼마 후 돌연 다른 사유가 생긴다. 종이 위에 그린 정육면체를 계속하여 보고 있으면 두 위치에서 보이는 모형이 4~5초 간 반복하여 나타나는 넥커의 정육면체처럼 사유에도 제2의 측면이 있다.

한국은 북한이 핵을 포기하고 개혁과 개방을 추진하면 전폭적으로 지원하겠다고 천명했다. 사실을 말한다면 이것은 매우 역동적인 제안이지만, 또한 역설적이기도 하다. 북한이 통일의 주도권을 잡느냐 남한이 주도권을 잡느냐의 치열한 경쟁 관계에 있으면서 남한은 북한이 회생하도록 돕겠다는 공약을 내걸었다. 평화의 대가로 북한을 다시 미래의 경쟁자로 만든다는 것이다. 참으로 치명적이고 결정적인 모순이 아닌가? 이 모순을 어떻게 설명하고 넘어갈 것인가? 남북한 간에는 서로 움켜쥔 야망으로 엉켜 있다. 그 야망을 남북한은 각각 자기 주도로 실현하겠다는 입장이다.

북한에 대한 지원이 병을 장기화시키는 것은 아닌가? 이 점이 대북 지원과 관련하여 가장 치열한 근본적 논쟁거리다. 우리의 대북 협력사업으로 증가된 북한의 능력이 어떤 식으로든 대남 도발을 위한 군사적 목적에 사용된다는 주장이 끊임없이 제기되었다.

남북 교류는 남북 간의 이해를 높이고 공동체 의식이 심어지는 역동적인 사업이다. 분단이 지속될수록 공동체 의식은 희미해지고 이산가족의 생존자는 더 적어진다. 그래서 남북 교류는 눈에 띄는 경제적 이익 때문만이 아니라 남북한 주민이 함께 살아갈 수 있다는 공동체 의식을 심어주도록 정신적 · 문화적 측면에서 반드시, 그리고 꾸준히 추진해야 하는 사업이다.

개성 사람들은 버스 한 번 타는 게 소원이라고 한다. 나는 그 말을 처음 들었을 때는 이해를 하지 못했다. 개성에는 시내버스가 없는가? 그렇다고 한다. 출퇴근은 걷거나 자전거를 이용한다. 나는 개성을 남한의 한 도시처럼 생각했다. 개성의 조직체들은 개성공단 측에 버스를 빌려달라는 요청을 자주 한다고 한다. 조직원들에게 버스 타보는 기회를 줄 겸 해서다.

개성공단의 북한 근로여성들은 입사 후 며칠은 맨 얼굴들로 출근하지만, 시간이 지나고 나면 화장실에 가기가 바쁘다고 한다. 화장을 하기 위해서다. 월급을 타면 제일 먼저 하는 것이 화장품을 사는 것이라고 한다. 얼마나 큰 변화인가. 유심히 관찰하면 작은 변화이지만, 작은 일이 자꾸 축적되어 큰일이 생길 수 있다.

어떤 사건들로 남북 관계가 악화되면 이 사업에 영향을 주어 공장 가동이 중단되거나 폐쇄의 위협에 직면하기도 했다. 남북 관계가 얼마나 나빠지면 개성공단이 폐쇄되는지 기준이 없으므로 사업자들은 항시 불안해한다.

교류는 북한을 살려주기 위해서가 아니라 북한을 변화시키는 데에 필요한 과정이라고 생각해야 한다.

독일이 통일된 후 만들어진 독일 영화 〈굿바이 레닌〉은 통일 전후의 동독 사회를 묘사한 영화인데, 오늘날 북한도 그와 같을 것이다. 북한을 변화시키는 것은 교류가 제일 효과적이라는 것을 독일 역사가 보여주었다. 교류의 효과가 금방 나타나지 않더라도 동독에서 벌어진 사태가 생기면 같은 결과를 가져올 것이다. 체제가 불안해지면 사람들은 불안감을 느끼고, 더 불안해지지 않으려고 현상을 유지하려 한다. 외부에서 바람을 집어넣지 않으면 풍선은 위축되기 마련이다.

남북 교류를 상업적 거래로 생각하여 북한에게 가져다주는 경제적 이익을 계산하는 일은 미래를 길게 보지 않는 것이다. 북한과의 교류를 제로섬 게임으로 보는 시각도 많으나, 남북 공동체 의식이 통일에 얼마나 중요한 요소가 될 것인가를 생각하면 이는 타당한 주장이라고 생각되지 않는다.

통일 문제를 논할 때, 통일 비용을 계산하여 미리 대비하자고 한다. 그러나 자칫 엄청난 비용을 보고, 통일은 비용 측면에서 감당하기 어려운 '사업'으로 판단하기 쉽다. 비용이 많이 드니 통일을 미루거나 단념하자는 말은 아닐 것이지만, 통일 비용 거론은 통일에 대한 유보적 생각을 갖게 하는 것이 사실이다. 통일불가론을 이야기하려고 비용 계산을 하고 있는 것은 아니겠지만, 비전문가들은 오해하기 쉽다. 사람들은 큰일을 당하면 어떻게든 극복한다. 통일은 비용으로 계산할 일이 아니다.

대북 경제 지원은 그 과정에서 한국의 요구나 기대가 직접적으로 북한 체제에 작용하고, 또 간접적으로 북한 주민에 작용함으로써, 북한의 변화를 일으키는 데 가장 큰 중요성을 가지고 있다고 기대한다. 그러나 그로 인한 북한의 변화가 필연적인 것이라고는 믿지 않는다.

북한의 변화는 일면 불가해한 정치의 법칙에 의해 지배되고 있기 때문이다.

북한의 지도자들에게 영향력을 행사할 수 있는 최소한의 조건이 있다. 한반도 평화와 통일에 대한 우리 생각에 반하는 행동을 하건 북한에 불이익이 갈 것이고, 반면에 호의적이고 협력적인 행동을 보이면 서로에게 이익이 될 것이라는 사실을 분명히 하는 것이다. 만약 이런 입장이 충분히 견고하고 장기적으로 지속될 수 있다면, 이 논리는 북한으로 침투될 것이다. 우리는 비판적으로 남북 협력이 견고하고 충분히 오래 지속되면 평화와 통일이 이루어진다는 주장을 해왔다. 우리의 대북정책의 문제는 북한을 합리적으로 이해할 수 있는가의 가능성을 둘러싸고 전개되고 있다. 북한의 본질에 대한 합의가 없다면 대북정책에 관한 국민적 합의는 매우 어려운 일이 된다.

국가의 목표와 그에 따른 행위와 그 행위가 산출한 결과 사이에는 아무런 변수가 개입하지 않는 것일까? 국제정치의 역사를 돌아보면, 많은 경우에 있어서 국가의 의도와 실제로 나타난 결과는 다르다는 것을 알 수 있다. 개인적인 특징과 동기에서는 발견할 수 없는 원인들이 국가 관계에서 집단적으로 작용한다. 국가는 내부 절차에 따라서 정책과 행동을 결정한다. 그러나 그 결정은 국가 간의 상호작용뿐만 아니라 대응을 하지 않는 다른 국가의 존재 그 자체만으로도 영향을 받는다. 언제, 그리고 어떻게 내적 결정이 외부로 나타나는가 하는 것은 상호작용하는 다른 국가에서는 알 수 없는 경우가 많다.

북한의 행동은 북한의 목표만 가지고 설명할 수 없다. 한국과 미국과 중국과 북한 간의 상호작용을 보아야 한다. 다른 나라들의 대응 행동이 중요하다. 여기에서 외교정책의 중요성을 인식할 수 있다. 남북 간의 경제적 관계가 축소된다 하여 남북 관계의 운명이 밀접하게 연관되지 않게 된다고 말할 수 있는가? 남북 간 교섭의 횟수를 헤아리고 발생하는 상호작용을 측정하는 것으로는 그러한 결론에 이를 수 없다. 그러나 헤아리고 측정하는 것이 아무 소용 없다는 것을 의미하지는 않는다. 그것은 국제정치의 조건들에 관한 결론이 국가들의 공식·비공식 관계에 대한 데이터에서 직접 추론될 수는 없다는 것을 의미한다. 우리는 미국과 북한 간에 경제적 교류가 거의 없어도 미국과 북한 간에 아주 긴밀히 상호작용한다고 말한다. 왜냐하면 우리는 관계와 교류가 있든 없든 간에 따로따로 행해진 조치라도 그것이 상호 간에 강하게 영향을 미치고 있다고 생각하기 때문이다. 국가들 간의 상호작용이 미미하다고 해서 그들 간의 관계가 중요하지 않다고는 말할 수 없다. 국가 관계의 상황을 단순화시켜서 지배적인 경향에 집중하고, 관계에 관한 가장 강력한 추진력을 발견해야 한다.

변화하는 한반도 정세에서 정책 결정자들이 만들어낸 정책은 다시 상호작용을 거쳐 정책 결정자들을 구속한다. 자조(自助)적이고 무정부적인 국제정치에서 이기적이고 탐욕적인 국가들이 어떻게 훌륭한 결과를 만들어낼 수 있을까? 이기적 국가는 각자의 이익을 추구한다. 국가들의 동시적 행위의 결과는 이들의 동기와 목적과는 별개의 것이 된다. 국가들은 국방력을 강화하면서 안보가 더 튼튼해지기를 원한다. 그러므로 모든 국가는 국방력을 더 강화해야 한다. 그러나 국방력 강화 경쟁의 결과로 안보 불안은 더 높아진다. 북한은 핵무기로 안보 불안을 해소하려고 한다. 그래서 핵을 가졌지만 국제적 반대로 인한 두려움 또한 없지 않게 되었다. 국가들은 자신의 목적을 추구하지만 자신의 의도와는 다른 결과를 낳는다.

남북 관계에서 점진적 변화는 예상치 못한 결과를 가져올 것이다. 성공한 장기적 정책은 그 과정에서 만들어진 정책의 총계다. '자연은 비약하지 않는다' 라는 격언을 빌려 말하자면, 역사는 비약하지 않는다. 자연은 변화를 주는 데는 너그럽지만 새로운 것을 창조하는 데는 매우 인색하다고 한 이 말을 역시 빌리자면, 역사는 변화를 주는 데는 너그럽지만 새로운 것을 창조하는 데는 매우 인색하다. 역사는 점진적 변화의 단계를 거치면서 진전한다. 한 체제에서 다른 체제로 비약하는 것은 사회가 수용하기 어렵다. 안정된 사회는 끊임없이 일어나는 경미한 변화를 수용한다. 역사는 비약할 수 없으며, 짧고 느린 한 걸음 한 걸음을 통해 전진할 뿐이다. 어떤 현상의 주기적인 반복이나 불연속성은, 역사가 보편적이며 일정한 방향으로 나아가고 있다는 것과 전혀 모순되지 않는다. 그것은 경기에 호황, 불황의 주기가 있다고 해서 장기적인 경제 발전의 가능성이 없다고 할 수 없는 것과 마찬가지의 이유다.

# 3

## 갈등 회피와 맞대응

북한은 3대 세습을 실현해야 하는 정치 위기의 상황에서는 핵을 가지고 끊임없이 한국과 미국에 대한 도발을 음모할 것이다. 우리는 이 과정에서 되도록 갈등 회피 전략을 택해야 한다. 그러나 이 전략이 비겁한 패배주의적 유화정책이 되지 않게 하려면 북한에 의한 악용 가능성을 항상 염두에 두고 철저히 대비해야 한다.

물론 갈등 회피 전략을 시행하는 중에도 북한의 도발적 태도에 대한 대응에서는 맞대응(Tit for Tat) 전략을 써야 한다. 이는 북한 내 온건주의를 북돋고 강경분자를 제어하며 한국 내에서 국론을 결집하는 데 유용한 전략이다. 절대우위에 있는 대한민국의 경제력 · 외교력 · 국방력을 십분 활용하여 이 전략을 구사해야 한다.

전략이라는 것은 미리 만들어진 프로그램의 행동 방침이다. 전략의 일례를 들어보면 '상대를 공격하라. 그가 도망치면 쫓아가고, 응수해오면 도망쳐라'가 있다.

이 개념을 공격에 적용하기 위해 메이너드 스미스(Maynard Smith)의 가장 단순한 가상적인 예 하나를 고찰해보자. 예컨대 어떤 종의 개체군에는 두 종류의 싸움 전략밖에 없다. 하나는 매파형이고, 다른 하나는 비둘기파형이다. 이때 이 가상의 개체는 모두 매파든 비둘기파든 어느 한편에 속한다. 매파형은 싸울 때 어느 한 편이 중상을 입거나 죽을 때까지 싸운다. 비둘기파형은 싸울 때 어느 편이든 다치는 경우가 없다. 그들은 오랫동안 서로 자세를 취하기만 하다가 결국은 싫증이 나거나 더 이상 버틸 필요가 없다고 생각되면 싸움을 멈춘다. 그들의 다툼은 아마도 긴 의식적인 시합, 더러는 노려보기만 하는 싸움이어서 어느 쪽이든 기가 죽으면 결판이 난다. 이 개체군에서는 특정 경쟁자가 매파인지 비둘기파인지를 미리 알 수가 없다. 그는 경쟁자와 싸운 뒤에야 비로소 그것을 알 뿐, 그를 지켜줄 특정 개체와의 과거의 싸움은 기억하지 못한다. 매파와 비둘기파가 싸울 때 상대를 이기거나 지는 것은 문제가 되지 않는다. 언제나 매파가 이기기 때문이다. 여기서 우리가 알고 싶은 것은 매파형 전략과 비둘기파형 전략 중 어느 것이 안정된 전략인가 하는 것이다. 매파와 비둘기파의 모델을 발전시킬 수 있는 하나의 방법은 전략을 추가하는 것이다. 매파와 비둘기파만이 가능한 유일한 전략은 아니다.

메이너드 스미스가 도입한 더 복잡한 세 번째 전략은 '보복파(Retaliator)' 전략이라고 불린다. 보복파는 모든 싸움에서 처음에는 비둘기파처럼 행동한다. 즉, 매파처럼 철저하게 심한 공격을 하지 않고, 전통적인 위협 시합을 한다. 그러나 상대가 공격을 해오면 보복한다. 바꿔 말하면, 보복파는 매파에게 공격당했을 때에는 매파처럼 행동하고, 비둘기파를 만났을 때에는 비둘기파처럼 행동한다. 보복파는 조건부 전략자다. 그의 행동은 상대의 행동에 따라 정해진다.

또 하나의 조건부 전략자는 네 번째, '허풍파(Bully)'다. 허풍파는 누군가가 반격해올 때까지는 누구에게나 매파처럼 행동한다. 반격을 당하면 즉시 도망친다.

또 다른 조건부 전략자는 다섯 번째, '시험 보복파(Prober Retaliator)'다. 시험 보복파는 기본적으로는 보복파를 닮았으나, 가끔 다툼을 확대시켜본다. 이때 상대가 반격하지 않으면 매파형의 행동을 계속한다. 그러나 만약 반격을 당하면 비둘기파처럼 전통적인 위협 대응 방식으로 되돌아간다. 공격을 받은 경우에는 보통의 보복파와 똑같이 보복한다.

컴퓨터 시뮬레이션으로 지금까지 말한 5가지의 전략자 모두를 서로 자유롭게 행동하도록 놔두면 보복파 전략만이 진화적으로 안정된 전략임을 알 수 있다. 시험 보복파는 그 다음으로 안정적이다. 비둘기파는 그 개체군이 매파와 허풍파의 침입을 허락하므로 안정적이지 못하다. 매파도 그 개체군이 비둘기파와 허풍파의 침입을 허용할 것이므로 역시 안정적이지 못하다. 보복파의 개체군은 보복파 자신보다 잘하는 전략가가 없기 때문에 어느 전략에도 지지 않는다.

메이너드 스미스가 생각한 또 하나의 전쟁 게임은 여섯 번째, '지구전(War of Attrition)'이다. 이것은 위험한 싸움을 결코 하지 않는 종과 부상 같은 것은 있을 수도 없는 갑옷으로 덮인 종에서 볼 수 있다. 이 같은 종에서의 다툼은 모두 전통적 자세에 의해 해결된다. 다툼은

## ▶ 맞대응 전략

맞대응 전략이란 맨 처음 게임에서 협력을 하고, 그 다음부터는 상대방이 게임에서 선택한 대로 똑같이 선택하는 것이다. 이 간단한 원칙은 의외로 굉장히 강력하다. 맞대응에 구현된 호혜주의는 이론적으로 봐도 좋은 원칙이다. 현재와 비교해 양측의 미래가 충분히 중요할 때 맞대응 전략은 총체적으로 안정적이다. 상대방이 맞대응 전략을 쓴다면 당신도 맞대응 전략을 쓰라는 것보다 더 나은 조언은 없다. 달리 표현하자면, 상대방이 맞대응 전략을 구사하고 상대방과의 상호작용이 충분히 오래 지속될 것이라고 확신한다면, 당신도 맞대응 전략을 쓰라는 말이다. 하지만 맞대응 전략의 속성인 호혜주의의 진짜 가치는 다양한 전략이 뒤섞인 어떤 환경에서도 좋은 성과를 낸다는 데 있다. 사실 맞대응 전략은 자기가 먼저 선택한 협력에 협력으로 되갚는 전략과 그렇지 않은 전략을 매우 잘 구별한다. 맞대응 전략은 상대의 배반에 대해 처벌과 용서의 균형을 적절하게 조절한다. 상대방이 한 차례 배반하면 자기도 정확하게 한 차례만 배반한다. 상대방이 한 차례 배반했을 때 두 차례 이상 배반하는 것은 자칫 끝없는 보복으로 이어질 위험이 있다. 반면 응징하지 않으면 상대방으로부터 이용당할 위험이 높아진다. 용서의 적정 수준은 환경에 따라 결정된다. 특히 서로 끊임없이 반복해서 보복하는 악순환이 위험 요소가 될 경우에는 보다 큰 관용이 필요하다. 하지만 만일 상대방으로부터의 이용과 착취가 주된 위험 요소일 경우에는 지나친 관용은 손해다. 특정 환경에 맞는 적당한 수준의 용서를 정확하게 결정하기는 어렵지만, 한 번 배반했을 때 한 차례만 응징하는 1:1 비율이 여러 상황에서 적당하다. 그러므로 협력뿐만 아니라 배반도 그대로 되돌려주라는 말은 배반하는 상대를 다루는 전략가에게 매우 중요한 충고다. 버릇이 나쁜 자에게는 대응책의 선택지가 많지 않다. 엄격한 상호주의가 그래도 최선이다.

항상 어느 편이든 한쪽이 물러서는 것으로 끝난다. 이기기 위해서 해야 하는 것은 상대가 등을 돌릴 때까지 자기 진지에 버티고 서서 적을 노려보는 것이다. 위협하기 위해 무한대의 시간을 쓸 정도로 여유 있는 동물은 없다. 달리 해야 할 큰일들이 얼마든지 많다. 그가 다투고 있는 자원은 가치가 있을지 모르지만 무한한 가치가 있을 리는 없다. 그것은 얼마만큼의 시간 가치가 있을 뿐이다. 경매에서 각 입찰자는 그 자원에 얼마큼의 가격밖에는 쓰지 않겠다는 각오를 한다. 이 두 입찰자의 경매에서 시간이 경매 통화인 것이다.

지구전에서는 포기하려고 하는 눈치를 상대가 느끼지 않도록 하는 것이 무엇보다도 중요하다. 수염을 조금 움직이든지 하여 포기하려는 생각을 눈치채게 하면 즉시 불리한 상태에 놓인다. 그 밖의 속마음을 표출해버리는 행위에 대해서는 즉시 벌할 것이다. 그리하여 무표정한 얼굴(포커페이스)이 진화해가는 것이다. 철저하게 거짓말을 하기보다는 오히려 무표정한 얼굴을 하는 편이 좋은 것은 왜일까? 역시 거짓말을 하는 것이 안정된 전략이 아니기 때문이다. 대부분의 개체가 지구전에서 정말로 장시간 버틸 작정일 때에만 목의 털을 세운다고 생각해보자. 상대에 대응되는 계략이 진화될 것이다. 즉, 상대가 목털을 세우면 즉시 포기하는 작전이 된다. 그러나 여기서 거짓말이 진화되기 시작한다. 실제로는 장시간 버틸 작정이 없는 개체가 어떤 지구전에서나 털을 세워 쉽게 승리의 이익을 얻게 될 것이다. 이렇게 해서 거짓말쟁이의 유전자가 퍼져나갈 것이다. 드디어 거짓말쟁이가 대세를 차지하면 선택은 이제 그 속임수를 감지한 개체에 유리하게 작용한다. 이 때문에 거짓말쟁이는 다시 그 수가 감소할 것이

## ▪️ 외교관의 거짓말

외교관들은 하얀 거짓말을 하는 직업의 사람들이라고 한다. 진실한 말이어야 설득력이 있다고 외교관에게 자질을 가르친다. 그러나 때때로 외교관들의 거짓말은 장려가 되기도 한다. 외교관은 사실처럼 거짓말을 한다. 외교관의 말을 듣는 상대 외교관도 '저 사람이 제 속마음과는 다르게 이야기하고 무언가 정보를 숨기고 있구나'라고 생각한다. 상대는 그걸 알아도 사실로 받아주는 반응을 보인다.

이런 현상이 남북 관계에서는 아주 더 극명하게 나타난다. 그러나 거짓말하는 것이 선이냐 악이냐의 문제는 아닌 것 같다. 공무를 수행하면서 국가가 추구하는 정책과 목표를 실현하기 위해서 발생하는 일들은 개인의 도덕이나 윤리관과는 전혀 다른 별개의 것이기 때문에 태연하게 거짓말할 수 있다.

다. 지구전에서는 거짓말을 하는 것이 진실을 말하는 것보다 진화적으로 안정된 전략이라고 할 수 없다. 무표정한 얼굴은 진화적으로 안정적이다. 결국 항복한다고 해도 그것은 돌발적이고 예측 불가능해야 한다.

불행하게도 세계에서 일어나는 모든 현상의 비용과 이익을 실제의 수치에 맞추어보기에는 인간의 지식이 너무도 부족하다. 그러므로 임의로 정한 수치에서 간단하게 결론을 내리지 않도록 주의해야 한다. 우리에게 중요한 일반적 결론은 '상식은 사실을 잘못 이해하게 할 수 있다'는 것이다.

한국의 북한에 대한 지원의 상호주의, 호혜주의에 대한 문제는 남북 관계 형성사에 중심이 되는 명제였다.

나는 2006년 11월 독일 통일을 이룬 콜 전 총리를 면담하면서 통일 이전에 서독 정부가 취했던 대동독 정책에 대해 질문했다. 콜 총리는 단호하게 말했다. "동독의 호네커는 경제가 악화되자 소련에게 도움을 청했지만 자국의 경제위기를 타개하기도 바빴던 고르바초프는 '돈 받을 수 있는 사람(서독)에게 손을 내밀라!' 며 거절했습니다. 결국 동독은 서독에 의존하지 않을 수 없게 된 것입니다. 동독 정권은 동·서독을 차단하는 정책(분단정책)을 꾸준하고 집요하게 펼쳐나갔지만, 나는 동·서독이 하나가 되는 데 기여할 수 있는 정책은 모두 시행했으며, 동·서독 간의 경제 관계를 강화시키는 정책은 그 핵심이었습니다. 내 정책의 핵심은 '동·서독의 공존에 필요하다면 모든 것을 해주자' 는 것이었습니다. 동독은 서독과의 연결고리를 끊으려는 고립정책을 지속적으로 취한 반면, 서독 정부는 이를 계속 유지하려고 노력했습니다. 초창기 동독 교회는 동독 정부로부터 많은 압력과 핍박을 받았고, 재정도 충분하지 못했습니다. 나는 비공식적으로 서독 교회들에게 동독 교회들에 대해 재정적 지원을 할 것을 장려했습니다. 예를 들면 크리스마스 때 서독 목사들은 동독 목사들에게 선물 꾸러미를 보내주곤 했습니다. 그 안에는 커피, 초콜릿 등이 들어 있었는데, 큰 것은 아니지만 동독인들에게 혼자가 아니라는 믿음을 갖게 하는 데 기여했습니다. 동독이 내부로부터 붕괴한 힘은 동·서독 간의 소득 격차와 이로 인해 동독인들이 갖게 되는 '우리는 왜 이것밖에 못 가지는가?' 에 대한 근원적 물음이었습니다."

# 4

# 채찍과 당근의 접근

북한은 반복되는 긴장 조성과 도발을 통해 경제 지원을 얻어갔다. 사사건건 협력을 구실로 금전적 지원을 요청하고 있다. 북한의 반복적인 도발 행태는 '더 이상 끌려다녀서는 안 된다. 원칙을 지켜야 한다'는 여론을 강화시켰다.

협상에서는 '주고받기'가 원칙으로 통한다. 협상의 과정이나 결과에서는 주는 것에 '당근' 말고도 여차하면 '채찍'이 포함될 수 있다. 채찍은 위협과 응징의 수단이다. 국제사회에서 안보 문제를 논할 때 채찍은 정치적·경제적 제재 조치와 무력 사용이다. 물론 이러한 채찍을 사용하기 전에 먼저 제재 조치나 무력 사용의 가능성을 밝히면서 위협한다. 그렇지만 어느 나라나 함부로 무력 위협이나 무력 사용을 하지 못하는 것이 현실이다. 무력 위협은 미국이나 적어도 중국, 러시아 정도가 해야 말이 먹힌다.

무력 사용은 그 결과가 득이 더 많다는 매우 합리적인 판단의 결과여야 한다. 무력 사용은 최고의 국익이나 중대한 국익을 보호하기 위해 인명과 재물의 많은 희생을 가져올 전쟁을 각오하고 감행하는 선택이다. 핵무기의 선택과 그것을 더 멀리, 더 많이, 더 정확하게 보낼 미사일 개발을 최고로 중대한 국익으로 거침없이 추진하고 있는 오늘날 북한의 행태에 대응하는 한국의 입장은 어떤가? 무력 위협에 북한이 미동할 것인가? 무력 사용이 전제되지 않는 무력 위협은 허구라고 생각할 것이다. 그렇다면 한국이 무력 사용을 각오한다면? 동북아의 지역 정치와 범세계적인 국제정치의 현실, 한반도의 지정학적 위치, 미국과 중국과의 미묘한 정치·경제 관계, 그리고 무엇보다도 이 시점에서 한국민의 의식 구조와 안보관 등에 대해 조금이라도 안목이 있는 사람이라면 역시 고개를 흔들 것이다.

그렇다면 우리에게 사용 가능한 선택은 무엇인가? 우리에게 당근과 회초리가 있단 말인가? 당근은 아무 데나 있지도 않고 말에 따라 좋아하는 당근도 다를 것인데, 그런 당근을 우리는 얼마나 많은 종류로, 얼마나 많이 소출할 수 있는가?

그렇다면 회초리는? 도처에 나뭇가지가 널려 있으나 그것이 모두다 회초리가 되는 것은 아니다. 손잡이에 가시가 있어도 안 되며, 한번 휘두른 다음에 부러지면 그것도 회초리감이 아니다.

정책 결정의 현실에서는 '채찍'과 '당근'으로도 불리는 '강압적 접근'과 '협력적 접근' 간의 조화와 균형을 찾아야 한다. 균형점을 선택하는 과정에서 더 선명해 보이는 강경한 견해가 분위기를 압도할 수 있다. 급박한 위기의 상황에서는 더욱 그렇다. 강경정책은 정책의 탄력성을 탄성화시켜 지도자를 자승자박하게 한다. 강경정책의 경우는 구호만 들리고 정책은 안 보일 수 있다. 강경 속에 대책이 숨어 있어야 정책이다.

어떤 국가는 힘의 균형 유지라고 하는 정책에 의해 힘의 보존을 목표로 하고, 다른 국가는 제국주의의 정책을 통해 힘의 증대를 도모하며, 그리고 또 국위발양정책을 이용하여 힘을 과시하려는 나라도 있다. 식민지에 독립을 허락한 영국도, 케말주의에 의해 영토를 축소한 터키도 권력 기반의 강화를 위해 부득이하게 했던 것이며, 따라서 힘의 최대화를 꾀하려고 하는 의도에는 변함이 없다. 이러한 국가의 경우에는 영토의 축소가 긴 안목으로 보면 자기 권력의 보증이 된다.

세력균형론에 근거한 정치는 위험하다. 하지만 세력균형론을 무시하는 태도는 더 큰 위험을 초래한다.

평화를 지나치게 소중히 여기는 국가는 멸망에 이르게 될 수도 있다. 평화 지향적 국가가 더 공격적 태도를 취함으로써 완전히 피할 수도 있을 것을 안일한 태도를 보임으로써 침략 전쟁이 초래될 수 있다. 국제정치는 일종의 게임이다. 여기서 게임은 놀이처럼 가볍게 보이는 의미는 내포되어 있지 않다.

전쟁을 종식시키기 위한 전쟁 후에도 전쟁은 종식되지 않는다. 인간에 내재된 야수성은 살상을 즐겨 할지도 모르지만 인간의 이성은 이에 저항한다. 전쟁과 전쟁의 위협으로 인해서 인간은 평화 수립을 위한 조건이 무엇인지에 대해 성찰하게 된다. 평화를 목적으로 타협적 외교나 무력을 이용한 전투, 도덕적 훈계나 심리적·문화적 조율 등이 행해진다. 정치가의 정책 또한 성향, 경험, 이성, 그리고 여러 사건들을 결합해서 만든 결과물에 영향을 받는다. 현실 정치는 정치가들이 갖고 있는 견해로부터 지대한 영향을 받는다.

19세기의 유럽에서 외교가 차지했던 중요성이란 엄청난 것이었고, 많은 수의 정치가들이 이를 염두에 둔 훈련을 받았기에, 심지어 국가 간 관계에서 사용되던 방식들이 때로는 국내의 통치에 사용되기도 했다.

외교란 여러 면에서 체스게임의 특징을 갖는다. 1885년부터 1887년 사이에 벌어졌던 발칸반도 사태 당시 비스마르크가 보였던 행태가 아마도 이러한 사실을 보여주는 가장 큰 규모의 마지막 사례일 것이다. 하지만 이미 19세기 초에 이르러 국내의 요인들이 국제 관계에서도 더 중요성을 갖게 되었다. 이렇게 됨에 따라 국제 관계를 국내의 요인들을 토대로 설명하려는 경향도 증대되었다. 국내적으로 사용되는 통치 및 제재 방식들(사법제도를 통한 분쟁의 해결과 여론의 수용 등)을 국제 관계에도 적용해보려는 시도들이 이루어졌다.

외교 협상에서 합의점 발견은 언제나 가능하다. 협상에서 중요한 결정들은 당사국들이 현장에서 즉흥적으로 제안하여 합의되는 경우가 많다. 반면 협상 참여국이 미리 만든 대구상은 협상에서 합의되기 어렵다. 어느 일방의 의제 선점에 대한 상대방의 무조건적인 반대라는 경쟁자 관계의 특성 때문이다. 그러나 어떤 것도 우연히 이루어진 것은 아니다. 협상장에서 제기되는 구상은 일방이 행한 정책과 타방의 정책에 대한 상호 반대와 부정에 대한 대응으로써 이루어진 것이다. 이런 부정과 반대의 기류 속에서 협상국들은 중요한 결정에 합의한다.

국가들이 이익을 추구하는 합의를 하는 것은, 미래를 예견하고 그 합의에 따르는 것이 자기의 장기적 이익에 좋다고 여기기 때문이다. 하지만 그 합의를 지키지 않는 것이 단기간에 있어서 큰 이득이 된다면 합의를 파기하고 싶은 유혹이 우세해질 것이다. 예측하는 재능을 갖춘 국가도 장기적 이익에 기초하는 합의는 단기 이익을 더 크게 판단하는 내부로부터의 반대 때문에 파기의 위험선에 놓이게 된다.

경쟁국가들은 서로가 상대를 제압하기 위해, 불리한 상황을 반전시키기 위해 필사적으로 여러 가지 정책들을 제시한다. 중요한 정책은 그렇게 사태에 대응하는 데서 나온다. 북핵에 대한 대응으로서 서로운 구상이 출현하고, 연평도 사건을 통해서 안보 문제에 대한 새로운 구상이 입안되는 것이다. 또 김정일의 건강 위기로 북한 급변사터에 대비하는 정책이 더 정교하게 다듬어진다.

남북한 간에는 적지 않은 협상과 협상의 산물이 있었다. 7 · 4 공동성명, 남북 기본합의서 등이 있다. 하지만 이 협상들에는 실망스런 부분도 있었다. 그 어떠한 회담에서도 분단을 지속시키는 이슈들에 대한 솔직한 협상은 없었기 때문이다. 본질적인 정치 문제는 손을 대지 못했고, 첨예한 무기 경쟁도 완화시키지 못했다. 무엇보다도 한반도 유관 강대국들은 한반도를 분단된 채 내버려 두었고, 그에 따라 냉전적 상황을 지속시켰다.

오늘날 남북 관계에 관한 우리 사회의 좌—우 또는 진보—보수의 대립과 논쟁의 중심은 남북 관계의 미래상에 관한 것이다. 오늘날 우리 사회에서 벌어지고 있는 논쟁은 자유민주주의 국가에서는 건강한 대가다. 그러나 한국에 살고 있는 사람들은 관점의 차이로 많은 경우에 대화를 하고 나서 마음이 편하지 않은 경우를 경험한다. 극단적으로는 대화에 대한 두려움까지 갖게 된다. 관점의 차이, 도대체 그 괴물은 무엇인가? 대화를 불편하게 하고, 인간관계까지 회의를 갖게 하는 것이라니. 특히 이데올로기적·정치적 충돌의 경우 다른 관점을 수용할 태세를 아예 가지지 않으려고 한다. 아니 반대할 준비를 단단히 하고, 적대감까지 갖게 된다. 물론 상반되는 두 견해가 동등한 힘을 갖고 있다고 하여 진리가 반드시 그 중간에 놓이는 것은 아니다. 한쪽이 틀렸을 수도 있으며, 바로 이 사실은 반대편의 열정을 정당화한다. 그러나 정치·사회 문제에 대해서는 낮 다음에 밤이 오는 것만큼 확실하여 반박이 불가능한 결론이라고 주장할 수 있을까? 다양한 패러다임은 서로 공존할 수 있으며, 나아가 서로의 접합을 통해 새로운 혼합형 패러다임을 구축할 수 있는 가능성이 항상 열려 있다.

냉전의 장기 평화를 칭송하던 사람들은 우리의 목표로 분단을 유지하자고 한다. "통일은 환상이다. 우리에게 통일이 가져올 것은 우리의 희생일 뿐이다. 미국이나 중국도 통일을 원하지 않을 것이다." 이는 역사인식이 결여된 낡은 수사다. 새로운 독트린으로 사고의 전환을 선포해야 한다.

진보적인 사람들은 다음과 같이 이야기할 것이다. "너무 애국심을 강조하지 마십시오. 그 애국심도 반북적인 데 근거를 두고 주장하지 마십시오. 나는 북한에 반대하기 위해 남한에 태어난 게 아닙니다. 그냥 남한에서 태어났고, 북한에서 태어나지 않은 것뿐입니다." 이는 뿌리에 대한 역사철학적 개념이 빈곤한 수사이며, 적과 경쟁의 결과가 가져오는 패자의 비참함에 눈을 감는 감상주의일 뿐이다. 투키디데스는 아테네가 반란을 일으킨 미틸레네를 정복하고 미틸레네인들을 살육하고 노예로 만드는 계획을 세웠다고 기술했다.

'도대체 어쩌란 말인가?' 하는 질문이 터져 나오는 일이 세상에는 많다. 특히 정부가 하는 일들 중에는 진퇴유곡에 빠지는 일이 너무 많다. 국내에서 생기는 일은 그래도 우리 국민들과 부딪히는 일이그로 국민들에게 직접 호소할 수 있으니 나은 편이다. 그러나 외교 사안, 나라 밖에서 일어난 일들은 우리 마음대로 되는 일이 많지 않다.

2011년 1월 '아덴만 여명 작전'으로 불린 소말리아 해적 소탕 작전은 군사작전의 일대 성공이라 칭송을 받았다. 테러에는 돈으로 굴복하지 않는다는 원칙을 지킴으로써 재발 방지 또는 억지하겠다는 정책이었다. 일각에서는 해적에 대한 군사작전은 장차 소말리아 해적의 보복 납치와 인명 살상 가능성을 높인다는 의견을 제기하기도 했다. 그러나 그 후 다행히 보복적 사건은 발생하지 않았다.

그보다 앞서 2010년 11월 북한의 연평도 포격 사건 때는 북한의 '포격 공격'을 받고도 상응하는 자위권 발동이 없었던 데 대한 심각한 '여론 공격'을 받았다. 이명박 대통령의 생각대로 우리가 자위권을 행사해서 북한의 군사 요새나 그보다 더 중요한 시설에 대해 포격을 했다고 치자. 그래서 북한은 다시 무력 대응을 해와 점차 확전되었다고 치자. 그 후의 상황은 말하고 싶지도 않을 것 같다.

'아덴만 여명 작전'으로 돌아가 더 생각해보자. 피랍된 선박의 선장은 작전 중 해적의 총격을 받아 중상을 입었다. 아마 구출을 위한 군사작전은 피랍 선원들의 일부 희생을 각오했을 것이므로(물론 한 사람도 희생되는 일이 없도록 준비했겠지만), 결국 소수의 희생으로 다수(현재 또는 미래의) 인명을 보호하는 작전이었다.

연평도 사건에서 우리가 엄중한 자위권을 행사하지 않은 것은 더 큰 희생을 방지하기 위한 자제라고 이해할 수 있다. 그러나 현지 주민들의 인명과 재산의 피해는 그들에게는 전쟁의 피해와 같은 것이었다.

북핵 문제와 대북 지원 문제에 대해서 의견들이 분분하다. 원칙과 예외, 강경과 온건 간의 논쟁이다. 옳고 그름의 문제인지, 정의의 문제인지, 다름의 다양성 문제인지 판단이 서지 않는 경우가 생긴다.

그러나 어떤 결정의 결과가 예측했던 대로 되면 칭송을 받지만, 예측대로 되지 않으면 비난을 받는다. 알 수 없는 것이 미래이므로 예측의 적중은 운이며 신만이 알 수 있다. 가보지 않은 길은 알 수 없다. 채택되지 않은 것은 해보지 않았으므로, 그 결과가 더 좋았을 것이라고 지나치게 강변하는 것은 해괴한 논리다. 더 나빴을 수 있었다는 점에 대해서도 배려해야 할 것이다.

보수 일각에서는 지금의 남북 관계나 북핵 문제 등은 좌파 정부 10년 대북정책의 결과라고 말한다. 그러나 진보 측은 지난 3년 이명박 정부의 정책 탓이라며 흥분한다. 10년간의 좌파 정부에서 그렇게 하지 않았고, 3년간의 우파 정부에서 그렇게 하지 않았으면 어떻게 되었다는 말일까?

주사위를 던지는 그 순간에 운명은 결정되고, 그 후는 신의 영역에 속한다고 생각하고 체념해야 할 것인가? 마키아벨리의 말대로 반은 지혜가, 반은 운이 결정한다고 생각하는 것이 편하겠다 싶다.

### 사유와 편가르기, 북핵 해결에서 필요한 것과 필요하지 않은 것

사유라는 말을 좋아하는 사람이 많다. 사유, 생각하는 것. 생각이 깊지 못해 일을 저질러놓고 '이렇게 하지 말걸 그랬어' 하고 후회한다. 깊이 생각해야 하는 주제에 대해서는 몇 날, 몇 달, 몇 년을 두고 사유하는 삶을 살아가는 게 좋을 것이다.

핵 문제에 대해서는 어떻게 사유해야 할까? 우리가 남북문제와 한반도 안보 문제를 논의할 때 보면 사유가 부족한 것 같다는 생각을 한다. 걸핏하면 좌파-우파, 우익-좌익, 보수-진보 등 편 가르기를 먼저 한다.

넥커 육면체를 보면 우리 망막에는 이차원에 선으로 그어진 도형이 잡힌다. 이 그림은 3차원의 입체가 아니라 2차원의 평면 위에 그

▪️ **넥커 육면체(Necker Cube)**

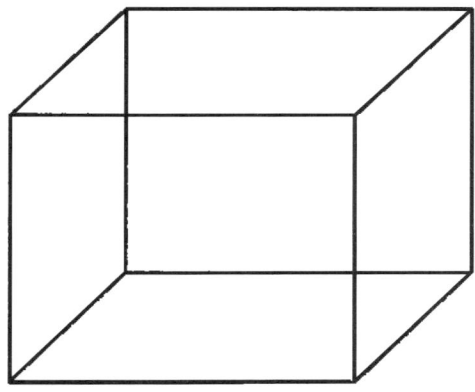

린 것이다. 처음 보았을 때 우리 눈에 나타나는 상은 상자의 윗면을 위에서 내려다보는 형태인데, 두 번째 나타나는 상은 상자의 아랫면을 아래에서 올려다는 형태다. 우리 망막에서 평면에 선으로 그어진 2차원적인 도형이 3차원의 입체 도형으로 인식되면서 3~4초 간격으로 번갈아가며 두 모양의 상이 나타난다. 진실은 2차원 평면 도형 하나밖에 존재하지 않는 것이지만, 우리 뇌에서는 다른 형태의 두 가지 모습을 보여준다. 사실 하나가 관점과 인식에 따라 달라지는 것이다.

우리는 우파와 좌파, 보수와 진보를 말하며 편을 가른다. 그러나 오른쪽, 왼쪽은 절대적으로 정해져 있는 것이 아니라 자기가 향해 가는 곳을 기준으로 나뉘는 것이다. 저쪽으로 향해 갈 때 오른쪽에 있던 것이, 반대로 이쪽으로 올 때는 왼쪽에 있게 된다. 이처럼 가고 있는 방향이 좌우를 결정하는데, 자신이 가고 있는 방향은 생각하지도 않고, 갈 때 오른쪽에 있던 것을 올 때 오른쪽에서 찾으면 안 된다. 관점과 의식은 변화한다.

# 5

## 칸트와 벤담,
## 한반도를 말하다

우리가 서로에게 이타적이고 관대하고 도덕적이 되려는 이유는 4가지가 있다. 첫째, 유전적 친족 관계일 경우다. 둘째, 호혜성의 경우다. 받은 호의에 보답을 하고, 보답을 예견하면서 호의를 베푸는 것이다. 셋째, 관대하고 친절하다는 평판을 얻음으로써 누리게 되는 혜택이다. 넷째, 관대함을 과시하려는 것이다.

선사시대 내내 인류는 집단을 이루며 살아왔다. 집단의 구성원들 중 더 가까운 사람들은 친족이다. 따라서 친족 이타주의가 진화했다. 또한 사람은 평생 같은 사람들과 계속 마주치며 산다. 여기에서 호혜적 이타주의가 진화했다. 또 이타주의자라는 평판은 다른 사람들에게서 호의를 받는 기회를 높인다. 그런 이유로 해서 관대함을 광고하려고 한다. 우리는 불행한 사람을 보고서 친척도 아니고, 보답을 받을 수도 없는 사람인데도 동정을 베푼다.

《로미오와 줄리엣》에서, '우리 대 그들의 투쟁'이라는 본래적인 법칙은 캐풀렛 가와 몬터규 가의 지속되는 다툼으로 나타나다. 반면에 이타주의와 감정 이입이라는 역시 본래적인 법칙들은 《로미오와 줄리엣》에서 서로 화해하는 마지막 장면에서 나타난다.

하버드대학교의 생물학자 마크 하우저(Marc Hauser)는 《도덕적 마음》에서 대다수의 사람들이 도덕적 딜레마에 직면했을 때 같은 결정을 내리지만, 그 이유를 구체적으로 설명하는 능력은 좀 떨어진다는 것을 기술하고 있다. 성적 본능이나 높은 곳에 섰을 때의 두려움, 도덕 감정 등은 우리 뇌에 이미 구축되어 있기 때문에 쉽게 납득할 수 있는 설명이 오히려 어렵다는 것이다. 하우저의 메시지는 이렇다. "우리의 도덕적 판단을 추진하는 것은 수백만 년에 걸쳐 진화한 마음의 능력 중 하나인 일종의 보편 도덕 문법이다. 그 안에는 다양한 도덕체계들을 구축할 원리들이 포함되어 있다. 언어와 마찬가지로 도덕 문법을 구성하는 원리들은 의식의 레이더 아래쪽을 날고 있어서 간파되지 않는다."

익히 알려져 있듯이 이마누엘 칸트는 이성적인 존재를 동의 없이 어떤 목적(설령 그 목적이 남들에게 혜택을 주는 것이라고 해도)을 위한 수단으로 사용해서는 결코 안 된다고 그 원리를 명쾌하게 설명했다. 그 설명은 다리 위의 뚱뚱한 사람(또는 병원 대기실에 있는 사람)과 철도의 지선에 있는 사람 사이에 중요한 차이가 있음을 보여주는 듯하다. 다리 위의 뚱뚱한 사람이 달리는 화차를 멈추는 수단으로 쓰이는 것은 명백히 칸트의 원리에 위배된다. 지선에 있는 사람은 그 선로에 있는 다섯 명의 목숨을 구하는 데 쓰이는 것이 아니다. 목숨을 구하는 데

## 🔹 도덕적 딜레마

하우저가 제시하는 도덕적 딜레마는 이렇다. 더니즈라는 사람이 분기점에서 열차의 선로를 바꾸어 간선 앞쪽에서 꼼짝도 못하고 있는 다섯 명의 목숨을 구할 수 있는 위치에 있다고 한다. 그런데 불행히도 옆 선로에는 한 남자가 꼼짝달싹 못하고 있다. 하지만 간선에 갇힌 다섯 명보다 수가 더 적은 한 명이므로, 대다수 사람들은 더니즈가 전철기를 조작하여 한 명을 죽게 하는 대신 다섯 명을 구하는 것이 설령 의무는 아니라 해도 도덕적으로 용납된다는 데 동의한다. 우리는 지선에 있는 남자가 가까운 친구나 베토벤일지도 모른다는 가상의 가능성들은 무시한다.

그 사고 실험은 점점 더 정교하게 발전하여 우리를 점점 더 고뇌하게 만드는 도덕적 난제들을 제시한다. 화차가 지나가는 선로 위쪽에 놓인 다리에서 무거운 물체를 떨어뜨려서 화차를 멈추게 할 수 있다면 어떨까? 그러면 답은 쉽다. 우리는 당연히 물체를 떨어뜨려야만 한다. 하지만 이용할 수 있는 물체가 오직 다리에 앉아서 일몰을 감상하고 있는 아주 뚱뚱한 남자뿐이라면? 어떻게 보면 전철기를 조작하여 한 명을 희생시킴으로써 다섯 명을 구하는 더니즈의 궁지나 이 해결책이나 별다를 것이 없어 보이지만, 뚱뚱한 남자를 다리에서 미는 것이 부도덕한 일이라는 데는 거의 모든 사람이 동의할 것이다. 우리 대다수는 비록 정확히 무엇인지 설명할 수 없다고 할지라도 두 사례에는 한 가지 중요한 차이가 있다는 것을 직관적으로 강하게 느낀다.

뚱뚱한 남자를 다리에서 미는 것은 하우저가 다룬 또 다른 딜레마를 생각나게 한다. 병원에서 환자 다섯 명이 각기 다른 장기의 이상으로 죽어가고 있다. 그들은 장기를 제공할 기증자가 있다면 생명을 구할 수 있지만, 당장은 기증자가 없다. 그때 의사의 눈에 진료 대기실에 있는 건강한 남자가 보인다. 그의 5가지 장기는 모두 아무 이상이 없고 이식에 적합하다. 이 사례에서 다섯 명을 구하기 위해 한 명을 죽이는 것이 도덕적 행위라고 말할 사람은 거의 없다. 다리에 있는 뚱뚱한 남자의 사례에서처럼, 우리 대다수는 직관적으로 무고한 방관자를 갑자기 안 좋은 상황으로 끌어들여서, 동의도 구하지 않고 다른 사람들을 구원하는 데 이용해서는 안 된다고 생각한다.

사용되는 것은 지선이며, 그는 그저 운 나쁘게 그 위에 서 있었을 뿐이다. 그러나 그런 식으로 구분했을 때, 왜 그 구분이 우리를 만족시키는 것인가? 칸트에게 그 구분은 도덕적 절대가치였다. 하우저에게 그것은 진화를 통해 우리 안에 구축된 것이었다.

로버트 힌데(Robert Hinde)가 간결하게 표현했듯이, 옳고 그름을 생각하는 도덕철학자들은 도덕 규칙(moral precepts)이 반드시 이성을 통해 구축되는 것은 아니지만, 이성을 통해 옹호될 수 있어야 한다는 데 동의한다. 공평성의 기준 안에서 도덕적 주장을 판단하는 데는 두 가지 접근법이 있다. 18세기 독일 칸트의 도덕주의와 19세기 영국 벤담의 공리주의다.

칸트 식 전통은 하고자 하는 일이 옳을 때만 해야 한다는 것으로, 자신이 악한 일을 범하는 것을 거절하라고 촉구한다. 그러나 공리주의적 전통은 두 사람을 구할 수 있다면 한 사람을 죽이라고 제안할 수도 있다.

만약 칸트 식의 해결을 선택했다면 죽는 사람의 숫자를 늘려보라. 가령 100명이 벽 앞에 서 있다거나, 테러리스트의 폭탄으로부터 도시 전체를 구할 수도 있다고 상상해보자. 당신은 자신의 손과 양심을 깨끗하게 지키기 위해 100만 명의 목숨을 구하는 일을 거부해야 할 것인가?

어떤 점에서 결과는 중요하다. 도덕적 주장들은 세 가지 방식으로 판단할 수 있다. ① 관련된 동기 또는 의도는 무엇인가, ② 사용된 방법은 무엇인가, ③ 그 결과 혹은 종합적인 영향은 무엇인가 등이다. 비록 이런 차원들이 항상 잘 조화되는 것은 아니지만, 훌륭한 도덕적 주장은 세 가지 모두를 충족하려고 노력한다.

속성으로부터 결과를 예견할 경우 오류를 범하기 쉽다. 다음 두 가지 표현 사이의 차이점을 간과하는 것과 같다. 즉, '그는 말썽쟁이다'와 '그는 말썽을 일으킨다'의 차이를 구분해야 한다. 만약 행위자의 속성이 결과를 결정하는 유일한 것이 아니라면, 두 번째 표현은 첫 번째 표현으로부터 당연하게 도출되는 것은 아니다. 조정자가 조정할 수 없는 경우가 있을 수 있는 것처럼, 말썽쟁이가 말썽을 일으키지 않을 수도 있는 것이다. 만약 어떠한 행위가 그 행위 주체의 내적 특성뿐만 아니라 그를 둘러싸고 있는 환경의 결과라면, 전자에만 의존하는 설명 방식은 불완전할 수밖에 없다.

'북한은 공격적이다. 그래서 북한은 공격을 했다'고 설명을 하면 보수는 대부분 고개를 끄덕인다. 그러나 진보는 고개를 젓는다. 북한이 공격을 한 것은 다른 외부적 원인이 있다고 주장하는 것이다.

국제정치가 제로섬 게임이 되는 것을 막기는 참으로 어렵다. 남북한은 각각 미래의 목표 실천을 제로섬 게임으로 보고 있다. 그러나 이겨야 한다는 욕망으로 충만한 남한이나 북한은 어느 쪽도 자기의 목표를 스스로 포기할 것 같지 않다. 그래서 문제는 장기적으로 '구엇을' 추구하느냐가 아니라, 중단기 과정에서 '어떻게' 추구하느냐로 수렴된다.

정책은 하나의 방안일 뿐 유일한 것은 아니다. 해결의 기점에 지나지 않는다. 외교나 교섭은 정책이 최종 채택되는 과정에서 쌍방의 욕망을 만족시켜주는 방안의 탐구다.

헤겔은 《법철학》의 서문에서, 철학이란 "그 시대를 사상으로 이해한

## ▌▐ 도덕주의와 공리주의

당신이 어떤 가난한 마을에 들어갔는데 군인들 중 한 사람이 세 사람을
벽 앞에 나란히 세워놓고 쏘려고 한다. 지난밤에 이 마을 사람 누군가가
부대원을 살해했다. 그래서 그 부대 장교는 본보기를 보여주기 위해 세
사람을 총살하기로 했다. 이 장면을 목격한 당신은 부대 장교에게 "그렇
게 하면 무고한 사람을 죽이게 될 것이오. 당신의 부하가 살해되었을 때
만약 한 발만 발사되었다면 최소한 두 사람은 무고하고, 어쩌면 세 명 모
두 그 사건과는 관계가 없을지 모르오"라고 말한다. 장교는 총을 당신에
게 건네며 이렇게 말한다. "한 사람을 쏘시오. 그러면 나머지 두 사람을
자유롭게 풀어줄 것이오. 한 사람을 쏘면 두 사람을 구할 수 있소. 내전
상태에서 혼자 깨끗하게 남아 있을 수는 없다는 교훈을 가르쳐주겠소."
이때 당신은 어떻게 할 것인가?
영화 속의 람보라면 그 군대 전체를 소탕해버릴 수도 있을 것이다. 그러
나 지금 당신이 처한 상황에서는 부대원이 당신에게 총을 겨누고 있다.
결국 당신이 할 수 있는 선택은 두 사람을 구하기 위해 무고한 한 사람을
죽이는 것과, 총을 놓아 손에 피를 묻히지 않고 대신 세 사람을 죽게 하
는 것, 둘 중의 하나다.

---

것"이며, 일찍이 로도스 섬에 지어졌던 거인상을 누구도 뛰어넘을 수
없었던 것과 마찬가지로 철학자도 그의 시대를 넘어서 미래를 예측할
수는 없다고 설명하고 있다. 남북문제에 관한 정책은 분단 문제 극복
과 통일 실현을 지향점으로 삼아야 한다. 지금까지 정책들 중 어느 것
들은 분단을 영구 분단의 개념으로 고착시켜 북한을 독립적 국가로 보
고 전략 전술을 택한 것들이었다. 북한을 경쟁 대상으로 보느냐는 등
과 같은 정책 대상에 대한 목표, 인식의 차이가 전략을 변화시킨다.

# 6

## 정책 제언

국가들 간의 관계에서 여전히 지속되고 있는 무정부 상태는 때로 비극적 행태를 낳기도 했으나 아직까지 인간의 생존 자체를 완전히 불가능하게 만들지는 않았다. 과거에는 소련이 가장 큰 전쟁 위협을 드리웠다. 그러나 소련이 사라진 지금도 남아 있는 국가들 사이에 온전한 평화가 도래하지는 않았다. 전쟁은 오랜 세월 계속되어온 것이지만 소련은 불과 수십 년 동안만 존재했을 뿐이다.

전쟁은 이를 방지할 것이 없기 때문에 발생하는 것이라는 루소의 분석은 특정 전쟁의 경우에 의존하지 않으면서 전쟁의 지속적인 발생을 설명해준다. 루소는 전쟁이 언제든 발생할 수 있다는 사실과 그러한 현실의 이유는 무엇인지에 대해 말해준다.

어떤 국가가 다른 국가를 공격하도록 만드는 직접적 원인은 세계 체제가 아니다. 전쟁의 개시 여부는 여러 가지 특수한 환경에 따라 결정된다. 전쟁은 교전 국가가 규정한 원인이 있기 마련이다. 이들 구체적 이유는 전쟁의 직접적 혹은 실제적 이유가 된다. 교전 국가들은 국가의 정책을 수립하는 소수의 인물들과 이들 소수의 인물들에게 영향을 끼치는 국민들의 이성과 정서를 동기로 삼아 상대방에 대한 공격과 자신에 대한 방어를 수행하게 된다.

인간과 국가의 속성 요인들이 전쟁과 평화에 관련된 변수로서 갖는 가치는 실로 결정적이다. 이는 모든 전쟁과 평화의 직접적 원인이 지도자 개인의 결정 또는 국가의 행위일 수밖에 없기 때문이다.

만약 모든 전쟁의 경우에서 우리가 그 원인으로 지목할 수 있는 행위가 전쟁 발발 이전에 먼저 발생하는 것이라면, 왜 우리는 개인이나 국가의 행위를 고쳐서 전쟁을 제거하지 못하는 것일까? "전쟁을 종식시키려면 인간을 개선하라", 또는 "전쟁을 종식시키려면 국가를 개선하라"고 말했던 이들이 따랐던 사고방식이 바로 위와 같은 것이었다. 하지만 이와 같은 해결책에서는 국제적 환경이 행하는 역할이 아주 쉽게 왜곡되고 만다. 일부 행위자들이 이전부터 내려온 때로는 매우 공격적인 방식을 계속 따르는 상황에서 어떻게 다른 행위자들만 개선을 이룰 수 있겠는가?

역사는 새로운 시대를 향해 거침없이 진보한다는 많은 자유주의자들의 단순화된 가정은 국제적 환경으로 인해 국가들이 더 도덕적인 방식으로 행동하는 것이 거의 불가능하다고 하면 의미 없는 것이 되어버린다.

각각의 국가들은 스스로 판단하기에 최선의 방법이 무엇이 되었든지 간에 자국의 이익을 추구한다. 무정부 상태에서는 서로 유사한 단위들 간에 필연적으로 발생되기 마련인 이해의 충돌을 해결할 일관적이며 신뢰할 수 있는 절차가 없으므로, 물리력은 국가가 대외적 목표를 성취하기 위해 사용하는 하나의 수단이 된다. 국제 관계에 대한 이같은 인식에 기초한 대외정책은 도덕적인 것도 비도덕적인 것도 아니며, 단지 현실 세계에 대한 이성적 대응을 구체화한 것에 불과하다.

1998년부터 2007년 사이 김대중 정부와 노무현 정부가 10년 동안 추진했던 햇볕정책 또는 대북 포용정책, 또는 화해협력정책이 2008년 집권한 이명박 정부로부터는 재검토를 받았다. 보수파들은 이 정책들을 '퍼주기'라는 비속어 어감을 주는 표현으로 비하한다. 과거 진보 정부의 대북정책은 결과적으로 북한으로 하여금 핵 보유까지 하게 만들었고, 그냥 내버려 두었다면 어쩌면 붕괴했을지 모를 정권의 생명을 연장시키고 말았다고 개탄한다.

그러나 이런 논리나 가설에 동의하지 않는 사람들도 많다. 역사학자 보이텍 마스트니(Vojtech Mastny)는 "서방의 봉쇄정책이 냉전의 드래에 대해 일말의 책임이 있다고 한다면, 그 책임은 봉쇄정책이 좀 더 일찍 시행되지 않았다는 사실에 있다"고 주장했다. 그처럼 혹자는 햇볕정책이 북한의 도발에 대해 책임이 있다고 한다면, "그 책임은 햇볕정책이 좀 더 계속하여 시행되지 않았다는 사실에 있다"고 말할 수 있을 것이다. 또한 그들은 북한 어린아이들의 건강 문제는 민족의 미래 문제로서 같은 민족의 고통에 대해 눈을 감는 것은 반민족적이라고 주장한다. 여기에 더하여 한국 내에서 남아도는 쌀의 비축 문제가 정치 문제화되자 이의 해결 방법으로 쌀의 대북 지원 문제가 대두되었다. 그러나 이 역시 비판의 대상이 되고 말았다. 북한 동포를 구

## ▶ 도대체 북한의 식량난은 어느 정도인가?

북한에는 통계수치가 없다. 있는 수치는 쌀값과 환율뿐이다. 다른 통계치는 엉터리라고 보는 게 맞다. 대북 지원 NGO는 식량 사정이나 사망률 등에 관한 통계자료를 얻기 위해 다방면으로 노력을 하지만 신통치 않다. 북한 정치와 경제, 사회를 논의할 때에는 구체적 수치보다 정황 증거만 가지고 판단해야 할 정도다. 그래도 물가 정보는 정확하다. 아무리 폐쇄 사회라도 살기 위해서는 어떤 형태든 시장이 열려 매매가 이루어져야 하기 때문이다. 다수가 모이는 시장에서 물가 정보는 있기 마련이다. 북한 주민들의 영양 상태는 개개 의사들의 진술을 통해 개략적으로 파악할 수 있다. 어느 북한 의사는 진료한 환자 150명 중 80명이 영양실조라고 증언했다. 사망률의 증감은 지방 단위의 화장터에서 파악하여 전국 규모로 유추한다. 북한의 중앙정부에서 취합한 통계를 입수하면 될 일이지만 이건 쉬운 일이 아니다.

북한의 식량 생산량도 전국적으로 취합한 통계를 입수하기가 어렵다. 그래서 상이한 통계치가 나오는 것이다. 한국 정부는 북한의 식량 생산량을 대략 400만 톤으로 본다. 어느 자료에 보면 북한의 작년도 식량 생산량은 220만 톤이라고 한다. 또 다른 자료에는 448만 톤으로도 나온다. 이렇게 편차가 큰 이유는 통계를 겉곡으로 잡느냐 정곡으로 잡느냐에 따라 다르기 때문이기도 하다. 벼에 쭉정이가 많으면 정곡량이 적기 마련이다. 남한에서는 겉곡의 72퍼센트가 정곡이 되지만 북한은 반밖에 안 된다. 따라서 겉곡으로 생산량을 잡으면 실제 사용되는 식량의 수요치가 떨어지게 된다. 국제기구는 북한의 최소 식량 수요량을 연간 520만~640만 톤으로 잡는다. 그리고 생산량은 450만 톤으로 본다. 이 경우에도 북한의 식량 부족분은 70만~190만 톤이 된다. 국내의 한 NGO는 최소 수요량을 400만~430만 톤, 생산량은 220만 톤으로 계산했다. 이렇게 통계가 제각각이니 북한 정부를 원망할 수밖에 없다. 북한의 화폐개혁이 실패했다는 것은 시장에서 거래되는 쌀값을 보면 알 수 있다. 2010년 북한에서 화폐개혁 당시 구화폐와 신화폐의 교환 비율은 100대 1이었다. 그러므로 당시 킬로그램당 2000원(구화폐)이던 쌀값은 20원(신화폐)이 되었다. 그러나 1년 후 쌀값은 도로 2000원이 되었다. 화폐개혁 이전과 같은 가격이지만 화폐개혁 당시의 교환 비율(1:100)을 감안하면 쌀값은 100배가 뛴 셈이다. 탈북자들의 증언에 의하면, 북한 주민들과 연락을 하면 과거에는 쌀을 보내달라고 했으나 지금은 돈을 보내달라고 한다고 한다. 그래도 북한의 시장이 활성화되어 돈만 있으면 쌀을 구할 수 있다는 이야기다.

제하기 위해서가 아니라 남아서 썩게 되어 비축하는 데 문제가 있으므로 북한에 지원하자는 주장으로 해석되는 것이었다.

지금으로부터 30년 후, 역사는 오늘의 남북 관계를 어떻게 기술할까? 지금부터 30년 후면 현재 북한의 어린아이들이 40세 전후가 된다. 그들이 1990년대와 2000년대를 거치면서 궁핍과 결식으로 신체 발육이 덜 되어, 남북한 주민 간에 신체 발달에 차이가 나고 건강과 수명에 큰 영향을 받게 되었다면 오늘날 남한과 북한의 정책에 대해 어떤 평가를 내리게 될 것인가! 역사가 두려운 것이 바로 이 점이 아니겠는가?

북한 기아 문제는 간단한 문제가 아니다. 북한의 연간 식량 생산량은 개략적으로 300만 톤이라고 알려졌다. 그러나 최소 필요량이 500만 톤이므로 연간 200만 톤이 부족하다. 국제 지원이 100만 톤 정도라면, 나머지 부족분은 100만 톤이다. 북한은 이 100만 톤을 메우려고 고생한다는 것이다. 작년에는 더 흉작이었다. 그러나 한국과 세계는 대북 식량 지원을 중단했거나 지원량을 삭감했다. 그래서 지금 북한의 식량 사정은 최악이다. 함경도 지역의 기아가 더욱 심하다. 남한의 1960년대 보릿고개 시절을 보는 것 같다. 북한 공무원들이나 조직원들은 식량 원조를 받기 위해 동분서주하지만 선뜻 도와주려는 나라들이나 기관이 많지 않다. 북한에서 영양실조가 심해지면 전체 우리 민족에게 비극적이지 않을 수 없다.

한국 정부가 대북 지원을 중단해서, 북한 정권이 더 유지되지 못하게 하는 데에 영향을 주었다 하더라도, 민족 역사는 한국 정부가 같은 한민족으로서 북한 주민들이 굶어 죽고 영양실조에 놓이는 상황에 대해 눈을 감았다고 평가하지 않을까? 북한 정부가 밉다고 북한 주민들에게 고통을 주는 것이 현명한 것이냐 하는 데 답을 어떻게 해야 할지 고민을 한다. 현실주의적 접근법을 따르면 도와주면 안 된다. 생존을 위해 치열하게 경쟁하는 상대를 더 튼튼하게 만들어서는 안 되기 때문이다. 그러나 자유주의 입장에서는 다른 문제다. 사람들을 더 열악하게 만드는 것은 인간의 도리가 아니다. 주민과 정부를 분리해서 접근해야 한다.

지도자의 사상과 철학이 중요하다고 하는 것은 지도자가 가지고 있는 인생관과 철학이 정책에 반영되기 때문이다.

북한이 핵을 포기할 때까지는 북한에 대해 일체의 경제 지원을 중단해야 한다는 주장에서부터 북한 주민들을 살게 하기 위해서 경제적 지원을 계속하라는 주장까지 우리 사회의 대북 인식은 편차가 크다. 어떤 정책의 기대이익이 크다고 해서 그것의 실현이 쉽게 된다고 예측할 수는 없다.

이명박 정부는 5년 내내 대북 강경정책을 유지할 것이다. 과거 김대중, 노무현 대통령의 대북 포용정책이 북한의 지속적인 핵개발 계획을 중단시키지 못한 것을 북한 스스로 밝힌 이상 같은 정책을 계속할 수 없다는 논리에 근거해서다. 2012년 대통령 선거는 이전 정부들의 대북정책에 대한 국민의 포괄적 심판이 내려지는 기회가 되기를 기대한다. 그 결과의 바탕 위에서 대북정책의 방향성에 대한 국민적 공감대가 형성되고, 북한에 대해서도 분명한 메시지를 보일 수 있기 때문이다.

한국인들은 분단과 한국전쟁, 그리고 냉전의 기간을 거치면서 북한은 정말로 위협적인 적이라는 생각에 너무나 익숙해져서 적이 존재하지 않는 세계는 이상한 세계로 여기게끔 되었다. 그러나 1992년 노태우 대통령 시절의 남북 기본합의서를 근간으로 하여 김대중, 노무현 대통령을 거치는 동안 남북 간에는 대결과 충돌 대신에 화해와 협력이 본격적으로 추진되었고, 남북 정상회담이 두 번 개최되는 과정에서 많은 국민들이 북한을 위협적인 적으로 보는 대신 공존의 대상이라는 생각들을 갖기에 이르렀다. 그러나 천안함과 연평도 사건은 한국의 대북정책과 대미·대중 관계에 대해 다시 생각하게 하는 결정적인 사건이었다. 이명박 정부가 들어선 이후 대북정책이 강경정책으로 선회함에 따라 북한 체제는 결국 전복되어야 할 대상이지 납득시켜야 할 대상이 아니라는 결론을 갖는 국민들이 증가하고 단합되는 경향을 유도했다. 과거 10년의 진보 정권의 대북 협력정책이 오히려 북한의 군사적 공격에 취약하게 만들었다는 비판이었다.

북한의 도발 후 그 도발의 영향력을 인정하지 않을 수 없는 결과물이 도출되었다. 북한의 도발은 항상 쉽게 극복되어왔다. 북한 도발이 임시변통적이어서 우리는 그 잔꾀에 쉽게 넘어가지 않았다.

지금까지 우리의 대북정책 방향은 분단의 평화적 관리와 현상 유지에 있었으나, 최근 북한의 체제 위기가 가시화됨으로써 이에 적극적으로 대비하지 않으면 안 되는 상황으로 변화했다. 전략적 대비가 결여된 상황에서 북한의 체제 실패로 인해 중국군의 북한 진주라는 상황이 발생한다면, 이는 한반도 영구 분단, 동북아의 새로운 냉전, 미·중 대립 구조의 시대가 될 가능성이 있다.

남북한 문제에 대한 우리들의 관점을 바꿈으로써, 꿈에도 생각할 수 없었던 실현 가능한 정책을 생각할 수 있게끔 해줄지 모른다. 한반도의 미래에 대한 우리들의 상상력을 자극해야 한다.

북한의 세습 문제, 경제난, 핵 문제, 천안함과 연평도 사건 등 일련의 상황과 사건들은 분단이 어떻게 종결될지 알지 못하게 만들면서, 그것이 어떻게 끝나게 될지를 이미 결정하고 있던 장기적인 경향을 모호하게 보이도록 만든다. 남북한은 서로가 상대방의 강경정책으로 한반도가 위험에 처하게 될 수 있다고 경고했다. 북한의 전략은 허세 부리고, 위협하며 현상을 불안정하게 하는 능력에 크게 의존한다. 한국은 우월한 능력을 더 냉정하게 사용해야 한다. 핵과 미사일에 대한 북한의 허세에 대하여 한국은 훌륭한 자제력을 보이며 통일을 준비하는 데서 진정으로 장기적인 안목을 보여주어야 한다.

집단들은 다른 집단과 다르다는 점으로 스스로를 정의한다. 프로이트의 '사소한 차이에 대한 나르시시즘'이 정치를 좌우한다. 〈걸리버 여행기〉 중에는 굽의 높이로 당쟁을 벌이고 달걀을 어느 끝에서 깨느냐는 문제로 정파 간에 극심히 대결하면서 인근국과 전쟁을 하는 소인국 이야기가 나온다. 삶은 달걀의 껍데기를 어느 쪽부터 깨느

## ■ 북한의 비밀접촉 내용 폭로

2011년 5월 18일 청와대는 이례적으로 남북 접촉 사실을 밝혔다. 이명박 대통령이 5월 9일 베를린에서 김정일 북한 국방위원장을 2012년 3월 서울에서 열리는 핵안보정상회의에 초청한 것을 설명하기 위해 남북 간 비공개 접촉이 이뤄졌다는 것이다. 김희정 청와대 대변인은 정례 브리핑에서 "김 위원장 초청 문제와 관련해 우리 정부의 진의가 북한에 전달됐다"며 "향후에도 기회가 있을 때 보다 구체적인 논의가 있기를 기대하고 있다"고 말했다. 김 대변인은 그러나 "어떤 방법으로 접촉했는지는 밝힐 수 없다"며 "다만 민간을 통해서 전한 것은 아니고, 북한으로부터의 반응은 아직 없다"고 말했다. 주요 언론들은 이와 관련해 정부 핵심관계자가 "남북 간에는 필요한 때 대화를 할 수 있는 채널이 여러 개 있다"며 "이번 접촉은 고위급은 아니고 실무자 수준에서 이뤄졌다"고 말했다고 보도했다.

이명박 대통령은 베를린에서 "북한이 국제사회와 비핵화에 대해 확고히 합의한다면 내년 3월쯤 서울에서 50여 나라 정상이 참석하는 핵안보정상회의에 김 위원장을 초청할 용의가 있다"고 제안했다. 이에 대해 청와대 핵심관계자들은 "의례적인 말이 아니다. 이 대통령은 남은 임기 동안 가장 중요한 과제로 경제와 남북 관계의 안정을 생각하고 있다"고 말하고 있다고 언론들은 보도했다. 여권 안팎에선 이 대통령이 임기 말 북한과의 극적인 관계 개선을 위해 마지막 승부수를 준비하고 있다는 전망도 나오고 있다고도 보도했다.

당시 남북 물밑 접촉에서 북한과 논란을 빚고 있는 문제는 천안함과 연평도 포격에 대한 사실 인정 부분이었다. 정부는 아무리 북한과의 대화가 필요해도 이 문제에 대한 최소한의 매듭을 짓지 않고서는 이 정권의 기반이 흔들릴 수도 있다고 보고 있다. 청와대 관계자는 "이 대통령의 베를린 제안도 결국은 김 위원장에게 '결단을 내려달라. 그러면 우리도 전폭적으로 지원하겠다'는 신호를 다시 보낸 것으로 보면 된다"고 했다고 보도되었다.

이 대통령이 서울 핵정상회의에 김정일을 초청한다는 뉴스는 몇 가지 면에서 참으로 흥미로운 제안이다. 남북회담도 아닌 국제회의에, 그것도 핵문제를 다루는 회의에 김정일을, 그것도 다른 나라도 아닌 서울에 초청하다니 북핵 문제와 김정일의 서울 방문 문제가 어떻게 9개월여 만에 해결된다는 것인지, 그동안 남북 간에 어떤 물밑접촉과 양해나 합의가 있어 이런 발표를 하게 되었는지 아리송했다. 만일 남북 접촉에서 이에 대한 상당한 진전이 있어 발표된 것이라면 경천지동할 상황의 진전이라 아니 할 수 없다.

그러나 베를린 발표로부터 20여 일 후인 6월 1일 북한 조선중앙통신은 충격적인 내용을 보도했다. 남한 정부가 4월 베이징에서 북한과 비밀리에 접촉, 6월 말 정상회담을 북측에 제안했다는 것이다. 북한 국방위원회 대변인은 이날 조선중앙통신과의 인터뷰를 통해 "이명박 역적패당은 올해 4월에 들어서면서 '천안호 침몰 사건과 연평도 포격 사건에 대하여 더 이상 거론하지 않겠으니 제발 정상회담을 위한 비밀접촉을 가지자'고 거듭 간청했다"고 주장했다. 그는 또 "(남측은) 5월 하순경 정상회담을 위한 장관급 회담을 열어 합의사항을 선포하고, 6월 하순경에는 제1차 정상회담을 판문점에서, 제2차 정상회담은 그로부터 두 달 뒤에 평양에서, 제3차 정상회담은 내년 3월 핵안보정상회의 기간에 개최할 것을 예견하고 있으니 제발 딱한 사정을 들어달라고 구걸했다"고 밝혔다. 그는 "그러나 5월 9일부터 비밀접촉 마당에 나온 괴뢰 통일부 정책실장 김천식, 정보원 국장 홍창화, 청와대 비서실 대외전략비서관 김태효 등은 우리와 한 초기 약속을 어기고 '천안호 침몰 사건과 연평도 포격 사건이 남북관계 개선을 위하여 지혜롭게 넘어야 할 산'이라며 우리의 사과를 받아내려고 요술을 부리기 시작했다"고 주장했다. 또한 북한은 남한 정부가 "돈 봉투까지 거리낌 없이 내놓고 그 누구를 유혹하려고 꾀하다가 망신을 당했다"고 주장했다. 북한은 남측이 이명박 대통령의 직접적인 지시에 따라 비밀접촉을 주관하는 현인택 통일부장관 등의 인사 외에는 아는 사람이 없으니 접촉 사실을 비밀에 부쳐달라고 간청했다고 밝혔다.

청와대는 일체의 반응을 보이지 않기로 하고 대응을 피했다. 북한 발표 이후 3시간 동안 긴급회의를 계속하는 등 당혹해하는 모습이 역력했고, 회의 끝에 나온 논평이라고는 "통일부에서 모든 것을 대응할 것"이라는 한 마디뿐이었다는 언론의 보도에 의하면 이명박 대통령은 북한의 발표를 보고받은 뒤 굳은 표정으로 별다른 말을 하지 않았으며, 청와대 고위

관계자는 "북한이 황당한 거짓말로 사실을 호도하고 있지만 남북 관계를 고려해 청와대가 직접 대응하지는 않기로 했다"고 전했다.

통일부 당국자는 6월 1일 "최근 남북 당국 간에 비공개 접촉이 있었지만 북한 주장처럼 정상회담을 위한 접촉은 아니었다"고 말했다. 이 당국자는 "우리 측은 이번 접촉에서 천안함·연평도 도발에 대해 북측의 매우 분명한 시인·사과와 재발 방지를 요구했고, 그 답변을 기다리던 상황"이라며 이같이 밝혔다. 또 "북한은 우리가 천안함·연평도 문제가 아니라 정상회담에 연연해하는 것처럼 사실 관계를 왜곡해 발표했다"고 했다. 통일부 대변인은 이날 논평에서 "우리 진의를 왜곡한 일방적 주장에 일일이 대응할 필요를 느끼지 않는다"고 말했다. 정부 당국자는 "남북 관계의 특수성을 감안한 여러 가지 접촉은 있었다"면서도 "접촉과 관련해 돈 봉투 얘기가 나온 것은 황당한 얘기"라고 반박했다. 이 당국자는 "비공개 접촉이긴 하지만 당국 간 접촉인데, 그런 자리에서 돈을 얘기한 것은 당연히 없다"면서 "그런 얘기를 하는 것 자체가 말이 안 된다"고 덧붙였다.

정부 소식통은 "이번 접촉 때 북한 반응이 나쁘지 않았던 것으로 안다"며 "천안함·연평도 사건에 대한 구체적인 문구를 논의하자고 했는데 북측이 이처럼 일방적으로 왜곡된 내용을 공개한 걸 보면 좀 복잡한 내부 사정이 있는 게 아닌가 생각된다"고 말했다고 보도되었다. 통일부 당국자는 "현재 남북 관계에서 가장 중요한 현안이 천안함·연평도 문제"라며 "이게 해결되는 바탕 위에서 고위급 회담도, 정상회담도 가능하다는 얘기를 했다"고 전했다.

정치권은 북한의 행태에 엇갈린 반응이었다. 한나라당은 대변인 논평을 통해 "외교적 결례를 범하는 태도를 보면 북한이 진정성 있는 자세를 갖고 있지 않다는 점이 명백하다"며 북한을 공격했다. 그러나 민주당은 대변인 논평에서 "겉으로는 대북 강경정책을 고수하면서 뒤로는 정상회담을 애걸하는 정부의 이중적 자세는 국민을 속이는 것"이라며 한편으로는 정부를, 다른 한편으로는 "외교적 접촉을 정략적으로 공개한 북측의 태도 역시 비판받아 마땅하다"며 북한을 동시에 비난했다. 자유선진당은 "북한의 주장이 사실이라면 이 정부는 한심한 정부라는 국민적 비판에 직면하게 될 것"이라고 했다.

6월 2일 열린 국회 본회의에서 현인택 통일부장관은 "비공개 접촉을 한 것은 사실이지만, 정상회담이 아니라 천안함 사건과 연평도 포격에 대한 북한의 분명한 시인과 사과, 재발 방지를 받아내기 위해 비밀접촉을 한 것"이라고 말했다. 현 장관은 "정치적 고려나 목적을 갖고 비공개 접촉을 하지는 않는다. 정부는 북한이 저지른 천안함 사건과 연평도 포격에 대한 확실한 시인과 재발 방지 약속을 받아내야 한다는 기본적인 입장으로 접촉을 한 것"이라고 강조했다. 현 장관은 "이렇게 비공개 접촉이 변질되는 것은 결코 남북 관계에 바람직하지 않다"며 "북한이 이런 식의 폭로성 반응을 보인 것은 사실상 기본을 해치는 것이다. 있어서도 안 되고 있을 수도 없는 일이 벌어졌다"고 말했다.

외교 협상에서는 비밀회담이 비일비재하다. 대부분이 비밀회담이다. 그래야만 협상자들이 진지한 대화를 할 수 있기 때문이다. 접촉 내용은 물론이고 접촉 과정도 비밀이다. 그러나 왕왕 비밀접촉 사실뿐 아니라 접촉 내용까지 공개되어 협상자들이나 정부를 난처하게 하기도 한다. 비밀이 공개되는 것은 협상에 참여한 사람이 고의로, 또는 실언으로 발설하는 경우가 많다. 물론 이번처럼 정치적 의도를 가지고 정부나 협상자가 직접 접촉 사실과 접촉 내용을 소상히 폭로할 수 있다. 이런 경우의 폭로는 당분간 협상이 더 이상 가능하지 않음을 염두에 두고 하는 일종의 협상 전략이기도 하다. 이런 와중에는 폭로 내용이 사실이냐 아니냐를 가지고 일정 기간 양측 간에 설전을 벌일 것이다. 여기에서 결정적인 증거는 회담의 녹음이다. 비밀회담에서 녹음은 가능한가? 만일 상대방이 녹음을 한다면 협상자들은 이를 염두에 두고 발언에 신중을 기하게 될 것이다.

나는 일련의 사태 진전을 보며 우리 정부가 너무 세밀하게 진위를 따져 해명하려는 것은 위험하다는 생각을 가지고 있었다. 그것은 6자회담의 경우에서처럼 북한이 회담의 대화를 녹음한다는 것을 알고 있었기 때문이다.

6월 9일 북한 국방위 정책국 대표는 조선중앙통신과의 문답에서 남측이 "끝끝내 진실을 밝히기를 거부한다면 접촉 전 과정에 대한 녹음 기록을 만천하에 공개할 것"이라고 밝혔다. 이에 대해 통일부 당국자는 "우리에게 녹취록은 없다"며 "북측이 주장하는 녹취록이 존재한다면 사실을 왜곡하지 말고 모든 내용을 있는 그대로 밝히라는 게 정부 입장"이라고 말했다. 정부 관계자는 "북한이 녹취록 공개 운운하는 식으로 협박 수위를 높이고 나오는 것은 이미 예상했던 일"이라며 "북한이 비밀접촉을 공개한 것이 국제 관행상 도저히 있을 수 없는 비상식적인 행동이었던 것처럼, 회담 내용을 몰래 녹음하는 것 역시 용납할 수 없는 행위"라고 지적했다.

외교 협상에서 각 대표의 발언을 녹음해두는 경우가 있다. 협상 내용은 실무자들이 일일이 기록하는 경우가 대부분이지만 회담이 장시간 계속되고 장기화되면 녹음을 하여 녹취록을 만들기도 한다. 이 녹음이나 녹취록은 발언 내용을 정확히 확인하기 위해서도 필요하고, 외교 사료로서 기록용으로도 이용된다. 우리도 회담록 작성을 위해 실무자들이 녹음을 하는 경우가 있으나 내 경험으로는 이 녹음을 이용하여 상대방을 협박하거나 진실 공방을 벌인 일은 없었다. 비밀접촉인 한 있을 수 없는 일이다. 이 사건을 겪은 후 남북 간에는 더 이상 안심하고 허심탄회한 발언을 할 수 없고, 늘 발언 내용이 공개될 것을 염두에 두고 발언해야 할 것이다. 협상가에게는 참으로 고역이 아닐 수 없으며, 협상 자체가 원활할 수도 없을 것이다. 비밀접촉에서 녹음을 하지 않기로 합의하고, 상대방이 녹음기를 휴대하지 않았다는 것을 확인해야 하는 상황이 생길 수도 있겠다 싶다. 돌이켜 보면 만일 북한이 내 발언을 다 녹음해두었다면 협상의 진전을 위해 시도한 여러 발언 중에는 공개되면 문제가 될 발언이 없지 않았을 것이다. 밀담을 제3자가 들을 경우 민망한 내용이 많지 않은가.

어쨌든 북한은 우리 정부가 남북 접촉 사실을 공개하는 과정에서 비밀 접촉 이유와 내용을 우리의 입맛에 맞게 각색했다고 생각했을 수 있으며, 한국은 북한의 반응으로 보아 그 정도의 공개는 북한이 수용할 수 있으리라고 판단했을 것이다. 아주 악의적으로 해석하면 북한은 한국이 정상회담에 연연해한다는 것을 간파하고 접촉 내용을 폭로할 의도를 가지고 접촉에 응한 함정을 만들었을 수도 있다. 또한 접촉 과정에서 한국 측의 주장—천안함 및 연평도 사건을 둘러싼 사과 주장—이 너무 강경하자 이를 배척하고 북한의 입장이 얼마나 강한지를 알려주기 위한 전술로서 폭로전을 전개했을 수도 있다.

이번 사건을 통해 우리는 북한의 협상 전술을 다시 한 번 새겨보고, 북한과 접촉하는 사람들의 발언과 행동에 삼갈 것이 있음을 배웠다.

냐고 하는 '둥근끝주의(Big-endianism)'와 '뾰족한끝주의(Little-endianism)' 사이의 투쟁은 국가 관계에서도 비일비재하다.

이상의 사유와 분석, 가설과 설명을 통해서 나는 정책 대안에 생각을 수렴하려는 의도를 숨기지 않았다. 한반도 현안과 사건들의 원인과 진전 과정, 그리고 해결에 관한 당위론적인 주장만 기술하는 것은 독자들도 관심이 많지 않을 것이다. 나는 한반도의 새로운 세력 구조를 유념하며 우리 정부가 취하기 바라는 정책 대안을 다음과 같이 제안한다.

### 1. 한반도 핵심 관심사 6개항
① 북한 내부 정세
② 미국과 중국의 세계적 힘의 변화
③ 한국, 북한, 미국, 중국 4개국 간 상호 관계의 변화
④ 북한의 대남 군사 도발
⑤ 북핵 문제의 진전
⑥ 통일 전망

※ 이 핵심 관심사항들은 독립적이지 않고, 상호작용으로 복잡한 안보 세력 구조를 형성한다.

### 2. 평화통일을 위한 3불 원칙
① 무력 사용 불용
② 북핵 불용

③ 국내 문제 불간섭

※ 이 3개 원칙은 상호 연동되어 있다. 이 중 어느 한 개라도 지켜지지 않으면 나머지 세 개 원칙의 어느 하나도 지켜지기를 기대할 수 없다. 무력 도발이 발생하면 평화통일을 기대하기 어렵다. 핵무기 개발 계획을 추진하면서 평화통일을 말할 수 없는 이치다.

## 3. 3불 원칙에 대한 3개 전략
① 결연한 자위권 행사
② 핵 문제의 근본적 접근
③ 가치 공유와 공동체 실현

## 4. 3개 실천사항
① 한 · 미 동맹 유지
② 한 · 중 관계 강화
③ 남 · 북 교류 발전

## ▓ 독일 폰 바이체커 전 대통령의 '햇볕'에 대한 이해

독일 폰 바이체커 전 대통령은 한국 국내 정세와 남북 관계, 동북아시아 정세에 대해서 깊은 통찰력을 가지고 있는 인물이다. 그는 1920년생으로 1984~1994년간 독일 연방대통령을 역임했고, 우리나라를 10여 차례 이상 방문했다.

2005년 11월, 나는 폰 바이체커 전 대통령을 대사관저에 초청하여 북핵 문제를 중심으로 한반도 정세에 관해 주로 대화했다. 대화 중 햇볕정책에 대한 부분을 소개한다.

**폰 바이체커:** 저는 이 개념이 처음 생겼을 때 '햇볕'이라는 표현을 참 좋아했고 지금도 마찬가지입니다. 정치 논쟁 속에서 '햇볕'은 매우 긍정적인 측면이 있습니다. '햇볕'이라는 말은 독창적인 표현입니다. 물론 '평화'는 그 의미가 매우 분명합니다. 또한 '번영'이라는 말도 마찬가지입니다. 하지만 '햇볕'은 그 이상의 의미를 내포합니다. 어떤 때에는 매우 강력하기까지 합니다.

**대사:** 햇볕정책의 '햇볕'은 이솝우화에서 유래했습니다. 햇볕과 바람이 나그네의 코트를 누가 먼저 벗기는지 내기를 했습니다. 바람이 나그네를 향해 세게 불자 나그네는 코트 깃을 더욱 여미었습니다. 하지만 햇볕이 뜨거운 열기를 보내자 나그네는 결국 코트를 벗었습니다.

**폰 바이체커:** '햇볕'의 출처를 몰랐습니다. 이것이 우화의 한 부분인가요? 흥미롭군요. 햇볕에 관한 이솝우화를 전혀 몰랐기 때문에 나는 민주주의는 좋은 날씨이고, 햇볕이라고 해석했습니다. 따라서 햇볕이라는 용어가 독창적이라고 생각했습니다.

**대사:** 그렇습니다. 저희는 그 이야기를 초등학교 교과서에서 배웠지요. 대통령뿐만 아니라 제가 물어본 대부분의 유럽인들이 그 우화를 모른다는 것을 알고 놀랐습니다.

**폰 바이체커:** 저는 햇볕정책이 단순히 '행복한 정책'이라고만 생각했습니다. 햇볕! 얼마나 멋있습니까? 비 내리고 추운 날이 계속된 후의 햇볕 말입니다. 햇볕, 아주 긍정적이지만 약간은 비현실적이기도 하지요. 제가 그

동안 햇볕정책을 매우 단순하고 순진하게 해석해온 거군요.

폰 바이체커 대통령은 '햇볕정책'이라는 말에서 루소가 말한 자연의 평화로운 상태의 낭만주의를 발견하고 있었음에 틀림없다.

국가들 사이에서 외교 문제의 합의와 해결을 위한 협상은 국내 정치집단 간의 정치 협상과는 규모와 차원 면에서 비교할 수 없다. 국가의 가장 중대한 이익이 왔다 갔다 하기 때문이다. 외교사는 전쟁의 승자들이 전리품이나 패전국의 처리 문제를 두고 얼마나 지루한 협상을 전개했는지 설명해준다. 나폴레옹전쟁을 종결하기 위한 빈회의, 제1차 세계대전의 베르사유조약, 제2차 세계대전의 카이로회담이나 포츠담회담 등의 여러 회담, 한국전쟁의 휴전 협상, 베트남전쟁의 파리회담, 유고 내전 종식을 위한 협상 등은 대표적 사례들이다. 나폴레옹전쟁을 종결하기 위해 1814년 9월부터 1815년 6월까지 계속된 빈회의는 유럽 강국 군주들에게는 휴일과도 같았다. "회의는 진전되지 않고 춤추고 있었다." 그랬지만 빈회의는 협상의 결과를 내놓았다. 1870년 프러시아와 프랑스 간의 비스마르크 통일 전쟁 때까지 유지된 소위 '빈체제(Wiener System)'를 만들었다.

북한 핵 문제를 둘러싼 협상이 20년이 되어가고 있지만 해결의 전망이 없다. 한반도 분단은 장기화되더니 마침내 영구 분단 가능성에 대한 우려까지 나오고 있다.

1992년 한국과 중국의 수교 후 한·중 관계가 급속히 발전하고 중국의 경제가 날로 발전하면서, 한때는 한·중 관계가 북한의 토라짐을 유발할 정도로 밀접했다. 그러나 세상에 변하지 않는 것은 없다! 2010년 전후로 중국의 북한 경사 외교는 한반도 정세가 우리가 생각하는 방향으로 낙관할 수 없게 하고 있다. G2로 부상한 중국의 영향력은 한반도의 지정학적 위치와 향도를 바꾸고 있다.

과거 6자회담에서는 번번이 북한이 조건을 제시하며 불참을 경고했으며, 실제로 회담을 지연시키고 참석을 거부하기도 했다. 그러나 2010년 천안함과 연평도 사건 후에는 한국이 북한의 진정성을 요그하며 6자회담 재개에 부정적인 입장을 취하고 있다. 6자회담과 같은 다자협상의 무용론이 제기되기도 했다. 비록 협상의 결과가 금방 잡히지 않지만, 협상의 흐름은 있기 마련이다. 지치더라도 목표가 있으면 다시 일어나게 된다. 우리가 이 자리에서 주저앉고 말 수는 없지 않은가. 그럴 이유도 없고, 또 그래서도 안 된다. 민족 분단으로 인한 민족 자존심의 상처와 국력(인적 및 영토적 자원)의 낭비와 주권의 왜곡은 그 어떤 경제적 가치와도 바꿀 수 없다.

안타깝지만 말을 하지 않을 수 없다. 우리 주변 국가들에는 남북한 통일이 자국의 국익에도 이로울 뿐 아니라, 한국인들의 통일 염원을 실현시켜주는 것이 평화를 가져올 수 있다는 확신을 가지는 지도자들이 있어야 한다. 그러기 위해서는 먼저 우리가 해야 할 일이 있다. 바로 통일에 대한 우리의 염원을 우리 스스로 다시 확인하고, 이를 세계에 알리는 일이다. 통일 문제에 대해 다시 생각해보며 국민적 공감대를 형성해야 할 때다.

분단 문제를 극복하고 통일을 이루기 위해서는 이제 우리가 선택할 지도자는 이데올로기를 이해하고, 동시에 깊은 정치철학과 뚜렷한 역사인식으로 무장된 이여야 한다.

나는 통일이 된 날에 판문점 자유의 다리 위에서 통일 기념 콘서트가 열려 모두 눈물을 흘리며 환희의 합창을 부르는 것을 꿈꾸어본다. 내가 그때 살아 있다면 그 콘서트장 입구에 '한반도 콘서트 – 피처링: 한국, 북한, 미국, 중국'이라는 플래카드를 내걸 것이다. 그날 한국에 주재하는 어느 대사가 본국 정부에 "이렇게 많은 인파가 자유의 다리에 모여 눈물을 흘리는 것은 영화에서도 본 적이 없었다"는 전문 보고서를 보냈다는 이야기도 듣고 싶다.

# 격조 높은 통일외교 에세이

지난 봄 제주대학 캠퍼스에서 소규모 그룹 학생들을 대상으로 한 '북한은 우리에게 무엇인가' 란 제목의 강연이 있었다. 정치나 외교를 전공하지 않은 이들 학생 집단, 특히 휴전선에서 멀리 떨어진 제주도 학생들에게 북한 핵과 남북통일 문제는 매력적인 강의 주제는 아니었다.

이날 연사가 서두에 꺼낸 말은 "여러분, 국가의 3요소가 뭐죠?"라는 질문이었다. 예상치 못한 물음에 의아해진 학생들은 "영토", "주권", "국민" 하며 고등학교 때 배웠던 기억을 되살려나갔다.

"통일이 안 되면 우리나라의 영토, 주권, 국민에 어떤 문제가 일어날까요?" 연사의 질문이 이어졌고 학생들은 "영토가 줄어듭니다", "주한미군 주둔으로 주권이 감소할 것 같은데요", "인구가 적어 강대국이 못 됩니다" 등 주섬주섬 대답을 유추해나갔다. 90분의 강연이 끝났을 때 학생들은 "통일의 필요성을 이해하게 됐다", "생각했던 것보다 통일 문제 강의도 재미있다"고 말했다.

그날 통일 문제에 점점 무관심해지는 대학생들을 상대로 문답식 강연으로 흥미를 돋우고 각성을 촉구한 연사는 제1차 6자회담 수석 대표와 주독일 한국대사를 역임했던 베테랑 외교관 이수혁 씨였다. 문답식 강의는 아무나 할 수 있는 일이 아니다. 경험이 풍부하고 이론이 탄탄하지 않으면 힘들다.

그의 저서 《북한은 현실이다》는 북핵 문제의 중심에 섰던 협상가로서의 경험, 학문적 탐구욕으로 터득한 국제정치 이론, 그리고 사유와 직관이 어우러져 나온 통일외교 에세이집이다.

한국은 짧은 시간에 경제 성장과 민주주의를 괄목하게 성취한 보기 드문 국가다. 그러나 민족의 지상 과제인 통일은 점점 멀어져만 가는 느낌이다. 그렇다고 한반도가 평화를 구가할 수 있는 상황도 아니다. 한순간 한반도의 안정을 뿌리째 흔들 수 있는 존재가 바로 북한 정권의 행태다. 2010년 봄의 천안함 격침 사건과 가을의 연평도 포격 사건은 우리로 하여금 전쟁의 공포, 안보의 중요성, 남북 분단의 대가가 무엇인지를 일깨워주었다.

남북한이 분단된 채 대립해온 지 66년이 됐다. 소총과 대포를 겨누던 남북 대결의 양태는 북한이 핵무기를 보유하는 상황에까지 이르렀다. 영변 원자로의 위성촬영으로 북한 핵 문제가 고개를 내밀기 시작한 것이 1980년대 말이고, 본격적인 안보 이슈로서 국제적 논쟁으로 비화한 것은 1992년이다.

대략 20년에 걸쳐 북핵 문제는 한반도 문제의 핵심 이슈가 되었다. 남북 분단의 역사에서 최근 3분의 1이라는 기간을 북한 핵 문제가 차지했다는 것은, 이제 북한 핵 문제를 배제하고 남북통일이나 동북아의 안보 등 한반도 문제를 이해하거나 논의하는 것이 무의미하게 되었음을 의미한다.

이수혁의 《북한은 현실이다》는 지난 20년간 확대 일로의 길을 치달아온 북한 핵 문제의 해결 없이는 통일 문제 해결도 어렵다는 가설을 세계사적 시각에서 냉철하게 분석하는 한편 통일에의 열망을 담아 엮어놓은 그의 세 번째 역저다.

이 책은 도발적인 세 가지 가설로 독자에게 접근하고 있다. 첫째, 북한은 붕괴하지 않는다. 둘째, 북한은 핵을 포기하지 않는다. 셋째, 중국은 북한을 버리지 않는다.

물론 이 가설은 저자의 소망이 아니다. 하지만 이 가설이 15년간에 걸친 북핵 문제 해결에 참여한 외교협상가로서 체험한 우리 민족의 거대한 벽을 상징하는 것임을 독자는 쉽게 눈치챌 수 있을 것이다. 그러면서도 저자는 이 벽을 허무는 방법을 고민하는 과정에서 동구권 붕괴와 독일 통일에서 드러난 역사의 우연성이 주는 교훈을 놓치고 싶어 하지 않는다. 어떻든 이 세 가지 가설을 풀어나가는 그의 서술 과정은 흥미진진하고 시사점과 교훈으로 가득 차 있다.

저자가 이렇게 밀도 있고 교훈적이고 격조 높은 통일외교 에세이를 쓸 수 있었던 바탕에는 6자회담 수석대표와 주독일 대사를 중심으로 한 35년에 걸친 그의 외교관 경력이 깔려 있다.

저자는 1992년 제1차 북핵 위기가 발생했을 때 유엔 대표부 참사관을 필두로 주미 대사관 공사참사관, 청와대 외교비서관, 6자회담 수석대표(외교통상부 차관보), 주독일 대사, 국정원 제1차장 등 중요한 직위에서 북핵 문제에 관여하거나 지켜보았다. 한국 외교관 중에 이렇게 북핵 문제에 깊고 오래 관여하며 문제의 본질과 국제정치의 역학을 뼈저리게 인식한 사람은 없을 것이다. 그가 북핵 문제와 통일 문제를 연결하여 나름의 철학을 가질 수 있었던 것은 이러한 경험에 그의 학문적 탐구욕이 보태졌기 때문이다.

《북한은 현실이다》는 외교협상가로서 그의 경험과 국제정치 이론이 날줄과 씨줄처럼 촘촘히 교직되어 있다. 그리고 투키디데스의 역사 기술의 지혜를 비롯하여 세계사의 편린이 요소, 요소 들어가 있는 것을 볼 때 이 책을 쓰기 위해 저자가 얼마나 공력을 들여 공부했는지를 알 수 있다.

저자는 독일 통일에서 배워야 할 교훈과 지혜를 이 책에서 매우 강조하고 있다. 통일독일을 반대하는 소련의 고르바초프에게 "서독의 콜 수상이 통일을 이야기할 때 그의 눈에는 눈물이 글썽해진다"고 말하며 설득했다는 미국 부시 대통령의 이야기는 잘 알려진 일화다. 그러나 저자는 이를 단순한 에피소드로 생각하지 않고 다음과 같이 서술했다. "한반도에 통일의 기운이 돌아 이를 강력히 추진해야 할 때 한반도 주변 국가들에 포진한 지도자들의 개성, 철학, 역사관, 남북한에 대한 인상 등이 통일의 방향과 속도에 지대한 영향을 끼칠 것임을 독일 통일 과정을 보며 깨닫게 된다."

저자는 독일과 한국이 통일에 대해 갖는 태도를 대조적으로 조명한다. '우리의 소원은 통일'을 외치면서도 통일의 열망이 식어가는 게 한국의 모습이라면 '통일'이란 말을 입에 올릴 수 없었던 독일이 통일독일이 주변국과 세계에 위협이 되지 않음을 끈질기게 설득했던 사례를 본받기를 암시하고 있다.

《북한은 현실이다》는 전문가와 일반인을 모두 독자로 염두에 두고 쓴 책이며, 경험과 이론을 짜임새 있게 교직한 저자의 노력으로 해서 두 가지 목적을 만족시킬 수 있는 저서라고 감히 말하고 싶다. 구성은 재미있고 내용은 유익하다. 오늘의 북핵 문제와 통일을 이해하는데 좋은 지침서가 될 것이다.

김수종(전 한국일보 주필)

KI신서 3580

전 6자회담 수석대표가 말하는 통일외교 전략

# 북한은 현실이다

**1판 1쇄 발행** 2011년 9월 23일
**1판 3쇄 발행** 2011년 12월 1일

**지은이** 이수혁
**펴낸이** 김영곤 **펴낸곳** (주)북이십일 21세기북스
**출판콘텐츠사업부문장** 정성진 **출판개발본부장** 김성수 **국내개발팀장** 정지은
**책임편집** 장보라 **디자인** 네오북 **해외기획** 김준수 조민정
**마케팅영업본부장** 최창규 **영업** 이경희 정병철 **마케팅** 김현섭 김현유 강서영
**출판등록** 2000년 5월 6일 제10-1965호
**주소** (우 413-756) 경기도 파주시 문발동 파주출판문화정보산업단지 518-3
**대표전화** 031-955-2100 **팩스** 031-955-2122 **이메일** book21@book21.co.kr
**홈페이지** www.book21.com **트위터** @21cbook **블로그** b.book21.com

ⓒ 이수혁, 2011

ISBN 978-89-509-3336-4 03340
책값은 뒤표지에 있습니다.